微课版

Excel 2016
商务数据处理与分析

苏林萍　谢萍　编著

人民邮电出版社

北京

图书在版编目（ＣＩＰ）数据

Excel 2016商务数据处理与分析：微课版 / 苏林萍，
谢萍编著. -- 北京：人民邮电出版社，2022.5
（微软Excel致用系列）
ISBN 978-7-115-58672-8

Ⅰ．①E… Ⅱ．①苏… ②谢… Ⅲ．①表处理软件—应
用—商务—数据处理 Ⅳ．①F716

中国版本图书馆CIP数据核字(2022)第025520号

内 容 提 要

本书针对商务数据进行分析，目的是发现商务数据中蕴含的商机和商业价值。本书采用由易到难、循序渐进的方式介绍 Excel 常用的数据管理和分析计算方法，结合商务运营实例，帮助读者快速掌握商务数据的分析和处理方法。全书共 12 章，主要内容包括商务数据分析基础，商务数据的获取与数据清洗，商务数据分析计算，商务数据排序、筛选和分类汇总，商务数据可视化，商务数据透视分析，商务数据模拟分析与规划求解，商品采购成本分析，商品销售情况分析，商品库存数据分析，商品营销决策分析，商务客户信息分析等。本书配有丰富的实验和习题，可以帮助读者巩固和加深所学知识。

本书内容翔实、实例丰富、操作步骤清晰、实用性强。本书各章均配有微课视频，便于读者通过网络在线学习。此外，本书还配有 PPT 课件、教学大纲、电子教案、案例素材及效果、上机实训素材及效果、课后习题答案等教学资源，用书老师可在人邮教育社区免费下载使用。

本书可以作为高等院校商务数据处理相关课程的教材，也可以作为商务管理者学习数据分析的参考书。

◆ 编　　著　苏林萍　谢　萍
　　责任编辑　王　迎
　　责任印制　李　东　胡　南

◆ 人民邮电出版社出版发行　　北京市丰台区成寿寺路 11 号
　　邮编　100164　电子邮件　315@ptpress.com.cn
　　网址　https://www.ptpress.com.cn
　　固安县铭成印刷有限公司印刷

◆ 开本：787×1092　1/16
　　印张：14　　　　　　　　2022 年 5 月第 1 版
　　字数：375 千字　　　　　2025 年 8 月河北第 6 次印刷

定价：49.80 元

读者服务热线：(010)81055256　印装质量热线：(010)81055316
反盗版热线：(010)81055315

党的二十大报告指出：加快发展数字经济，促进数字经济和实体经济深度融合，打造具有国际竞争力的数字产业集群。数字经济已成为现代社会生产力发展的新引擎、新标志，把握数字经济的发展先机，才能抢占未来发展的制高点。数据分析是发展数字经济的有力手段，用户利用数据分析工具对商务数据进行分析和处理，有助于做出更佳的商业决策，获得更好的商业收益，取得更大的商业成功。

目前有许多数据分析专业工具，其中 Excel 是最常用的工具之一，也是最容易上手的数据分析工具之一。Excel 的数据分析功能十分强大，不仅提供数据处理功能，还有专业的数据分析工具库。

本书将商务数据分析的特点与 Excel 的统计分析、数据管理、图表展示等功能相结合，针对商品的采购成本、销售情况、库存数据、营销决策和客户信息等数据进行分析，可以充分挖掘商业价值，有助于企业发现新的商机，使企业更好地发展。

【主要内容】

本书从商务数据分析的基础知识入手，重点介绍 Excel 在数据分析方面的功能，并结合实际商务数据分析的经典案例来解决问题。全书按照先介绍 Excel 的基础功能再进行商务项目训练的结构分成两篇，具体内容如下。

第一篇（第 1 章～第 7 章）：理论基础。其内容主要包括商务数据分析基础，商务数据的获取与数据清洗，商务数据分析计算，商务数据排序、筛选和分类汇总，商务数据可视化，商务数据透视分析，商务数据模拟分析与规划求解等。

第二篇（第 8 章～第 12 章）：综合应用。其内容主要包括商品采购成本、商品销售情况、商品库存数据、商品营销决策、商务客户信息等商务场景化的数据分析。

第二篇根据商务数据分析的具体任务综合使用第一篇的基础知识。通过两篇的学习，读者可达到熟练应用 Excel 处理商务数据的核心目标。

【本书特色】

（1）理论与实践密切结合。本书将深奥的理论知识转化为简单易懂的语言和图示，并结合商务数据分析中常用的例子进行讲解，使读者更容易理解。

（2）案例驱动，提供详细步骤。立足于商务数据分析的实际需求，按照"分析问题、解决问题"

的思路，为每个案例提供具体的操作步骤，不仅方便读者练习，也培养读者数据分析的能力，达到举一反三的效果。

（3）提供微课视频，便于读者在线学习。本书附有微课视频，每个微课视频有明确的学习目标，集中讲解一个问题，读者只需扫描书中提供的实例二维码即可观看，并能轻松掌握每章的重/难点知识。

（4）教学资源丰富。本书提供丰富的教学资源，包括 PPT 课件、教学大纲、电子教案、案例素材及效果、上机实训素材及效果、课后习题答案等。

【如何使用】

本书作为教材使用的参考学时为 48～56 学时，建议采取理论学时和实践学时相结合的教学模式。详情可见如下的学时分配表。

学时分配表

章	课程内容	参考学时
第 1 章	商务数据分析基础	2
第 2 章	商务数据的获取与数据清洗	5～6
第 3 章	商务数据分析计算	8～10
第 4 章	商务数据排序、筛选和分类汇总	4～6
第 5 章	商务数据可视化	3～4
第 6 章	商务数据透视分析	3～4
第 7 章	商务数据模拟分析与规划求解	3～4
第 8 章	商品采购成本分析	4
第 9 章	商品销售情况分析	4
第 10 章	商品库存数据分析	4
第 11 章	商品营销决策分析	4
第 12 章	商务客户信息分析	4
	参考学时总计	48～56

本书由华北电力大学苏林萍和谢萍编写，作者多年从事相关课程的教学工作，并且具有丰富的 Excel 数据分析实践经验，已出版多部 Excel、Access 相关教材。由于编者水平有限，书中难免有不妥之处，恳请广大读者批评指正。

作　者

第一篇 理论基础

第 1 章 商务数据分析基础

商务数据伴随着商业的快速发展迅速激增，对商务数据进行分析可以发现蕴含的商业逻辑，指导商业决策、抓住商机、获得更大的收益。

1.1 商务数据分析的概述

商务数据分析的目的是从繁杂的数据中获取有价值的商务信息，作为指挥生产、优化管理的决策依据。

1.1.1 商务数据分析的概念

现今各个行业中都蕴含着大量的数据，并且数据量呈现出井喷式的增长，数据成为越来越有价值的资源，我们已经进入了"大数据时代"。

大数据具有以下几个特征。

（1）数据的价值密度低：大数据有巨大的潜在价值，与其呈现出的井喷式增长相比，某一对象或模块数据的价值密度较低，开发海量数据的难度和成本比较高。

（2）处理的速度快：随着互联网和计算机技术的发展，数据生成、储存、分析、处理的速度远远超出人们的想象，这是大数据区别于传统数据的显著特征。

（3）数据量大：从 2013 年到 2020 年，数据规模扩大了许多倍，2020 年产生的数据量增长到约 44ZB。

（4）数据类型复杂：大数据与传统数据相比，数据来源广泛、数据维度多、数据类型复杂。各种机器仪表在自动产生数据，人自身的生活行为也在不断创造数据；不仅有企业内部的业务数据，还有海量的外部相关数据。

商务数据分析的目的就是把隐藏在大量的看似杂乱无章的数据中的有价值信息提取出来，探寻研究对象的内在规律，从而挖掘出数据的价值，发现商业活动中存在的问题，优化商业发展的决策，并预测未来商业的发展趋势来指挥生产。

总之，商务数据分析是指用适当的统计分析方法对收集来的大量商务数据进行分析，将它们加以汇总和整理，最大化地开发数据的功能，发挥数据的作用。商务数据分析是提取有用信息和形成结论而对商务数据加以详细研究和概括总结的过程。

1.1.2 商务数据分析的作用

实践中，商务数据分析不仅可以帮助人们发现问题，找到问题的根源，最终通过切实可行的办法解决问题，而且可以基于以往的数据分析，总结发展趋势，为企业营销决策提供支持，提高企业的收益。商务数据分析贯穿于产品的整个生命周期，包括从市场调研到售后服务的各个过程，都需要适当运用数据分析，以提升有效性。

商务数据分析的作用表现如下。

1. 评估产品机会

产品构思初期，必要的需求调研及市场调研显得尤为关键。评估产品机会对后期产品设计及迭代都至关重要，它可以决定一个产品的未来和核心理念。

例如，商家想要给一个新产品定价，产品的销售价格直接影响着产品的销售量、单位销售成本和销售利润。商家可以对市场上同类产品销售统计数据进行分析，给出合理定价，以保证企业的长远利益和最佳经济效益的实现。

2. 分析解决问题

产品出现不良状况，应该是存在缘由的。不能凭空想象臆造问题，必须尊重客观现实。那么只有通过必要的数据分析才能追溯问题根源，进而制定合理的解决方案。

例如，通过分析商品的库龄可以了解哪些商品是滞销的，帮助商家调整商品结构，减少商品的库存周期，实现精准进货。因为库存属于商家的负资产，意味着被套牢的资金，而精准进货就是减少库存积压的重要手段。通过库存发现滞销的商品后，商家可以及时采取打折、促销等措施来处理滞销的商品。

3. 支持运营活动

产品上线后反馈如何？A 方案和 B 方案哪个更好些？这些问题都涉及如何评判好与坏，而最可靠的评判依据就是数据。只有给出真实、可靠、客观的数据，才能做出最真实的评判。

例如，商家想要扩大销售量，常用的促销方式有会员优惠、赠品、第二件半价、满减优惠、打折优惠等。商家可以分析历史的促销方式数据，对客户喜欢的促销方式进行排序，来最终决定采取何种促销方式，以促成客户从浏览商品、加入购物车到付款的过程，尽可能将流量转换成销售量。

4. 预测优化产品

商务数据分析的结果不仅可以反映出以往产品的状态，还可以预测产品未来时间段内可能会遇到的问题，从而缩短迭代周期，精益求精。

例如，商家想要规划下一年度的采购计划，可以利用已有的销售量统计数据，对未来市场销售量进行预估，预测下一个时段的销售量，以应对客户的需求变化。

5. 提升客户价值

分析客户数据可以实现对客户的精准画像，充分挖掘客户的潜在价值，培养忠实客户，发现潜在客户，提高商家的销售量。

例如，通过分析客户年龄和性别等属性，挖掘出这些属性与浏览商品、购买商品习惯之间的关系，实现为不同的客户提供个性化的商品推荐。

1.1.3 常用商务数据分析度量

商务数据分析中涉及一些常用的度量术语，包括平均值、中位数、众数、比例与比率、同比与环比、动销率、滞销率、库存周转率等。本节只简单介绍这些度量术语的含义，相应的函数或计算方法将在后面的章节详细说明。

1．平均值

平均值是一组数据之和除以这组数据的个数所得值。

例如，数据 15、2、3、4 的平均值是(15+2+3+4)÷4=6。

2．中位数

中位数是一组有序数（从小到大排列）中居于中间位置的数。如果这组有序数的个数是偶数，则取中间两个数的平均值；如果这组有序数的个数是奇数，则取中间位置的数。

1-1 常用商务数据分析度量

例如，求数据 15、2、3、4 的中位数的过程是，先按照从小到大排列，得 2、3、4、15 共 4 个数据，个数为偶数，中位数的值是(3+4)÷2=3.5；求数据 15、2、9、3、4 的中位数的过程是，先按照从小到大排列，得 2、3、4、9、15 共 5 个数据，个数为奇数，中位数的值是 4。

考虑到一组数据中可能存在异常高值或异常低值的情况，所以中位数比平均值能更好地反映出数据的集中趋势。

3．众数

众数是一组数据中出现次数最多的数。众数可以用来发现数据的特定规律，如分析哪种商品销售量最大。

例如，反映销售女鞋尺码的数据 36、37、39、37、37、35、38、37、36 中，35 出现 1 次，36 出现 2 次，37 出现 4 次，38 出现 1 次，39 出现 1 次。可见，37 出现的次数最多，所以这组数的众数是 37，说明该尺码是销售量最多的。

4．比例与比率

比例是一个总体中各个部分的数值占总体数值的比重，反映的是部分与整体的关系。

比率是一部分数值与另一部分数值的比值，反映的是部分与部分的关系。

例如，笔记本电脑和台式计算机的销售量分别为 65、50，则笔记本电脑的销售比例为 65∶115；笔记本电脑与台式计算机的销售比率为 65∶50。

5．同比与环比

同比是对比去年同期的变化幅度，反映的是长期的变化。

公式为

$$同比=（本期数据-去年同期数据）÷去年同期数据$$

环比是对比上个同期的变化幅度，反映的是短期的变化。

公式为

$$环比=（本期数据-上期数据）÷上期数据$$

例如，2020 年第一季度与 2019 年第一季度的销售变化是同比，如图 1-1 所示；2020 年第二季度与 2020 年第一季度的销售变化是环比，如图 1-2 所示。

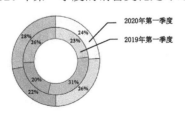

图 1-1 同比

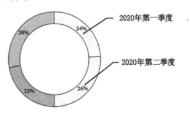

图 1-2 环比

6．动销率

动销率是已销售商品的品种数占商品总的品种数的百分比。

公式为

$$动销率=已销售商品的品种数÷商品总的品种数×100\%$$

7．滞销率

滞销率是指长期未销售商品的品种数占商品总的品种数的百分比。

公式为

$$滞销率=未销售商品的品种数÷商品总的品种数×100\%$$

8．库存周转率

库存周转率也称为存货周转率，是指在某一时间段内库存货物周转的次数，反映的是库存周转快慢的程度。库存周转率越大，表明销售情况越好。

公式为

$$库存周转率=期间段出库总金额÷[（期初库存金额+期末库存金额）÷2]×100\%$$

1.2 商务数据分析的流程及工具

商务数据往往蕴含着巨大的商机和价值。企业经营者可以利用数据分析工具进行商务数据分析，从而做出最佳的商业决策，获得更好的商业收益，取得商业的成功。

1-2 商务数据
分析的流程

1.2.1 商务数据分析的基本流程

数据分析是将无价值的数据变成有价值的信息的过程。从采集数据到发现规律需要分步骤进行，数据分析通常需要按照图 1-3 所示的流程进行。

图 1-3 数据分析的流程

1．明确目标

首先明确数据分析的任务和目标，希望得到哪方面的决策支持，解决什么业务问题。例如，商家销售种类繁多的商品，如果想知道哪些是畅销产品，哪些是滞销产品，可以根据数据分析的结果增加畅销产品的进货数量，对滞销商品进行打折促销。

2．数据采集

数据分析目标确定后，就需要开始采集相关的数据。可以直接将数据录入 Excel 中，也可以将外部数据如 Access 数据、网站数据、文本数据等导入 Excel 中，进行进一步的处理。

3．数据预处理

数据预处理主要包括数据清洗、数据格式转换等工作，是进行数据分析前不可缺少的步骤。数据预处理为数据分析提供可靠的数据，保障数据质量，为下一步数据分析做好准备。

4. 数据分析

数据分析是采用合适的统计方法，从大量的、杂乱的原始数据中提取出有价值的信息，挖掘出数据间的因果关系、内部联系和业务规律，从而获得有价值、有意义的结论。例如，计算总销售额、发现最畅销的商品等。

5. 数据可视化

数据可视化是使用图形化工具，直观清晰地表达信息。例如，用直方图表示不同商品的销售额；用散点图表示客户的年龄分布情况等。

6. 数据分析报告

数据分析的最后一步是将分析的结果有理有据地用 Word 文档、PPT 演示文稿等形式呈现出来，提供给决策者，以保证决策者最终的决策是建立在充分数据分析的基础之上的，具备科学性和可行性。

1.2.2 常用商务数据分析工具

数据分析的目标明确后，用户就可以选择合适的软件来完成这一过程。目前有多种数据分析软件，如 Excel、Python、SQL、Google Analytics、Power BI、Stata 等。

其中，Excel 是最基本、最常用的数据分析工具之一，其特点是易学、易用，非计算机专业人员也可以快速掌握和运用。Excel 功能丰富，可以导入不同格式的数据来实现数据采集；利用条件格式、删除重复项等功能实现数据预处理；利用种类繁多的函数进行数据计算；利用分类汇总、数据透视表等进行数据分类统计；用图表完成数据可视化，可直观展示抽象的数据。

习　　题

一、单项选择题

1. 数据 9、20、8、7、5、3 的中位数是_____。
   A. 9　　　　　　　B. 8　　　　　　　C. 7　　　　　　　D. 7.5
2. 数据 5、15、8、1、3 的中位数是_____。
   A. 3　　　　　　　B. 5　　　　　　　C. 4　　　　　　　D. 8
3. 数据 3、8、8、2、1、3、8 的众数是_____。
   A. 1　　　　　　　B. 2　　　　　　　C. 3　　　　　　　D. 8
4. 今年 6 月与去年 6 月的销售变化是_____。
   A. 同比　　　　　　B. 环比　　　　　　C. 对比　　　　　　D. 比值
5. 删除重复数据属于数据分析流程中_____部分。
   A. 数据采集　　　　B. 数据预处理　　　C. 数据分析　　　　D. 数据可视化

第2章 商务数据的获取与数据清洗

数据是数据分析的基础，在数据分析之前首先创建工作表，然后将数据输入工作表中进行存储，并对数据进行必要的清洗以提高数据分析的准确性。

2.1 工作表结构的设计

工作表是由行和列组成的二维表格，用来存储和处理数据。其中，列标题所在行称为表头，每一列称为一个字段，列标题称为字段名，同一个字段中数据类型是相同的；一行数据称为一条记录，每条记录都包括若干个字段。

2.1.1 字段列的设计

在输入数据前首先设计表结构，即有哪些列，每一列包含什么样的数据。需要为字段列命名，命名方式要言简意赅，如姓名、销售量等。

字段列通常采用原始数据，不采用间接的计算结果。

例如，客户信息包含姓名、性别、年龄、联系电话等信息。在设计表结构时，如果直接设置"年龄"字段列，带来的问题是每一年的年初都需要及时更新年龄，即将每个客户的年龄加1。更好的方法是设置图2-1所示的"出生日期"字段。我们会在第3章介绍如何通过"出生日期"列求出"年龄"列，这样年龄会随着当前日期动态变化，每逢新年年龄自动加1，无须手动操作。

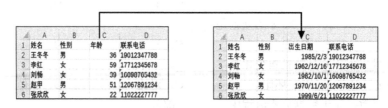

图2-1 "年龄"字段改为"出生日期"字段

再如，商品销售表中的"销售额"字段是"数量"×"单价"的计算结果，将该字段分解成"数量"和"单价"两个字段更合理，如图2-2所示。

2.1.2 数据规范的原则

合理设计数据表结构可以方便其后的数据分析，达到事半功倍的效果。设计时通常需要遵循以下几个原则。

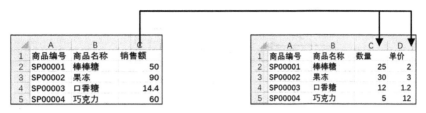

图 2-2 将 "销售额" 字段分解成 "数量" 和 "单价" 两个字段

1. 只有一行表头

有些用户为了打印时每页都有表头行，人为在表中插入表头行，这样将导致数据分析无法正常进行。如果需要在每页打印出表头行，在页面设置中设置 "打印标题" 即可。

例如，图 2-3 所示的数据表中第 11、21 行便是多余的表头行，需要删除。

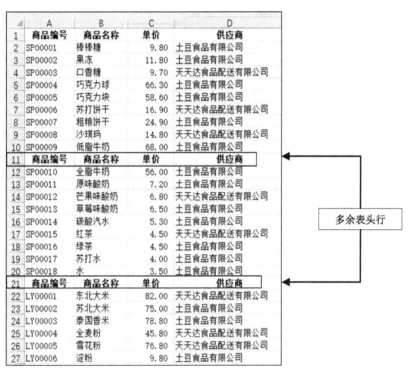

图 2-3 存在多余的表头行的表

2. 不能有空行/空列、不能任意合并单元格

用户输入数据时为了观看效果，随意插入了空行、空列或错误地合并单元格，都可能导致排序、数据透视表等操作失效。

例如，图 2-4 所示存在 3 个不应该合并的单元格和两个空行。

3. 不能有小计行

在原始数据表中不能出现小计行、总计行等统计结果，否则会导致数据透视表等结果错误。

例如，图 2-5 所示的 3 个 "小计" 行应该删除，当需要按照销售员姓名统计销售数量时，可以使用分类汇总功能。

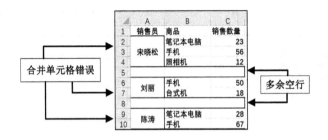

图 2-4 存在空行、合并单元格的表

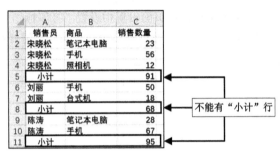

图 2-5 存在"小计"行的表

2.2 数据输入

完成表结构的设计后就可以输入具体的数据了。数据输入是一项经常进行的操作，掌握数据输入的方法和技巧，可以保证输入数据的正确性并能提高工作效率。

2.2.1 手动输入数据

输入的数据有 3 种形式，即常量、公式和函数。其中，常量可以直接输入，公式和函数必须先输入"="。

单元格中的数据类型主要有数值型、文本型和日期时间型。

1. 输入数值

数值除了数字（0～9）组成的数字串外，还包括正号（+）、负号（−）、百分号（%）、货币符号（¥、$）、小数点（.）、千位分隔符号（,），以及科学记数符号（E、e）等。默认情况下，输入的数值以右对齐方式显示。

输入数值可以按照如下步骤操作。

① 单击要输入数值的单元格。

② 在该单元格中输入数值。当输入正数时，数字前面的正号"+"可以省略；当输入负数时，应该在数字前面添加负号"−"。

输入一些特殊数值的说明如下。

（1）输入分数。在整数和分数之间应有一个空格，如"12 3/4"；当分数小于 1 时，为了避免将输入的分数视为日期，可以在分数前面添加数字 0 和空格，如"0 1/3"（如果输入"1/3"，则显示为"1 月 3 日"）。

（2）使用科学记数法。如果输入很大或很小的数值时，将以科学记数法显示，如输入 1234567890，显示为 1.23E+9。引用单元格内容进行计算时将以输入数值为准，而不以显示数值为准。

（3）使用千位分隔符。在数字间可以加入逗号（,）作为千位分隔符。但是如果加入逗号的位置不符合千位分隔符的要求，系统将自动按照文本处理。

（4）超宽度数值的处理。当输入一个较长的数字时，若显示"#####"表示该单元格列宽不够，不足以容纳整个数字。此时增加列宽即可正确显示。

（5）超长数字处理。数字的最大精度是 15 位有效数字，如果整数超过 15 位，系统自动将 15 位之后的数字变成 0，如输入"123456789123456789"，单元格中的值是"123456789123456000"；如果小数超过 15 位，系统会自动将 15 位之后的舍去，如输入"0.123456789123456789"，单元格中的值是"0.123456789123456"。

2．输入文本

Excel 文本包括汉字、英文字母、空格和符号等，此外不需要进行计算的数字也可以作为文本来处理。例如，身份证号、手机号码等。文本不能用于数值计算，但可以比较大小。输入文本可以按照如下步骤操作。

① 单击要输入文本的单元格。

② 输入文本内容。输入的内容会显示在编辑栏中。

默认情况下，输入的文本以左对齐方式显示。

特殊文本的处理如下。

（1）数字作为文本处理

默认情况下，如果在单元格中输入数字，将会被识别为数值。以零开头的数字中的"0"将丢失，并采用右对齐的显示方式。可以使用以下 3 种方法将数字作为文本表示。

方法一：先输入一个英文的单引号"'"，然后输入数字。例如，电话号码"01061880202"可以输入为"'01061880202"。

方法二：先输入一个等号，然后在数字的前后加上英文的双引号。例如，="01061880202"。

方法三：在"开始"选项卡的"数字"选项组中，单击"常规"右侧的下拉按钮，在弹出的下拉列表中选择"文本"命令，此时单元格中输入的数字将按照文本处理。

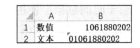

图 2-6 "数值"与"文本"的比较

分别按照数值与文本的方式输入"01061880202"，数值是右对齐，第 1 位的 0 丢失；文本是左对齐，单元格左上方带绿色小三角，如图 2-6 所示。

（2）长文本的显示

当输入的文本长度超过单元格宽度时，系统会按照以下两种情况分别进行处理。

● 如果该单元格右侧的单元格无内容，则该单元格显示的内容延展到右侧单元格，如图 2-7 所示，F2 的内容向右延展显示。

● 如果右侧单元格有内容，则该单元格中显示一部分文本的内容，其余的文本被隐藏，但是文本的内容依然存于该单元格中，如图 2-8 所示。

	A	B	C	D	E	F	G	H	I	J
1	姓名	性别	出生日期	联系电话	会员等级	收货地址				
2	王冬冬	男	1985/2/3	19012347788	普通会员	新城区幸福大街1号未来小区1号楼2单元901室				
3	李红	女	1962/12/16	17712345678	金牌会员					
4	刘畅	女	1982/10/1	16098765432	银牌会员					
5	赵甲	男	1970/11/20	12067891234	银牌会员					
6	张欣欣	女	1999/6/21	11022227777	普通会员					
7	赵宏兵	男	1961/3/30	12256728456	普通会员					

图 2-7 长文本延展到右侧单元格显示

	A	B	C	D	E	F	G
1	姓名	性别	出生日期	联系电话	会员等级	收货地址	备注
2	王冬冬	男	1985/2/3	19012347788	普通会员	新城区幸福	潜在客户
3	李红	女	1962/12/16	17712345678	金牌会员		
4	刘畅	女	1982/10/1	16098765432	银牌会员		
5	赵甲	男	1970/11/20	12067891234	银牌会员		
6	张欣欣	女	1999/6/21	11022227777	普通会员		
7	赵宏兵	男	1961/3/30	12256728456	普通会员		

图 2-8　长文本部分显示

（3）长文本自动换行

选中长文本的单元格，单击"开始"选项卡"对齐方式"选项组中的"自动换行"按钮即可自动换行，将长文本内容全部显示出来，如图 2-9 所示。

	A	B	C	D	E	F	G
1	姓名	性别	出生日期	联系电话	会员等级	收货地址	备注
2	王冬冬	男	1985/2/3	19012347788	普通会员	新城区幸福大街1号未来小区1号楼2单元901室	潜在客户
3	李红	女	1962/12/16	17712345678	金牌会员		
4	刘畅	女	1982/10/1	16098765432	银牌会员		
5	赵甲	男	1970/11/20	12067891234	银牌会员		
6	张欣欣	女	1999/6/21	11022227777	普通会员		
7	赵宏兵	男	1961/3/30	12256728456	普通会员		

图 2-9　长文本自动换行效果

3. 输入日期和时间

Excel 内置了一些日期和时间的格式，当单元格输入数据与这些格式相匹配时，将按照日期或时间数据自动识别。输入日期和时间可以按照以下步骤操作。

① 单击要输入日期和时间的单元格。

② 按下列方法输入日期和时间。

● 对于日期数据，使用斜线"/"或连字符"-"分隔日期的年月日。例如，输入"2021/10/1"或"2021-10-1"。若要输入当前日期，可按【Ctrl+;】组合键。

● 对于时间数据，使用冒号":"分隔时间的各部分。例如，输入"10:08:50"。若要输入当前时间，可按【Ctrl+Shift+:】组合键。

③ 若在一个单元格中同时输入日期和时间，可以使用空格来分隔。例如，输入"2021/10/1 10:08:50"。

④ 若需要动态更新日期和时间，可以使用 TODAY 函数或 NOW 函数，输入格式为"=TODAY()"或"=NOW()"。

默认的输入时间为 24 小时制的时钟系统，如果需要采用 12 小时制，则需要在输入的时间后面输入一个空格后再输入"AM"或"PM"。

　　　　　　无论是日期还是时间数据，当输入的数据不符合格式时，单元格中的数据将被作为文本处理。

【例 2-1】　输入一个客户的基本信息，主要包括会员号、姓名、身份证号、性别、出生日期、收货地址、会员积分等。

① 确定数据类型：会员号、姓名、身份证号、性别、收货地址均为文本型；出生日期是短日期型。

2-1　例 2-1

其输入方式分别如下。

- 姓名、性别，直接输入汉字即可。
- 输入出生日期，使用"/"，分隔年月日。
- 输入会员号、身份证号时，先输入一个英文的单引号"'"，然后输入数字。例如，一个虚拟的身份证号"100188198502038866"，可以输入为"'100188198502038866"。如果数字串比较短（如会员号为 4 位时），也可以直接输入数字，此时该数据是数值类型。可以在"开始"选项卡的"数字"选项组中，单击"常规"右侧的下拉按钮，在弹出的下拉列表中选择"文本"命令，此时单元格中输入的数字将按照文本处理；对于身份证号这种数字串比较长的情况则不能先输入为数值，因为系统会将其表示为科学记数法的形式。
  文本、数值与时间数据输入效果如图 2-10 所示。

图 2-10　文本、数值与时间数据的输入效果

② 输入会员积分。会员积分是数值型的数据，直接输入数值，默认采用右对齐的方式，如图 2-11 所示。

图 2-11　数值型数据右对齐

③ 输入收货地址。F2 单元格中的汉字没有全部显示的原因是 F 列宽度不够，可以加大列宽，也可以单击"开始"选项卡中的"对齐方式"选项组中的"自动换行"按钮，其内容将分在多行全部显示出来，效果如图 2-12 所示。

图 2-12　"自动换行"的效果

2.2.2　自动填充数据

1. 使用填充柄

填充柄是位于选定区域右下角的小黑方块。将鼠标指针指向填充柄时，鼠标指针变成黑色实心十字形状。使用填充柄的操作步骤如下。

① 选定需要复制的单元格或单元格区域。

② 按住鼠标左键拖曳填充柄经过需要填充数据的单元格，然后释放鼠标左键，出现"自动填充选项"按钮🖅。

③ 单击"自动填充选项"按钮🖅，选择不同的方式对填充内容进行修正，不同方式的填充效果如图 2-13 所示。

- 复制单元格：实现数据和格式的复制。
- 填充序列：实现数据按照序列的自动填充。
- 仅填充格式：只填充格式而不填充数据。
- 不带格式填充：只填充数据而不填充格式。

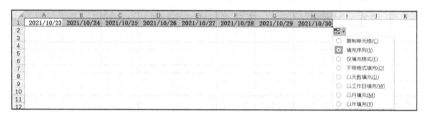

图 2-13　不同方式的填充效果

2．自动填充选项

"自动填充选项"会随着填充的数据类型的不同而变化。

例如，在 A1 单元格中输入"2021-10-23"，然后按住鼠标左键拖曳填充柄至 H1 单元格，将自动按照日期进行填充。单击"自动填充选项"按钮，将显示不同的日期填充选项，如图 2-14（a）所示。如果分别选择"以工作日填充""以月填充""以年填充"，将得到不同日期的填充结果，如图 2-14（b）所示。

（a）日期填充选项

（b）不同日期的填充结果

图 2-14　日期自动填充

3．产生填充序列

填充序列可以创建等差或等比序列的数据，其操作步骤如下。

① 在待填充区域的第一个单元格中输入序列的初值。

② 选定包含序列初始区域的单元格区域。

③ 在"开始"选项卡的"编辑"选项组中，单击"填充"按钮，在弹出的下拉列表中选择"序列"命令。

④ 在打开的"序列"对话框中，选择序列产生在行或列、序列的类型、步长值和终止值。例如，A1 单元格的值为 3，采用"等比序列"类型，步长值为"5"，单击"确定"按钮后产生的序列为 3、15、75、375、1875、9375，如图 2-15 所示。

图 2-15　产生填充序列

2.2.3　限制数据输入的设置

Excel 的数据验证功能可以为用户提供一种输入限制的方法，可以通过设置下拉列表，实现单元格内容的选择输入，以保证输入内容的正确性。

1．固定内容的下拉列表

对于数据表中的性别列，内容只有"男"和"女"，可以采用固定内容的下拉列表实现输入。

操作步骤如下。

① 在性别列中选定需要使用下拉列表的 B2:B4 单元格区域。

② 在"数据"选项卡的"数据工具"选项组中，单击"数据验证"下拉按钮，在弹出的下拉列表中选择"数据验证"命令，打开"数据验证"对话框。

③ 在"设置"选项卡中，将"允许"下拉列表框中的数据类型指定为"序列"；在"来源"文本框中直接输入列表内容"男,女"（注意其中的逗号必须是英文逗号），而且必须勾选"提供下拉箭头"复选框，如图 2-16 所示。

图 2-16　设置性别列表

④ 单击"确定"按钮，完成性别的下拉列表设置。数据输入效果如图 2-17 所示，此时用户只能选择下拉列表中的"男"或"女"，不可以进行任意输入。

图 2-17　性别列表的输入效果

2. 可变内容的下拉列表

对于数据表中会员等级的输入，需要根据不同商家的会员分类情况进行设置。不同商家的输入内容会有所变化，可以采用可变内容的下拉列表实现。在进行数据验证设置之前，首先建立下拉列表中的列表数据。操作步骤如下。

① 在工作表中选择一列来建立下拉列表数据，这里选择了 F1:F3 单元格区域。

② 在会员等级列中选定需要使用下拉列表的 C2:C4 单元格区域。

③ 在"数据"选项卡的"数据工具"选项组中，单击"数据验证"下拉按钮，在弹出的下拉列表中选择"数据验证"命令，打开"数据验证"对话框。

2-2　可变内容的下拉列表

④ 在"设置"选项卡中，将"允许"下拉列表框中的数据类型指定为"序列"；在"来源"文本框中，通过区域拾取器选择"$F$1:$F$3"区域，注意必须勾选"提供下拉箭头"复选框，如图 2-18 所示。

⑤ 单击"确定"按钮，完成会员等级下拉列表设置。数据输入效果如图 2-19 所示。

图 2-18　设置会员等级列表

图 2-19　会员等级列表的输入效果

2.3　数据格式化

在工作表输入数据后，还需要对工作表中的数据进行必要的美化。Excel 有丰富的格式化方法，用户可以利用这些格式化方法美化工作表数据，以达到易于识别和阅读的目的。

2.3.1　设置单元格格式

在工作表中输入数据后，需要对单元格的格式进行设置，可以通过"开始"选项卡进行，如图 2-20 所示。

图 2-20　"开始"选项卡

1．设置单元格字体

可以通过"开始"选项卡"字体"选项组设置单元格的字体、大小、颜色等。

2．设置单元格对齐方式

单元格对齐是常用的操作，通过单元格对齐可以使数据更加美观。单元格对齐主要包括水平对齐和垂直对齐。

方向是指单元格中内容的排列显示方向，默认为水平横排。在"开始"选项卡的"对齐方式"选项组中，单击"方向"按钮，可以实现对单元格中内容显示方向的设置。

"自动换行"是经常使用的功能，当某个单元格中文字内容过长，不能完全显示出来时，设置"自动换行"，内容即可全部显示。

3．设置单元格数字格式

单元格的数字格式是指单元格中存放的数据的数据类型或数据样式。通常有常规、数字、货币、会计专用、短日期、长日期、时间、百分比、分数、科学记数、文本等数字格式。设置单元格数字格式的操作步骤如下。

① 选择要设置数字格式的单元格或单元格区域。

② 在"开始"选项卡的"数字"选项组中，提供了快捷设置单元格数字格式的按钮。图 2-21 中显示了数据采用不同数字格式的显示效果，其中会计数据格式默认显示货币符号和千位分隔符。

A	B	C	D	E
原始数据	会计数据格式	百分比样式	增加小数位数	减少小数位数
1234567.89	￥1,234,567.89	123456789%	1234567.890	1234567.9

图 2-21　不同数字格式的显示效果

4．设置单元格格式

设置单元格格式的操作步骤如下。

① 在"开始"选项卡的"字体""对齐方式"或"数字"选项组中，单击扩展按钮 ；或者在"开始"选项卡的"单元格"选项组中，单击"格式"按钮 ，在弹出的下拉列表中选择"设置单元格格式"命令，都可以打开"设置单元格格式"对话框。

② 在"设置单元格格式"对话框中有 6 个选项卡，根据具体要求进行设置即可。

初学者输入中文时喜欢输入空格来对齐文字，这种方法可能会引入"脏数据"。例如，在姓名"李红"中输入空格后为"李 红"，如果查找姓名是"李红"的信息就会查找不到，因为"李红"与"李 红"是不相同的。正确的设置方法是：在图 2-22 所示的"设置单元格格式"对话框中的"对齐"选项卡中，设置"水平对齐"为"分散对齐（缩进）"。姓名列分散对齐的效果如图 2-23 所示。

图 2-22　"对齐"选项卡

图 2-23　姓名列分散对齐的效果

5．合并单元格

编辑工作表的过程中，有时需要把多个相邻的单元格合并为一个单元格。合并后的单元格引用是选定区域的左上角单元格。合并单元格的操作步骤如下。

① 选择要合并的单元格区域。

② 在"开始"选项卡的"对齐方式"选项组中，单击"合并后居中"按钮  即可。

例如，图 2-24 中 A1:E1 单元格区域合并后的效果如图 2-25 所示。

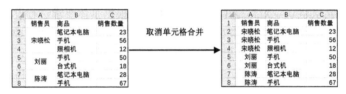

图 2-24　合并单元格前　　　　　　　　图 2-25　合并单元格后

 提示　　将多个包含内容的单元格合并后，只能有一个单元格的内容被保留，其他单元格的内容将被删除。

不正确使用单元格合并可能影响函数计算、分类汇总和数据透视表等数据分析工具的正常使用。例如，在图 2-26 进行单元格合并后数据表操作可能受到限制，应该取消单元格合并。

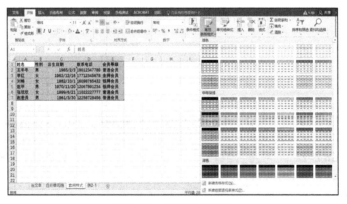

图 2-26　取消单元格合并

6. 套用表格样式

用户可以为工作表设置填充颜色、字体颜色、边框颜色等。如果需要快速且专业地设置颜色，保证数据清晰可见，可以套用表格样式。Excel 提供了若干个表格样式模板供用户选择使用。套用表格样式的操作步骤如下。

① 选择需要建立表格样式的单元格区域。

② 在"开始"选项卡的"样式"选项组中，单击"套用表格格式"按钮，在打开的下拉列表中有若干个表格样式模板，如图 2-27 所示。

图 2-27　表格样式模板

③ 将鼠标指针指向不同的样式模板，可以预览对应的样式效果。单击样式模板，则确定套用表格样式。

④ 在打开的"套用表格式"对话框中确定表数据的来源。例如，图 2-28 中"$A$1:$E$7"单元格区域。单击"确定"按钮得到图 2-29 所示的效果。

另外，在"套用表格格式"列表下方，提供了"新建表格样式"选项，用户可以定制个性化的表格样式。

图 2-28 "套用表格式"对话框

	A	B	C	D	E
1	姓名	性别	出生日期	联系电话	会员等级
2	王冬冬	男	1985/2/3	19012347788	普通会员
3	李红	女	1962/12/16	17712345678	金牌会员
4	刘畅	女	1982/10/1	16098765432	银牌会员
5	赵甲	男	1970/11/20	12067891234	银牌会员
6	张欣欣	女	1999/6/21	11022227777	普通会员
7	赵宏兵	男	1961/3/30	12256728456	普通会员

图 2-29 套用表格样式的效果

2.3.2 设置条件格式

在编辑数据表的过程中，有时需要将某些特定的数据用特别的方式显示出来，方便识别。条件格式功能，可基于条件更改单元格区域的外观。如果条件为"真"，则按照该条件设置单元格区域的格式；如果条件为"假"，则不设置单元格区域的格式。使用条件格式可以达到的效果有突出显示单元格或单元格区域、强调异常值，以及使用数据条、颜色刻度和图标集来直观地显示数据等。

1."突出显示单元格规则"和"项目选取规则"

"突出显示单元格规则"和"项目选取规则"这两个选项是常用的条件格式。操作步骤如下。

① 选择一个单元格区域。

② 在"开始"选项卡的"样式"选项组中，单击"条件格式"按钮。

③ 在"条件格式"的下拉列表中，选择某种规则下的某个命令。在打开的对话框中设置相应的规则条件和符合条件的单元格格式即可。

例如，选择"项目选取规则"下的"前 10 项"命令，在"前 10 项"对话框中设置单元格格式，如图 2-30 所示。

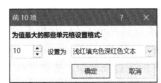

图 2-30 条件格式中的"项目选取规则"

【例 2-2】 将库存数量大于 50 的用"浅红填充色深红色文本"显示出来。

① 选择需要设置条件格式的 C2:C10 单元格区域。

② 在"开始"选项卡的"样式"选项组中，单击"条件格式"按钮。

③ 在"条件格式"的下拉列表中，选择"突出显示单元格规则"中的"大于"命令。在打开的"大于"对话框中输入数值"50"，然后在"设置为"下拉列表框中选择"浅红填充色深红色文本"，如图 2-31 所示。

2-3 例 2-2

设置条件格式的效果如图 2-32 所示。

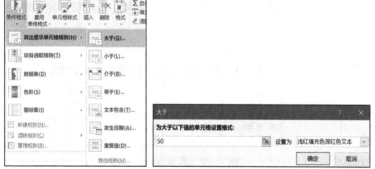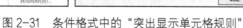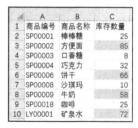

图 2-31　条件格式中的"突出显示单元格规则"　　　　图 2-32　设置条件格式的效果

2."数据条""色阶"和"图标集"

条件格式中的"数据条""色阶"和"图标集"这 3 个选项通过在单元格背景中显示条形图、颜色和小图标来展示数据值的大小，故它们只针对数值型数据，如图 2-33 所示。

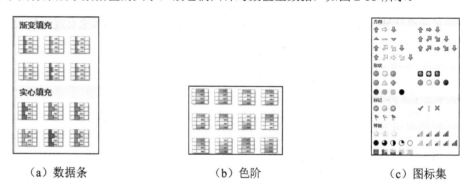

　　（a）数据条　　　　　　　　　（b）色阶　　　　　　　　（c）图标集

图 2-33　条件格式中的"数据条""色阶""图标集"

相关说明如下。

● 数据条的长度代表单元格中数值的大小。数据条越长，表示值越大；数据条越短，表示值越小。
● 图标集可以按照阈值将数据分为 3～5 个类别，每个图标代表一个类别的范围。

【例 2-3】　将库存数量以蓝色数据条形式显示出来。

① 选择需要设置条件格式的 C2:C10 单元格区域。

② 在"开始"选项卡的"样式"选项组中，单击"条件格式"按钮。

③ 在"条件格式"的下拉列表中，选择"数据条"中的"渐变填充"中的"蓝色数据条"命令。

设置数据条的效果如图 2-34 所示，可以看出方便面、饼干、矿泉水的数据条较长，表示其库存数量较多；口香糖、沙琪玛的数据条较短，表示其库存数量较少。

3．清除规则

当不需要突出显示数据时，可以清除规则。清除规则的操作步骤如下。

① 选择要清除规则的单元格区域。

② 在"开始"选项卡的"样式"选项组中，单击"条件格式"按钮。

③ 在"条件格式"的下拉列表中，单击"清除规则"下的"清除所选单元格的规则"命令即可，如图 2-35 所示。

如果要清除全部的规则，则无须选择单元格区域。单击"清除规则"下的"清除整个工作表的规则"命令即可将设置的全部规则清除。

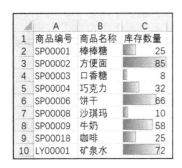

图 2-34　设置数据条的效果

图 2-35　清除规则

2.3.3　使用单元格样式

用户可以选择使用系统预设的单元格样式。操作步骤如下。

① 选择要设置样式的单元格或单元格区域。

② 在"开始"选项卡的"样式"选项组中，单击"单元格样式"按钮，打开图 2-36 所示的下拉列表，用户可根据需要选择合适的样式。当将鼠标指针指向某个样式时，可以预览应用该样式后的效果。用户可以通过"新建单元格样式"命令，定制自己的单元格样式，并且可以保存以备之后使用。

图 2-36　单元格样式选项

2.4　商务数据导入 Excel

在计算机中，不同系统的文件格式是不相同的。为了实现不同系统之间的数据资源共享，用户可以使用 Excel 的数据导入功能，将其他系统文件中的数据直接导入，而不必重新输入。

2.4.1　从文本文件导入 Excel

用户可以将文本文件中的数据导入 Excel 中进行数据处理。操作步骤如下。

① 在"数据"选项卡的"获取外部数据"选项组中，单击"自文本"按钮，打开"导入文本文件"对话框。

② 选定要导入的文本文件，单击"打开"按钮。

③ 根据打开的文本导入向导对话框（共 3 步），分别选择分隔符号、具体的分隔符、列数据格式等，然后单击"完成"按钮。

④ 在打开的"导入数据"对话框中，选择数据的存放位置即可完成文本文件中数据的导入。

2.4.2 从 Access 数据库导入 Excel

用户将 Access 数据库的数据导入 Excel 中。操作步骤如下。

① 在"数据"选项卡的"获取外部数据"选项组中，单击"自 Access"按钮，打开"选取数据源"对话框。

② 选定 Access 数据库文件，单击"打开"按钮。

③ 如果导入的 Access 数据库中包含多个表，则弹出"选择表格"对话框，在该对话框中选择所需要的表格后单击"确定"按钮。

④ 在打开的"导入数据"对话框中，选择数据的存放位置即可完成 Access 数据库中数据的导入。

【例 2-4】 以"商品.accdb"Access 数据库文件为例，导入其中"商品表"的数据，并以 Excel 形式存储。操作步骤如下。

① 在"数据"选项卡的"获取外部数据"选项组中，单击"自 Access"按钮，打开"选取数据源"对话框。选定该 Access 数据库文件，单击"打开"按钮。

② 在打开的"导入数据"对话框中，选择数据存放在"新工作表"中，如图 2-37 所示。单击"确定"按钮后，显示导入的结果如图 2-38 所示。

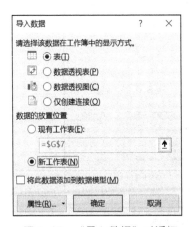

图 2-37 "导入数据"对话框

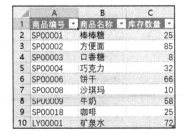

图 2-38 Access 数据库导入结果

2.4.3 从商务网站导入 Excel

用户还可以将网站中的数据导入 Excel 中。操作步骤如下。

① 在"数据"选项卡的"获取外部数据"选项组中，单击"自网站"按钮。

② 在打开的"新建 Web 查询"对话框中的"地址"栏中输入需要导入数据的网址，然后单击"转到"按钮，打开相应的网页。

③ 单击"导入"按钮，在"导入数据"对话框中确定数据存放位置后，单击"确定"按钮完成网站数据的导入。

2.5 数据清洗

在数据分析流程中数据预处理是保证最终分析结果正确的关键性步骤，特别是其中的数据清洗步骤。采集来的、存入 Excel 表中的原始数据可能存在数据不完整、异常值或不同数据表中数据不一致的现象。例如，商品的单价是空值、库存为负值、不同工作表中同一种商品的单价不一致等，我们将这样的数据称为"脏数据"。脏数据可能会影响数据分析的结果，得出不正确的结论。所以在数据分析前要先进行数据清洗。数据清洗能够保证数据的完整性和一致性。数据清洗是数据预处理的核心内容，主要包括以下的工作。

2.5.1 数据格式转换

采集到 Excel 中的数据可能存在数据和数据类型不一致的问题。例如，库存数量是数字，但是该字段的格式是文本型的，这会导致无法使用函数统计总的库存数量。所以首先需要认真检查每个字段的格式，对于不合适的格式要进行格式的转换。

例如，在导入的图 2-39 所示的"订单信息"工作表中，"交易时间"数据显示不正确；"结算金额"数据类型是文本型，虽然可以参与四则运算，但是不能参与函数运算，这将导致图 2-40 所示的使用求和函数 SUM 错误。

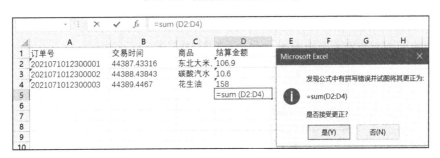

图 2-39 数据类型设置不正确

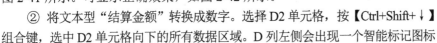

图 2-40 无法使用 SUM 函数求和

因此在数据统计分析前应首先确定数据类型，完成单元格格式的设定。操作步骤如下。

① 设置"交易时间"的数字格式。选择 B2:B4 单元格区域。在"开始"选项卡的"数字"选项组中，选择"数字格式"下拉列表中的"长日期"，如图 2-41 所示。可显示正确效果，如图 2-42 所示。

② 将文本型"结算金额"转换成数字。选择 D2 单元格，按【Ctrl+Shift+↓】组合键，选中 D2 单元格向下的所有数据区域。D 列左侧会出现一个智能标记图标，单击智能标记图标右侧的下拉按钮，选择"转换为数字"命令，即可把文本转换成数字，如图 2-43

2-4 数据格式转换

21

所示。转换成数字后是右对齐的显示形式。此时，可以使用 SUM 函数求出总结算金额，如图 2-44 所示。

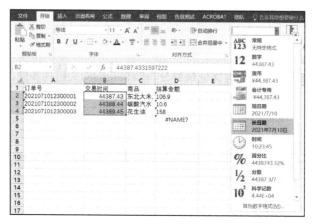

图 2-41 设置长日期

	A	B	C	D
1	订单号	交易时间	商品	结算金额
2	2021071012300001	2021年7月10日	东北大米	106.9
3	2021071012300002	2021年7月11日	碳酸汽水	10.6
4	2021071012300003	2021年7月12日	花生油	158

图 2-42 长日期显示效果

图 2-43 文本转换成数字

图 2-44 SUM 函数求和的结果

2.5.2 删除空行和多余空格

某些工作表中可能包含多个空行，在统计分析数据时会产生不准确的结果。逐一删除这些空行不仅耗时，还可能造成遗漏。这时，可以将工作表中的空行进行批量删除。操作步骤如下。

① 选中包含空行的 A1:C16 单元格区域，如图 2-45 所示。

② 在"开始"选项卡的"编辑"选项组中，单击"查找和选择"按钮，在弹出的下拉列表中选择"定位条件"命令。

2-5 删除空行

③ 在打开的"定位条件"对话框中选择"空值"单选按钮，如图 2-46 所示。单击"确定"

按钮后，将选中数据区域中的全部空白单元格。

④ 在"开始"选项卡的"单元格"选项组中，单击"删除"按钮。执行后的效果如图 2-47
所示，所有空行全部被删除了。

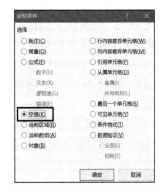

图 2-45　有多个空行的单元格区域　　　　图 2-46　"定位条件"对话框

用户在输入客户姓名等文本型数据时如果输入了多余的空格，当需要查找对应客户姓名时可
能发生错误。例如，在输入客户姓名前后输入了多个空格，如果需要查找姓名是 3 个字的客户则
找不到，所以需要将姓名前后的空格删除。操作步骤如下。

① A2:A5 单元格区域中输入的姓名包含了多余的空格，前导空格可以显示出来，最后的空格
无法观察到。

② 计算"姓名的字数"。在 B2 单元格中输入公式"=LEN(A2)"，LEN(A2)的含义是求出 A2
单元格中字符的个数，包含空格。将 B2 单元格中的公式复制到 B5 单元格。结果如图 2-48 所示，
可以看到因为有空格的存在导致姓名字符数错误。

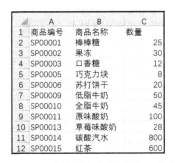

图 2-47　批量删除空行后的工作表　　　　图 2-48　存在多余空格的单元格

③ 删除姓名前后的空格。在 C2 单元格中输入公式"=TRIM(A2)"，TRIM(A2)的含义是删除
A2 单元格前后的空格。将 C2 单元格中的公式复制到 C5 单元格。然后求出删除空格后的姓名字
符数，结果如图 2-49 所示。

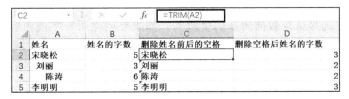

图 2-49　删除多余空格并求出姓名字符数

2.5.3 缺失数据的处理

在 Excel 工作表中，缺失数据的单元格会显示为空白单元格。此时不仅需要将缺失数据检查出来，还需要选择合适的处理方法将缺失数据对数据分析的影响降到最小，以保障数据分析的可靠性。

当数据量足够大，删除缺失数据不会影响数据分析结果时，可以直接删除缺失的数据记录；当删除缺失数据会影响数据分析结果时，可以使用平均值来替换缺失的值。

图 2-50 所示是 12 个月的销售量表，其中缺失了 4 月、6 月、9 月和 11 月的销售量，直接删除这 4 个月的销售量后，年平均销售量可能会失真，所以选择使用平均值一次性替换所有缺失的值。操作步骤如下。

① 在 B14 单元格中计算出平均值，8 个月的平均值为 85。

② 在"开始"选项卡的"编辑"选项组中，单击"查找和选择"按钮，在弹出的下拉列表中选择"定位条件"命令。在打开的"定位条件"对话框中选择"空值"单选按钮，单击"确定"按钮后，即可选中数据区中的空白单元格，如图 2-50 所示，表示缺失这 4 个月的销售量。

③ 保持空值选中状态，输入平均值 85，按【Ctrl+Enter】组合键，实现将全部空值用平均值 85 替换的操作，结果如图 2-51 所示。

	A	B
1	月份	销售量
2	1月	89
3	2月	92
4	3月	83
5	4月	
6	5月	85
7	6月	
8	7月	82
9	8月	85
10	9月	
11	10月	80
12	11月	
13	12月	85
14	平均值	85

图 2-50　定位有空值的单元格

	A	B
1	月份	销售量
2	1月	89
3	2月	92
4	3月	83
5	4月	85
6	5月	85
7	6月	85
8	7月	82
9	8月	85
10	9月	85
11	10月	80
12	11月	85
13	12月	85
14	平均值	85

图 2-51　用平均值替换缺失的值

2.5.4 重复数据的处理

重复数据通常是指完全相同的记录，即每个字段列都相同。重复记录通常是重复输入造成的错误，会影响数据分析结果的准确性。例如，图 2-52 所示的表格中有 3 行记录完全相同，当统计商品的总数量时就会发生错误。

删除重复记录可以利用 Excel 的"删除重复项"功能。操作步骤如下。

① 选择数据区域的任意一个单元格，在"数据"选项卡的"数据工具"选项组中，单击"删除重复项"按钮，打开"删除重复项"对话框。

	A	B	C
1	商品编号	商品名称	数量
2	SP00001	棒棒糖	25
3	SP00002	果冻	30
4	**SP00005**	**巧克力块**	**8**
5	SP00006	苏打饼干	20
6	SP00009	低脂牛奶	50
7	**SP00005**	**巧克力块**	**8**
8	SP00011	原味酸奶	100
9	**SP00005**	**巧克力块**	**8**
10	SP00015	红茶	600

图 2-52　含有重复数据的表

② 在对话框中选择重复数据所在的字段列。如果要删除所有字段内容都完全相同的记录，就要把所有列对应的复选框都勾选上；如果要删除的是某些内容相同的列，那么只需要勾选相应的字段列对应的复选框，如图 2-53 所示。

③ 单击"确定"按钮，得到删除重复项之后的数据，删除的行会自动由

2-6　重复数据
的处理

下方的数据行填补,不会影响数据表以外的其他区域。删除重复数据后的效果如图 2-54 所示。

图 2-53　"删除重复项"对话框

图 2-54　删除重复数据后的效果

2.5.5　错误数据的处理

用户录入数据时可能会出现录入错误,在数据分析前系统要尽可能发现不在正常范围内的数据异常值,并提示用户录入数据不正确,及时改正。

例如,可以利用"条件格式"功能限定商品单价大于 0,如果录入负值或零值,系统会提示输入错误;同样的方法也可以用于商品库存数量,如果库存数量录入为负值,系统将及时提示数据录入者。这样可在一定范围内避免"脏数据",为数据分析提供高质量的数据。

为了保证系统录入数据的正确性,Excel 支持对单元格进行数据验证,以限定单元格中输入数据的类型和范围,并且能够在数据录入操作过程中及时给出提示信息。

数据验证设置主要包括 3 部分内容。

1. 验证条件设置

验证条件设置用于设定单元格内容的数据类型和范围。Excel 支持验证的数据类型有任何值、整数、小数、序列、日期、时间和文本长度等,如图 2-55 所示。范围条件需要根据用户所选择的数据类型进行相应的设置。范围条件可以是介于、未介于、等于、不等于、大于、小于、大于或等于、小于或等于等,如图 2-56 所示。

图 2-55　数据类型

图 2-56　范围条件

2. 输入信息设置

输入信息设置是针对用户数据录入过程中的信息提示。当用户向单元格输入数据时,系统会自动显示输入信息的提示信息。

3．出错警告设置

出错警告设置主要针对用户录入错误数据时，系统按照出错警告的设置内容向用户显示提示信息。

【例 2-5】 对商品表中的数量所在列设置数据验证，输入范围只能是大于 0 的整数；在数据录入过程中，系统提示标题为"数量录入"、内容为"有效范围：大于 0"的输入信息；若发生录入错误，系统弹出标题为"数量录入错误"、内容为"数量大于 0！"的出错警告信息。

① 在数量列中选定需要设置数据验证的单元格或单元格区域。

② 在"数据"选项卡的"数据工具"选项组中，单击"数据验证"下拉按钮，在弹出的下拉列表中选择"数据验证"命令，打开"数据验证"对话框。

③ 在"设置"选项卡中，通过"允许"下拉列表框指定数据类型为"整数"；通过"数据"下拉列表框指定数据需要满足的范围条件是"大于"最小值"0"，如图 2-57 所示。

2-7 例 2-5

④ 在"输入信息"选项卡中，勾选"选定单元格时显示输入信息"复选框，然后指定"标题"为"数量录入"；"输入信息"为"有效范围：大于 0"，如图 2-58 所示。

图 2-57 设置数据类型和范围条件

图 2-58 设置输入信息

⑤ 在"出错警告"选项卡中，指定"标题"为"数量录入错误"，"错误信息"为"数量大于 0！"，如图 2-59 所示。

⑥ 单击"确定"按钮，完成设置。

用户在设置了数据验证的单元格中输入信息时，系统会给出图 2-60 所示的提示信息；如果输入了无效数据，当离开该单元格时会弹出图 2-61 所示的出错警告信息；如果在设置验证条件后，未设置出错警告信息，则默认显示图 2-62 所示的系统提示信息"此值与此单元格定义的数据验证限制不匹配。"

图 2-59 设置出错警告

图 2-60 输入信息提示

图 2-61　用户设定的出错警告信息

图 2-62　系统默认的出错警告信息

2.5.6　数据表结构变化

1. 行列转换

根据数据分析的目的，有时需要将数据表的行列进行转换，然后对数据进行分析。此时，可以采用转置来实现。操作步骤如下。

① 选中 A1:C7 单元格区域，如图 2-63 所示。在"开始"选项卡的"剪贴板"选项组中，单击"复制"按钮。

② 选定目的单元格或单元格区域，单击"粘贴"下拉按钮，在弹出的下拉列表中选择"选择性粘贴"，将打开图 2-64 所示的"选择性粘贴"对话框，勾选"转置"复选框，完成图 2-65 所示的行和列相互转换。A10:G12 单元格区域是 A1:C7 单元格区域转置后的结果。

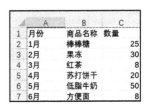

图 2-63　选中单元格区域

图 2-64　设置"选择性粘贴"

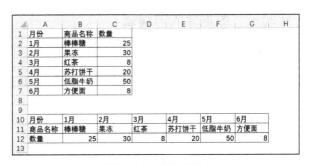

图 2-65　转置结果

2. 列拆分

在采集到的数据表中，一个字段列中可能包含多种信息（如图 2-66 所示的商家地址中包含省份、城市、区等），如果需要对省份或城市进行统计分析，就需要对字段数据进行拆分。操作步骤如下。

图 2-66　包含多种信息的列

① 选中地址所在的 B 列。

② 在"数据"选项卡的"数据工具"选项组中，单击"分列"按钮，打开"文本分列向导"

对话框（共 3 步），分别选择合适的文件类型、分隔符、数据列格式等，然后单击"完成"按钮，如图 2-67 所示。从图 2-66 中的"地址"字段列中可以看出地址包含的文字长度不相同，且有空格分隔，可以勾选图 2-67（b）所示的"空格"复选框来拆分。

③ 地址列被拆分成 3 列，重新为每一列指定列名，如图 2-68 所示。

（a）选择合适的文件类型　　（b）设置分隔符　　（c）设置数据列格式

图 2-67　文本分列向导

图 2-68　地址列拆分后的结果

实　　验

实验一　数据输入与编辑

一、实验目的

1. 掌握在单元格中直接输入数值型、文本型、日期时间型等数据的方法。
2. 掌握数据的填充方法。

二、实验内容

打开实验素材中的文件"实验 2-1.xlsx"，完成下列操作。

1. 在工作表"Sheet1"中完成下列文本型数据的操作。

（1）在 A1 单元格中输入文本"计算机"，并把它填充到 B1:H1 单元格区域中。

（2）在 A2 单元格中输入文本"025"，并把它填充到 B2:H2 单元格区域中。

　　输入数值时，应先输入一个英文单引号，再输入数值。

（3）把 A2 单元格复制到 A3 单元格后，以递增方式填充到 B3:H3 单元格区域中。

（4）将该工作表名更改为"文本型数据"。

样张：

	A	B	C	D	E	F	G	H
1	计算机	计算机	计算机	计算机	计算机	计算机	计算机	计算机
2	025	025	025	025	025	025	025	025
3	025	026	027	028	029	030	031	032

文本型数据

2．在工作表"Sheet2"中完成下列数值型数据的操作。

（1）在 A1 单元格中输入数值 75，并把它填充到 B1:H1 单元格区域中。

（2）在 A2 单元格中输入数值 75，并把它以递增方式填充到 B2:H2 单元格区域中。

（3）在 A3 单元格中输入数值 75，并把它以递减方式填充到 B3:H3 单元格区域中。

（4）在 A4 单元格中输入数值 4，把它以 2 倍的递增等比序列向右填充，直至 512 为止。

（5）在 A5 单元格中输入数值 0.00012583，变更它的数字格式为科学记数法，要求小数位数为 2 位。

（6）在 C5 单元格中输入数值 2000，变更它的数字格式为人民币，用千位分隔符分隔，小数位数为 0 位。

（7）在 E5 单元格中输入数值 0.25，变更它的数字格式为 25%。

（8）在 G5 单元格中输入数值 2000，变更它的数字格式为文本。

（9）将该工作表名更改为"数值型数据"。

样张：

	A	B	C	D	E	F	G	H
1	75	75	75	75	75	75	75	75
2	75	76	77	78	79	80	81	82
3	75	74	73	72	71	70	69	68
4	4	8	16	32	64	128	256	512
5	1.26E-04		¥2,000		25%		2000	
6								
7								

文本型数据　数值型数据

3．在工作表"Sheet3"中完成下列日期时间型数据的操作。

（1）在 A1 单元格中输入日期为某年的 10 月 1 日（如 2018/10/1），并把它填充到 B1:G1 单元格区域中。

（2）在 A2 单元格中输入日期为某年的 10 月 1 日（如 2018/10/1），以日递增方式填充到 B2:G2 单元格区域中。

（3）在 A3 单元格中输入日期为某年的 10 月 31 日（如 2018/10/31），以月递增方式填充到 B3:G3 单元格区域中。

（4）在 A4 单元格中输入时间 8:30 PM，并以递增方式填充到 B4:G4 单元格区域中。

（5）在 A5 单元格中输入日期为某年的 11 月 1 日（如 2018/11/1），变更它的数字格式为 2018 年 11 月 1 日。

（6）在 C5 单元格中输入时间 2:30 PM，变更它的数字格式为 14:30。

（7）在 E5 单元格中输入自己的生日，变更它的数字格式为星期几（每个人的生日不同，显示的结果也不同）。

（8）将该工作表名更改为"日期时间型数据"。

样张：

	A	B	C	D	E	F	G
1	2018/10/1	2018/10/1	2018/10/1	2018/10/1	2018/10/1	2018/10/1	2018/10/1
2	2018/10/1	2018/10/2	2018/10/3	2018/10/4	2018/10/5	2018/10/6	2018/10/7
3	2018/10/31	2018/11/30	2018/12/31	2019/1/31	2019/2/28	2019/3/31	2019/4/30
4	8:30 PM	9:30 PM	10:30 PM	11:30 PM	12:30 AM	1:30 AM	2:30 AM
5	2018年11月1日		14:30		星期四		
6							

文本型数据　数值型数据　日期时间型数据 …

实验二　数据格式化

一、实验目的

1．掌握工作表单元格格式的设置方法。
2．掌握单元格条件格式的设置方法。

二、实验内容

打开实验素材中的文件"实验 2-2.xlsx"，完成下列操作。

1．将 A1 单元格的对齐方式设置为水平居中、垂直居中。

2．将 B1 单元格的文本方向设置为竖直。

3．将 C1 单元格的文本方向设置为倾斜 30°。

4．将 D1 和 E1 单元格合并后居中。

5．设置 A2 单元格为自动换行。

6．为 B2 单元格添加斜线，并使其文字处于斜线下方。

　　要使文字处于斜线下方，将文字倾斜 45°并右对齐。

7．为第 4 行～第 9 行设置各行高为 20，并为第 4 行添加灰色背景图案样式。

8．进行条件格式设置，将表格中"销售数量"前两名的数据标识为红色加粗格式，"库存数量"低于 50 的数据标识填充背景色，颜色自定。

　　这里需要分别建立 2 个规则。

9．利用选择性粘贴，将第 4 行～第 9 行的表格进行转置并放到第 11 行～第 14 行。

样张：

<h1 style="text-align:center">习　题</h1>

一、单项选择题

1. 数值型数据的默认对齐方式是_____。
　　A．右对齐　　　　　B．左对齐　　　　　C．居中　　　　　D．两端对齐

2. 文本型数据的默认对齐方式是_____。
　　A．右对齐　　　　　B．左对齐　　　　　C．居中　　　　　D．两端对齐

3. 在 Excel 中，不连续单元格选择，需要按住_____键的同时选择所要的单元格。
　　A．【Ctrl】　　　　B．【Shift】　　　　C．【Alt】　　　　D．【Esc】

4. 在 Excel 中，数据类型有数值、文本和_____。
　　A．日期时间　　　B．数组　　　　　C．结构体　　　　D．枚举

5. 在 Excel 中，数字项前若加_____，数字会被视为文本。
　　A．%　　　　　　B．。　　　　　　C．#　　　　　　D．'

6. 在 Excel 中，通常在单元格内出现"####"符号时，表明_____。
　　A．显示的是字符串"####"　　　　　B．列宽不够，无法显示数值数据
　　C．数值溢出　　　　　　　　　　　D．计算错误

7. 每个单元格都有唯一的编号，编号方法是_____。
　　A．数字+字母　　　　　　　　　　B．字母+字母
　　C．行号+列标　　　　　　　　　　D．列标+行号

8. 在单元格中输入数据或公式后，如果单击按钮"√"，则相当于按_____键。
　　A．【Delete】　　　B．【Esc】　　　　C．【Enter】　　　D．【Shift】

二、判断题

1. 单元格的清除和删除操作完成相同的功能。

2. 单元格是由行与列交汇形成的，并且每一个单元格的地址是唯一的。

3. 在 Excel 中，在单元格内输入"李红"和输入"李　红"是一样的。

4. 在 Excel 中，数值 1234 与文本"1234"是相同的。

5. 用户可以将文本文件的数据导入 Excel 中进行数据处理。

6. 重复的数据只能逐条删除。

7. 尽可能将相同内容的单元格进行单元格合并，合并后不会影响后续的排序、函数计算。

8. 套用表格样式可以快速设置填充颜色、字体颜色、边框颜色。

9. 在数据表中可以任意插入空行，不会影响数据分析结果。

10. 需要在单元格中输入空格来对齐文本。

三、简答题

1. 简述 Excel 的主要数据类型。

2. 简述常用的数据清洗方法。

第 **3** 章　商务数据分析计算

数据经过清洗后就可以进行加工处理了。最基本的加工处理方法是计算出数据的平均值、累加和、中位数等，通过计算可以发现数据中蕴含的规律。数据计算是数据分析的核心功能，可以使用公式和函数来完成。

3.1　公式的概念

公式是对工作表中的数据进行计算的常用工具，可用来进行各种数据运算，公式的计算结果会随着数据的变化而自动更新。

公式以等号（=）开始，后面跟一个表达式，如"=8*B3+5"。

3.1.1　公式的组成

公式中的表达式由常量、单元格引用、函数、运算符和括号等元素构成。

（1）常量：直接输入公式中的数字或文本，如数值"123"或文本"笔记本电脑"。

（2）单元格引用：引用某一个单元格或单元格区域中的数据，如 B2 或 A2:D5。

（3）函数：系统提供的函数，如求和函数 SUM。

（4）运算符：连接公式中常量、单元格引用、函数的特定计算符号。

（5）括号：控制公式中的计算顺序。

公式中的运算符是连接其他元素的关键，常用的运算符有 4 种类型，如表 3-1 所示。

表 3-1　　　　　　　　　　　　　常用运算符的类型

类型	运算符	功能	应用举例
引用运算符	:（区域运算符）、,（联合运算符）	对单元格区域进行合并计算。将多个引用合并为一个引用	=SUM(A1:A3,D2) 计算 A1+A2+A3+D2
算术运算符	+（加）、-（减）、*（乘）、/（除）、%（百分比）、^（乘方）	完成数学运算，运算结果为数值	=2^3 +6/2 结果是 11
文本运算符	&（文本连接）	可以连接一个或多个文本	= "Hello"&"World" 结果是"Hello World"
比较运算符	=（等于）、>（大于）、<（小于）、>=（大于或等于）、<=（小于或等于）、<>（不等于）	比较两个值的大小关系，运算结果为逻辑值 TRUE 或 FALSE	=5>3 结果是 TRUE

运算符有不同的优先级，当公式中同时用到多个运算符时，应按照优先级的顺序进行计算。

运算符的优先级为：引用运算符>算术运算符>文本运算符>比较运算符，即引用运算符优先于算术运算符；算术运算符优先于文本运算符；文本运算符优先于比较运算符。

举例如下。

公式 1：=5>3+1

按照运算符的优先级顺序，先计算 3+1，结果为 4；然后计算 5>4，结果为 TRUE。

公式 2：=（5>3）+1

先计算括号内的 5>3，结果为 TRUE（1）；然后计算 1+1，结果为 2。

逻辑值与数值的关系：TRUE 等价于 1；FALSE 等价于 0。

3.1.2　单元格引用

单元格引用是公式的组成部分之一，其作用是标识工作表中的单元格或单元格区域，并指明公式中所使用数据的位置。

默认情况下，使用 A1 引用样式，此引用样式中字母标识列和数字标识行。若要引用某个单元格，可以输入列标和行号，如 B2 是引用列 B 和行 2（即 B 列第 2 行）交叉处的单元格。

1．相对引用

单元格相对引用的格式：列标行号，如 A1。如果公式所在单元格的位置改变，引用也随之改变。如果多行或多列复制公式，引用会自动调整。默认情况下，公式中使用相对引用。

2．绝对引用

单元格绝对引用的格式：$列标$行号，如$A$1。绝对引用总是引用指定位置的单元格。如果公式所在单元格的位置改变，绝对引用保持不变。如果多行或多列复制公式，绝对引用不做调整。

3．混合引用

单元格混合引用的格式：$列标行号（绝对列和相对行）或者列标$行号（相对列和绝对行），如$A1、A$1。如果公式所在单元格的位置改变，则相对引用部分改变，绝对引用部分不变。如果多行或多列复制公式，相对引用部分自动调整，绝对引用部分不做调整。

【F4】键是引用方式转换的快捷键。连续按【F4】键，会按照相对引用→绝对引用→相对列绝对行→绝对列相对行→相对引用→……循环变化。

4．外部引用

（1）引用不同工作表中的单元格。

如果需要引用同一工作簿中其他工作表中的单元格，需要在单元格前加上工作表的名称和感叹号（!）。

引用的格式：=工作表名称!单元格引用

例如，需要绝对引用工作表名称为"sheet1"中的 A2 单元格，则输入的公式为"= sheet1!$A$2"。

（2）引用不同工作簿中的单元格。

如果需要引用不同工作簿中某一工作表的单元格，则需要包含工作簿的名称。

引用的格式：=[工作簿名称]工作表名称!单元格引用

5．三维引用

如果需要引用同一工作簿中多个工作表的同一个单元格的数据，可以采用三维引用的方式。使用引用运算符"∶"指定工作表的范围。

三维引用的格式：工作表名称 1:工作表名称 n!单元格引用

例如，Sheet1: Sheet3!B2、Sheet2 :Sheet5!B2:G6。

【例 3-1】 Sheet1～Sheet4 这 4 个工作表中 B1 单元格分别存储了第一季度～第四季度的销量数据，计算这 4 个季度的销量总和并存入 Sheet5 的 B1 单元格。

在 Sheet5 的 B1 单元格中输入公式"=SUM(Sheet1:Sheet4!B1)"，其含义是计算 Sheet1、Sheet2、Sheet3 和 Sheet4 这 4 个工作表中 B1 单元格中值的总和，如图 3-1 所示。

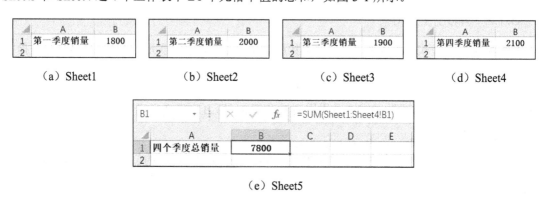

（a）Sheet1　　　　（b）Sheet2　　　　（c）Sheet3　　　　（d）Sheet4

（e）Sheet5

图 3-1　三维引用

3.2　公式编辑

使用公式计算数据时，首先输入公式，如果公式计算出的结果不正确，可以编辑修改公式直到结果正确为止。

3.2.1　输入公式

手动输入是将公式中的全部内容通过键盘输入的方法完成。手动输入公式的操作步骤如下。

① 选择需要输入公式的单元格。

② 输入等号"="。

③ 输入公式表达式。公式表达式通常由单元格引用、常量、函数、运算符和括号组成。当需要输入单元格引用时，可以单击公式中单元格地址对应的单元格，则该单元格地址会自动写入公式表达式中，也可以直接输入单元格的地址。

④ 公式输入完毕后，按【Enter】键或者单击编辑栏上的确认按钮 ✓ 完成公式输入。

公式输入结束后，包含公式的单元格内会显示公式的计算结果；而公式本身则显示在编辑栏中。当组成公式的单元格的内容发生变化时，公式的计算结果也会随之变化。

【例 3-2】 计算商品的应付金额。

在 E2 单元格中输入公式"=C2*D2"，计算结果为 60.75，如图 3-2 所示。

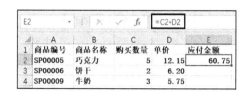

3-1　例 3-2

图 3-2　应付金额计算结果

提示

公式必须以 "=" 开始，否则公式将被识别为一个字符串。

单元格中显示公式计算结果，编辑栏中显示公式表达式。

3.2.2　复制公式

复制公式的方法有两种，一种是自动填充的方法，另一种是 "复制" 与 "粘贴" 的方法。

1. 自动填充的方法复制公式

自动填充的操作步骤如下。

① 选择需要复制公式的 E2 单元格。

② 将鼠标指针放置到 E2 单元格右下角填充柄处，当鼠标指针变成黑色实心十字形状时，按住鼠标左键并拖曳至所需要的单元格处释放鼠标，结果如图 3-3 所示。当数据行较多时，可以双击填充柄自动复制公式至最后一行。

	A	B	C	D	E
1	商品编号	商品名称	购买数量	单价	应付金额
2	SP00005	巧克力	5	12.15	60.75
3	SP00006	饼干	2	6.20	12.40
4	SP00009	牛奶	3	5.75	17.25

图 3-3　复制公式

复制公式时，通常使用单元格的相对引用格式。例如，E2 单元格中的公式为 "=C2*D2"，计算结果为 60.75。当复制到 E3 单元格时，公式自动变成 "=C3*D3"，计算结果为 12.40。当复制到 E4 单元格时，公式自动变成 "=C4*D4"，计算结果为 17.25。

2. "复制" 与 "粘贴" 的方法复制公式

通过 "复制" 与 "粘贴" 操作可以复制公式。在复制公式时，单元格引用会根据不同的引用类型而变化。操作步骤如下。

① 选择需要复制公式的单元格。

② 在 "开始" 选项卡的 "剪贴板" 选项组中，单击 "复制" 按钮。

③ 选择目标单元格，单击 "粘贴" 按钮即可复制公式及格式；如果单击 "粘贴" 下拉按钮，将出现图 3-4 所示的下拉列表，其中常用的图标含义如表 3-2 所示。

图 3-4　"粘贴" 下拉列表

表 3-2 "粘贴"下拉列表中图标的含义

选项	图标	含义
粘贴		粘贴公式和所有格式，是默认的粘贴方式
公式		只粘贴公式，不保留格式、批注等内容
公式和数字格式		只粘贴公式、保留数字格式
保留源格式		粘贴原公式并保留源数据区的格式
保留源列宽		粘贴到的目标单元格的列宽设置与源单元格列宽相同
无边框		粘贴源单元格区域中除了边框以外的所有内容
转置		源单元格区域中的行粘贴后成为列、列成为行
值		只粘贴数值、文本及公式的运算结果，不保留公式、格式等内容
值和数字格式		粘贴公式的值和数字格式
格式		只粘贴格式，包含条件格式

图 3-5 显示了将 C1 单元格分别使用不同的粘贴选项复制到 C2、C3 和 C4 单元格的效果。C2 单元格中选择了"粘贴"，则复制 C1 单元格的公式和格式，公式变成"=A2+B2"，计算出 86+90 的结果为 176，格式与 C1 单元格相同；C3 单元格中选择了"公式"，则仅复制 C1 单元格的公式，公式变成"=A3+B3"，计算出 78+85 的结果为 163，但不复制 C1 单元格的加粗字体格式；C4 单元格中选择了粘贴"值"，仅复制 C1 单元格的数值 152，不复制公式本身。

【例 3-3】 计算男性和女性的购买比例。

分析：首先分别计算出男性和女性 3 个月总购买量，然后分别计算出男性和女性的购买比例。

① 计算出男性和女性总购买量。在 B5 单元格中输入公式"=B2+B3+B4"，计算出男性总购买量，复制公式至 C5 单元格，计算出女性总购买量，结果如图 3-6 所示。

3-2 例 3-3

图 3-5 不同的粘贴效果

图 3-6 男女总购买量计算结果

② 计算出男性和女性的购买比例。在 B8 单元格中输入公式"=B5/(B5+C5)"，其中的单元格引用均为相对引用，计算出男性购买比例，设置数字格式为"百分比"，小数位数 2 位，结果是 37.93%。复制公式至 C8 单元格，计算出女性购买比例，显示的"100.00%"结果是不对的，原因是 B8 单元格中的公式"=B5/(B5+C5)"在复制时发生了改变，复制后为"=C5/(C5+D5)"，如图 3-7（a）所示。可以看到 D5 单元格中无数据，所以产生了错误。正确的方法是在 B8 单元格中输入公式"=B5/($B$5+$C$5)"，复制到 C8 单元格后公式变为"=C5/($B$5+$C$5)"，公式中的\$B\$5、\$C\$5 是单元格绝对引用，复制后不变，正确的结果如图 3-7（b）所示。

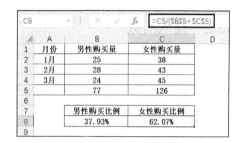

（a）错误结果　　　　　　　　　（b）正确结果

图 3-7　男女购买比例计算结果

输入单元格相对地址后，按【F4】键可以快速转换成绝对地址。

3.3　函数输入

函数是 Excel 的重要组成部分，能够完成各种复杂的计算、统计、查询等数据分析功能。

3.3.1　手动输入函数

Excel 有公式记忆式输入的功能。用户输入公式时会出现备选函数列表，帮助用户快速完成输入，减少输入的语法错误。操作步骤如下。

① 输入等号（=）。

② 输入函数名开始的几个字母，此时显示一个动态列表，其中包含与用户输入字母匹配的有效函数名。

③ 双击需要的函数，在"（"后，输入以英文逗号分隔的各个参数；或者选择单元格、单元格区域作为参数。

④ 输入"）"，然后按【Enter】键或单击编辑栏中的确认按钮 ∨，完成函数输入。如果单击编辑栏中的取消按钮 ×，则放弃函数输入，如图 3-8 所示。

（a）双击需要的函数

（b）输入参数

（c）函数计算结果

图 3-8　以公式记忆式方法输入函数

3.3.2　插入函数

1. 插入函数

由于函数数量较多，用户没有必要记住所有的函数名和参数，因此系统提供了函数向导功能，引导用户正确输入函数。操作步骤如下。

① 单击编辑栏上的插入函数按钮 f_x，此时自动插入等号（=），同时打开"插入函数"对话框，如图 3-9 所示。

② 根据计算要求，选择函数类别，然后选择具体的函数。

● 常用函数：最近使用的函数按字母顺序显示在"选择函数"列表框中。

● 某个函数类别：此类函数按字母顺序显示在"选择函数"列表框中。

● 全部：所有函数按字母顺序显示在"选择函数"列表框中。

③ 在图 3-10 所示的"函数参数"对话框中，输入参数。若参数是单元格区域，可以先单击"拾取器"按钮 ⬆，选择图 3-11 所示的单元格区域后，再次单击"拾取器"按钮 ⬇，返回"函数参数"对话框，在该对话框下方会出现计算结果，如图 3-12 所示。

图 3-9　"插入函数"对话框

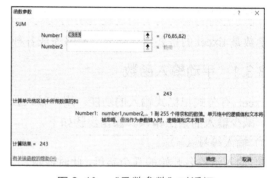

图 3-10　"函数参数"对话框

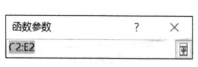

图 3-11　选择单元格区域

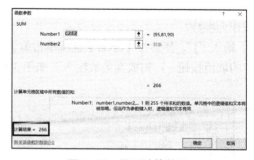

图 3-12　显示计算结果

2. 自动求和

由于求和函数是一个频繁使用的函数，因此在"开始"选项卡的"编辑"选项组中有"自动求和"按钮 Σ，通过它可以快速完成求和。但是只能对同一行或同一列中的数字进行求和。操作步骤如下。

① 选中需要存放求和结果的单元格。

② 单击"开始"选项卡"编辑"选项组中的"自动求和"按钮 Σ，将自动插入用于求和的 SUM 函数。

如果单击"自动求和"下拉按钮，在弹出的下拉列表中将显示"求和""平均值""计数""最大值""最小值"和"其他函数"6 个命令，方便用户快速选取需要的函数，如图 3-13 所示。

图 3-13　"自动求和"下拉列表

3.3.3　嵌套函数

嵌套函数是指在函数中使用另一个函数作为参数。最多可以嵌套 64 个级别的函数。

例如，嵌套函数 IF(AVERAGE(A1:A3)>10,SUM(B1:B3),0)完成的功能是：当 A1:A3 单元格区域的平均值大于 10 时，将返回 B1:B3 单元格区域的总和；否则返回值为 0。操作步骤如下。

① 在图 3-14（a）中选择 C4 单元格，单击编辑栏上的"插入函数"按钮。

② 在"函数参数"对话框中，将函数作为参数输入。在图 3-14（b）所示的对话框中，在"Logical_test"文本框中输入"AVERAGE(A1:A3)>10"；在"Value_if_true"文本框中输入"SUM(B1:B3)"；在"Value_if_false"文本框中输入"0"。因为 AVERAGE(A1:A3)的计算结果为 11.667，大于 10，所以结果为 SUM(B1:B3)，等于 6（数据如图 3-14（c）所示）。

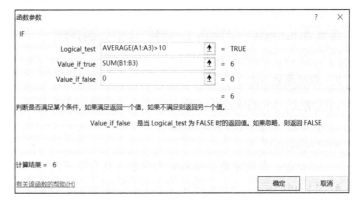

（a）源数据　　　　　　　　　　　（b）函数作为参数

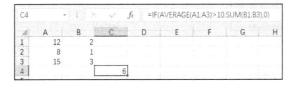

（c）计算结果

图 3-14　嵌套函数

当输入错误的公式或函数时，会在单元格内显示相应的错误信息，此时需要了解产生错误的原因并加以更正。表 3-3 列出了常见的错误类型和更正方法。

表 3-3   常见的错误类型和更正方法

类型	含义	更正方法
#####	列宽不够	增加列宽或缩小字号
#DIV/0!	除数为 0	检查输入公式中除数是否为 0 或引用了空白单元格或值为 0 的单元格作为除数
#N/A	数值对函数或公式不可用	检查公式中引用的单元格数据，并输入正确的内容
#NAME?	无法识别公式中的文本	检查输入文本时是否使用双引号；区域引用中是否缺少了冒号（:）
#NULL!	区域运算符不正确	使用区域运算符（:）引用连续的单元格区域；使用联合运算符（,）引用不相交的两个区域
#NUM!	无效数据	检查数字是否超出限定范围，或函数中的参数是否正确
#REF!	单元格引用无效	检查引用的单元格是否已被删除
#VALUE!	参数或操作数的类型错误	检查公式、函数中使用的运算符或参数是否正确

3.4 常用函数

Excel 中有大量的函数供用户使用，本节将介绍一些常用的函数并给出应用示例。

3.4.1 数学函数

1．取整函数 INT

语法格式：INT(number)

函数功能：返回给定数值向下取整为最接近的整数。

INT 函数示例如图 3-15 所示。

2．取模函数 MOD

语法格式：MOD(number,divisor)

函数功能：返回两数相除的余数。

参数说明如下。

- number：是被除数，divisor 为除数。结果的正负号与除数相同。

- divisor：如果 divisor 为 0，将会导致返回值错误#DIV/0!。

MOD 函数示例如图 3-16 所示。

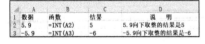

图 3-15 INT 函数示例   图 3-16 MOD 函数示例

3．四舍五入函数 ROUND

语法格式：ROUND (number, num_digits)

函数功能：返回数值四舍五入的结果。

参数说明如下。

- number：是需要四舍五入的数值。

- num_digits：是指定保留的小数位数。如果 num_digits 为 0，则取整到最接近的整数。

ROUND 函数示例如图 3-17 所示。

	A	B	C	D
1	数据	函数	结果	说　明
2	521.509	=ROUND(A2,1)	521.5	对521.509保留1位小数位数
3	521.509	=ROUND(A3,2)	521.51	对521.509保留2位小数位数
4	521.509	=ROUND(A4,0)	522	对521.509保留0位小数位数，则取得最接近的整数

图 3-17　ROUND 函数示例

4．求和函数 SUM

语法格式：SUM(number1,[number2], ...)

函数功能：返回参数中所有数字之和。

参数说明如下。

- 如果参数是单元格或单元格区域，则只累加其中的数字，空白单元格、逻辑值或文本将被忽略。

SUM 函数示例如图 3-18 所示。

	A	B	C	D
1	数据	函数	结果	说　明
2	5	=SUM(3,5)	8	将3与5相加
3	-1	=SUM(A2,A5)	3	将A2和A5单元格中的数字相加
4	3	=SUM(A2:A4)	7	将A2:A4单元格区域中的数字相加
5	-2	=SUM(A2:A5,4)	9	将A2:A5单元格区域中的数字相加，再加上4

图 3-18　SUM 函数示例

 提示

在"公式"选项组中，单击"自动求和"按钮 Σ，可以进行快速求和。

5．乘积之和函数 SUMPRODUCT

语法格式：SUMPRODUCT(array1,[array2], ...)

函数功能：将数组间对应的元素相乘，返回乘积之和。

参数说明如下。

- 数组参数必须具有相同的长度。
- 将非数值型的数组元素作为 0 处理。

SUMPRODUCT 函数示例如图 3-19 所示。

	A	B	C	D	E
1	数组A	数组B	函数	结果	说　明
2	2	3	=SUMPRODUCT(A2:A4,B2:B4)	29	数组A与数组B的所有元素对应相乘，并将乘积相加，即A2×B2+A3×B3+A4×B4
3	4	2			
4	3	5			

图 3-19　SUMPRODUCT 函数示例

【例 3-4】　计算顾客购买水果的总价。

分析：B 列是水果的单价，C 列是购买的数量，总价是每种水果的单价乘数量的总和。

选中 B6 单元格，输入公式"=SUMPRODUCT(B2:B4,C2:C4)"，其含义是计算 B2×C2+ B3×C3+B4×C4=(5.00×2+3.00×3+2.50×5)=31.50，如图 3-20 所示。

3-3　例 3-4

图 3-20 顾客购买水果的总价

6. 条件求和函数 SUMIF

语法格式：SUMIF(range,criteria,[sum_range])

函数功能：返回满足条件的单元格区域中数字之和。

参数说明如下。

- range：是用于条件判断的单元格区域。
- criteria：是计算的条件，其形式可以为数字、表达式或文本。
- sum_range：是需要求和的实际单元格区域。
- 只有当 range 中的单元格满足 criteria 设定的条件时，才对 sum_range 中对应的单元格区域求和。
- 如果省略 sum_range，则对 range 中的单元格求和。

 如果参数中含有[ ]，表示该参数是可选项，在函数应用中根据实际情况可以省略。

SUMIF 函数示例如图 3-21 所示。

图 3-21 SUMIF 函数示例

【例 3-5】 按照销售员姓名汇总销售额。

图 3-22 中 A2:C7 单元格区域显示了销售记录，要求根据 E2 单元格中销售员的姓名，求出该销售员的总销售额。

① 在 E2 单元格中输入销售员姓名，如"王宏"。

② 在 F2 单元格中输入公式"=SUMIF(B2:B7,E2,C2:C7)"，其中，B2:B7是判断条件的单元格区域；E2 单元格是条件；C2.C7 单元格区域是求和区域。

3-4 例 3-5

公式的含义是如果 B2:B7 单元格区域的销售员中有 E2 中指定的销售员，则对其销售额进行求和。

如果在 E2 单元格中输入销售员的姓名"王宏"，计算出该销售员的总销售额为 81000，如图 3-22（a）所示；如果输入销售员的姓名"张明明"，则计算出该销售员的总销售额为 40000，如图 3-22（b）所示。

（a）"王宏"销售额　　　　　　　（b）"张明明"销售额

图 3-22 按姓名汇总销售额

7. 多条件求和函数 SUMIFS

语法格式：SUMIFS(sum_range,criteria_range1, criteria1, [criteria_range2, criteria2], ...)

函数功能：返回满足多个条件的单元格区域中数字之和。

参数说明如下。

- sum_range：是求和的单元格区域。
- criteria_range1：是用于判断 criteria1 条件的单元格区域；criteria_range2 是用于判断 criteria2 条件的单元格区域。
- 只有同时满足 criteria1、criteria2…设定的条件时，才对 sum_range 中对应的单元格求和。

SUMIFS 函数示例如图 3-23 所示。

	A	B	C	D	E
1	数据1	数据2	函数	结果	说　明
2	2	A	=SUMIFS(A2:A5,A2:A5,">0",B2:B5,"A")	3	当A2:A5单元格区域的值大于0，并且对应的B2-B5单元格区域值为A时求和，即2+1=3
3	-9	A			
4	5	B			
5	1	A			

图 3-23　SUMIFS 函数示例

【例 3-6】　按商品和厂家汇总销售量。

分析：图 3-24 中 A2:C6 单元格区域显示了销售记录，E2:F4 单元格区域是不同厂家的商品，要求分别按商品和厂家汇总出总的销售量。

① 在 G2 单元格中输入公式 "=SUMIFS($C$2:$C$6,$A$2:$A$6,E2,$B$2:$B$6, F2)"，其中，$C$2:$C$6 是求和区域；$A$2:$A$6 是判断条件 1 的单元格区域，E2 单元格是条件 1；$B$2:$B$6 是判断条件 2 的单元格区域，F2 单元格是条件 2。公式的含义是如果 A2:A6 的商品是 E2 中指定的商品，并且 B2:B6 的厂家是 F2 中指定的厂家，则对其销售量进行求和。

3-5　例 3-6

② 将 G2 单元格中的公式复制到 G4 单元格，为了保证复制后单元格引用正确，函数中的 $C$2:$C$6、$A$2:$A$6、$B$2:$B$6 均采用绝对地址，复制后不会改变。

结果如图 3-24 所示。

G2				fx	=SUMIFS($C$2:$C$6,$A$2:$A$6,E2,$B$2:$B$6,F2)		
	A	B	C	D	E	F	G
1	商品	厂家	销售量		商品	厂家	总销售量
2	巧克力	天天食品公司	20		巧克力	天天食品公司	55
3	方便面	美味食品公司	35		巧克力	美味食品公司	58
4	巧克力	美味食品公司	28		方便面	美味食品公司	35
5	巧克力	天天食品公司	35				
6	巧克力	美味食品公司	30				
7							

图 3-24　按商品和厂家汇总销售量

3.4.2　统计函数

1. 求平均值函数 AVERAGE

语法格式：AVERAGE(number1,[number2], ...)

函数功能：返回参数的算术平均值。

参数说明如下。

- 如果参数是单元格或单元格区域，则只计算其中的数字的平均值，空白单元格、逻辑值或文本将被忽略。

AVERAGE 函数示例如图 3-25 所示。

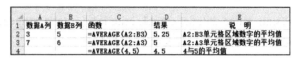

图 3-25　AVERAGE 函数示例

2．条件求平均值函数 AVERAGEIF

语法格式：AVERAGEIF(range,criteria,[average_range])

函数功能：返回满足条件的单元格区域中数字的平均值。

参数说明如下。

- range：是用于条件判断的单元格区域。
- criteria：是计算的条件，其形式可以为数字、表达式或文本。
- average_range：是需要求平均值的实际单元格区域。
- 只有当 range 中的单元格满足 criteria 设定的条件时，才对 average_range 中对应的单元格区域求平均值。
- 如果省略 average_range，则对 range 单元格区域求平均值。

AVERAGEIF 函数示例如图 3-26 所示。

图 3-26　AVERAGEIF 函数示例

【例 3-7】　计算厂家的平均销售量。

图 3-27 中 C2:C6 单元格区域显示了销售量，要求计算出不同厂家的平均销售量。

① 在 E2、E3 单元格中分别输入厂家名称"天天食品公司"和"美味食品公司"。

② 在 F2 单元格中输入公式"=AVERAGEIF($B$2:$B$6,E2,$C$2:$C$6)"，其中，$B$2:$B$6 是判断条件的单元格区域；E2 单元格是条件；$C$2:$C$6 单元格区域是求平均值的区域。公式的含义是如果$B$2:$B$6 的厂家中有 E2 单元格中的厂家的名称，则对其销售量求平均值。

③ 将 F2 单元格中的公式复制到 F3 单元格，完成计算。

结果如图 3-27 所示。

图 3-27　不同厂家的平均销售量计算结果

3．多条件求平均值函数 AVERAGEIFS

语法格式：AVERAGEIFS(average_range,criteria_range1,criteria1,[criteria_range2, criteria2], ...)

函数功能：返回满足多个条件的单元格区域中数字的平均值。

参数说明如下。

- average_range：是求平均值的单元格区域。

- criteria_range1：是用于判断 criteria1 条件的单元格区域。
- criteria_range2：是用于判断 criteria2 条件的单元格区域。
- 只有同时满足 criteria1、criteria2…设定的条件时，才对 average_range 中对应的单元格区域求平均值。

AVERAGEIFS 函数示例如图 3-28 所示。

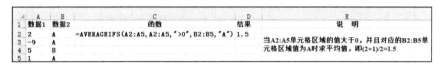

图 3-28　AVERAGEIFS 函数示例

4. 计数函数 COUNT

语法格式：COUNT(value1,[value2], ...)

函数功能：计算包含数字和日期的单元格以及参数列表中数字的个数。

参数说明如下。

- 如果参数为数字、日期则被计算在内；文本、逻辑值和空白单元格不被计算在内。

与 COUNT 函数相关的函数如下。

（1）COUNTA：统计非空白单元格的个数。

（2）COUNTBLANK：统计空白单元格的个数。

COUNT 及相关函数示例如图 3-29 所示。

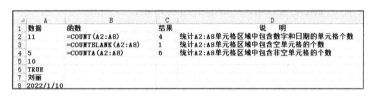

图 3-29　COUNT 及相关函数示例

5. 条件计数函数 COUNTIF

语法格式：COUNTIF(range,criteria)

函数功能：统计符合给定条件的单元格个数。

参数说明如下。

- range：是要统计的单元格区域。
- criteria：是统计条件，其形式可以为数字、表达式或文本。

COUNTIF 函数示例如图 3-30 所示。

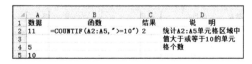

图 3-30　COUNTIF 函数示例

6. 多条件计数函数 COUNTIFS

语法格式：COUNTIFS(criteria_range1,criteria1, [criteria_range2,criteria2], ...)

函数功能：统计符合多个给定条件的单元格个数。

参数说明如下。

● criteria_range1、criteria_range2 是要统计的单元格区域；criteria1、criteria2 是统计条件，其形式可以为数字、表达式或文本。

COUNTIFS 函数示例如图 3-31 所示。

	A	B	C	D	E
1	数据1	数据2	函数	结果	说　明
2	11	A	=COUNTIFS(A2:A5,">=10",B2:B5,"B")	1	统计A2:A5单元格区域中值大于或等于10，并且B2:B5单元格区域中值为B的单元格个数
3		B			
4	5	A			
5	10	B			

图 3-31　COUNTIFS 函数示例

【例 3-8】　统计不同性别的人数。

图 3-32 中 A2:B8 单元格区域显示了客户姓名和性别，要求根据 D2、D3 单元格中的性别，分别统计出男客户和女客户的人数。

① 分别在 D2、D3 单元格中输入性别"男"和"女"。

② 在 E2 单元格中输入公式"=COUNTIF($B$2:$B$8,D2)"，其中，$B$2:$B$8 是统计的单元格区域；D2 单元格是条件。公式的含义是统计$B$2:$B$8 的值中与 D2 中性别相同的客户人数，即男客户的人数。

3-6　例 3-8

③ 将 E2 单元格中的公式复制到 E3 单元格，自动统计出女客户的人数。

注意：$B$2:$B$8 单元格区域用绝对引用或者 B2:B8 的混合引用方式，以保证公式复制后范围不变，否则公式复制后范围变成 B3:B9，显然会出现错误。

E2		fx	=COUNTIF($B$2:$B$8,D2)

	A	B	C	D	E	F
1	姓名	性别		性别	人数	
2	王冬冬	男		男	3	
3	李红	女		女	4	
4	刘畅	女				
5	赵甲	男				
6	张欣欣	女				
7	赵宏兵	男				
8	马小华	女				

图 3-32　统计不同性别的人数

7．最大值函数 MAX

语法格式：MAX(number1,[number2], ...)

函数功能：返回参数列表中的最大值。

MAX 函数示例如图 3-33 所示。

	A	B	C	D
1	数据	函数	结果	说　明
2	5			
3	2	=MAX(A2:A5)	9	求出A2:A5单元格区域中的最大值
4	9			
5	6			

图 3-33　MAX 函数示例

8．最小值函数 MIN

语法格式：MIN (number1,[number2], ...)

函数功能：返回参数列表中的最小值。

MIN 函数示例如图 3-34 所示。

图 3-34　MIN 函数示例

9．中位数函数 MEDIAN

语法格式：MEDIAN (number1,[number2], ...)

函数功能：返回参数列表中的中位数值。

MEDIAN 函数示例如图 3-35 所示。中位数与数据的排序位置有关，是一组数据排序后中间位置的代表值，不受极端数据值的干扰。其中 A2:A5 排序后为 2、3、4、15，因为排序的个数是偶数，中位数值为中间的两个数 3 和 4 的平均值 3.5；A2:A6 排序后为 2、3、4、9、15，因为排序的个数是奇数，中位数值为中间的数 4。

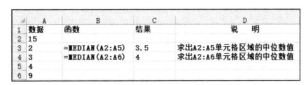

图 3-35　MEDIAN 函数示例

10．众数函数 MODE

语法格式：MODE (number1,[number2], ...)

函数功能：返回参数列表中出现频率最高的数。

MODE 函数示例如图 3-36 所示。

图 3-36　MODE 函数示例

【例 3-9】　统计水果的价格平均值、价格中位数、价格众数、最高价格和最低价格。

① 计算价格平均值。在 E2 单元格中输入公式 "=AVERAGE(B2:B8)"。

② 计算价格中位数。在 E3 单元格中输入公式 "= MEDIAN (B2:B8)"。

③ 计算价格众数。在 E4 单元格中输入公式 "= MODE (B2:B8)"。

④ 计算最高价格。在 E6 单元格中输入公式 "= MAX (B2:B8)"。

⑤ 计算最低价格。在 E7 单元格中输入公式 "= MIN (B2:B8)"。

3-7　例 3-9

统计水果价格结果如图 3-37 所示，由于"榴莲"的价格比其他水果的价格高出很多，导致价格的平均值比中位数高，这种情况下采用中位数能够更真实地反映出大多数水果的普遍价格。

	A	B	C	D	E
1	水果品种	价格（元/斤）			
2	苹果	4.00		价格平均值（元/斤）	6.64
3	榴莲	25.00		价格中位数（元/斤）	4.00
4	梨	3.00		价格众数（元/斤）	4.00
5	香蕉	4.00			
6	桔子	3.50		最高价格（元/斤）	25.00
7	西瓜	2.00		最低价格（元/斤）	2.00
8	蟠桃	5.00			

图 3-37　统计水果价格

11．排位函数 RANK

语法格式：RANK(number,ref,[order])

函数功能：返回一个数字在数字列表中的排位顺序。

参数说明如下。

- number：是排位的数字或单元格。
- ref：是单元格区域，用来说明排位的范围。其中的非数值型参数将被忽略。
- order：指明排位的方式。为 0 或者省略时，对数字的排位是基于降序排列的列表；不为 0 时，对数字的排位是基于升序排列的列表。

RANK 函数示例如图 3-38 所示。

	A	B	C	D
1	数据	函数	结果	说　明
2	5	=RANK(A2,A2:A7)	3	A2在A2:A7单元格区域中排位是3
3	2	=RANK(A3,A2:A7)	4	A3在A2:A7单元格区域中排位是4
4	9	=RANK(A4,A2:A7)	1	A4在A2:A7单元格区域中排位是1
5	1	=RANK(A5,A2:A7)	6	因为有2个排位是4的数字，所以A5的排位是6
6	2	=RANK(A6,A2:A7)	4	A6与A3值相同，排位都是4
7	8	=RANK(A7,A2:A7)	2	A7在A2:A7单元格区域中排位是2

图 3-38　RANK 函数示例

【例 3-10】　计算销售数量的排名。

在 D2 单元格中输入公式"=RANK(C2,C2:C11)"；复制 D2 单元格中的公式至 D3～D11 单元格中，结果如图 3-39（a）所示。可以看到出现了不同销售数量具有相同的销售排名的错误情况，原因是当公式复制到 D3 单元格时变为"=RANK (C3,C3:C12)"，注意这里的范围变为 C3:C12，而正确的范围应该为 C2:C11，所以排位范围参数需要使用单元格的绝对引用，即\$C\$2:\$C\$11，或者单元格的混合引用，即 C\$2:C\$11。这样在复制单元格时，排序的范围就不会改变了。

3-8　例 3-10

重新在 D2 单元格中输入公式"=RANK(C2,\$C\$2:\$C\$11)"；复制 D2 单元格中的公式至 D3～D11 单元格中，正确结果如图 3-39（b）所示。

（a）错误结果　　　　　　　　　　（b）正确结果

图 3-39　销售数量排名的计算结果

3.4.3　逻辑函数

1．逻辑与函数 AND

语法格式：AND(logical1,[logical2], ...)

函数功能：返回参数列表逻辑"与"的结果。当所有参数均为 TRUE 时，返回 TRUE（真）；只要有一个参数为 FALSE 时，返回 FALSE（假）。

参数说明如下。

● 参数必须是逻辑值 TRUE 或 FALSE。如果指定的单元格区域包含非逻辑值，则 AND 函数返回错误值#VALUE!。

AND 函数示例如图 3-40 所示。

图 3-40　AND 函数示例

2．逻辑或函数 OR

语法格式：OR(logical1,[logical2], ...)

函数功能：返回参数列表逻辑"或"的结果。只要有一个参数为 TRUE 时，返回 TRUE；所有参数均为 FALSE 时，返回 FALSE。

参数说明如下。

● 参数必须是逻辑值 TRUE 或 FALSE。如果指定的单元格区域包含非逻辑值，则 OR 函数返回错误值#VALUE!。

OR 函数示例如图 3-41 所示。

图 3-41　OR 函数示例

3．逻辑非函数 NOT

语法格式：NOT(logical)

函数功能：返回参数列表逻辑"非"的结果。当参数为 TRUE 时，返回 FALSE；当参数为 FALSE 时，返回 TRUE。

NOT 函数示例如图 3-42 所示。

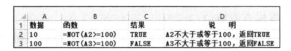

图 3-42　NOT 函数示例

4．分支函数 IF

语法格式：IF(logical_test,value_if_true,value_if_false)

参数说明如下。

- logical_test：逻辑表达式。逻辑表达式的结果是 TRUE（真）或 FALSE（假）。
- value_if_true：当 logical_test 为 TRUE（真）时，函数的返回值。
- value_if_false：当 logical_test 为 FALSE（假）时，函数的返回值。

IF 函数示例如图 3-43 所示。

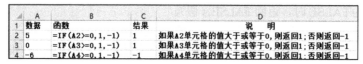

图 3-43　IF 函数示例

参数 value_if_true 和 value_if_false 可以再次引用函数，实现函数的嵌套。

例如，要求 A2 数值大于 0 时，返回值为 1；A2 数值等于 0 时，返回值为 0；A2 数值小于 0 时，返回值为−1。操作步骤如下。

① 选定单元格，单击"插入函数"按钮，选择"IF 函数"，打开 IF 函数的"函数参数"对话框。

② 在"Logical_test"中输入"A2>0"；在"Value_if_true"中输入"1"；将鼠标指针定位在"Value_if_false"中，然后单击编辑栏左侧的"IF"函数名，又一次打开 IF 函数的"函数参数"对话框，实现 IF 嵌套，如图 3-44（a）和图 3-44（b）所示。

③ 在"Logical_test"中输入"A2<0"；在"Value_if_true"中输入"−1"；在"Value_if_false"中输入"0"，操作结果如图 3-44（c）所示。

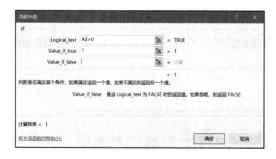

（a）IF 函数的"函数参数"对话框

（b）在"Value_if_false"中嵌套 IF 函数

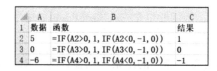

（c）结果

图 3-44　IF 函数嵌套

【例 3-11】　评价年度优秀销售员。

图 3-45 中 C2:F5 单元格区域显示了销售员的 4 个季度客户满意度得分，当 4 个季度的客户满意度均大于或等于 4.5 时，评价为"年度优秀销售员"。

① 在 G2 单元格中输入公式"=IF(AND(C2>=4.5,D2>=4.5,E2>=4.5,F2>=4.5),"年度优秀销售员","")"，其中，IF 的第一个参数是 AND(C2>=4.5,D2>=4.5,E2>=4.5,F2>=4.5)，表示当 C2、D2、E2 和 F2 单元格的值均大于或等于 4.5 时结果为

3-9　例 3-11

TRUE，IF 将返回"年度优秀销售员"；否则为 FALSE，IF 将返回空字符串。

② 复制 G2 单元格中的公式至 G3～G5 单元格中，得到图 3-45 所示的评价结果。

G3			fx	=IF(AND(C3>=4.5,D3>=4.5,E3>=4.5,F3>=4.5),"年度优秀销售员","")		
	A	B	C	D	E	F	G
1	姓名	性别	第1季度客户满意度	第2季度客户满意度	第3季度客户满意度	第4季度客户满意度	评价
2	宋晓松	男	4.2	4.6	3.9	4.3	
3	刘丽	女	4.6	4.5	4.8	4.6	年度优秀销售员
4	陈涛	男	3.8	4	3.9	4.3	
5	李明明	男	4.4	4.6	4.7	4.3	

图 3-45 评价"年度优秀销售员"

【例 3-12】 评价年度优秀销售员和季度优秀销售员。

图 3-46 中 C2:F5 单元格区域显示了销售员的 4 个季度客户满意度得分，当 4 个季度的客户满意度均大于或等于 4.5 时，评价为"年度优秀销售员"；当任意一个季度的客户满意度大于或等于 4.5 时，评价为"季度优秀销售员"。

① 在 G2 单元格中输入公式"=IF(AND(C2>=4.5,D2>=4.5,E2>=4.5,F2>=4.5),"年度优秀销售员",IF(OR(C2>=4.5,D2>=4.5,E2>=4.5,F2>=4.5),"季度优秀销售员",""))"，其中，IF 的第一个参数是 AND(C2>=4.5,D2>=4.5,E2>=4.5,F2>=4.5)，表示当 C2、D2、E2 和 F2 单元格的值均大于或等于 4.5 时结果为 TRUE，IF 将返回"年度优秀销售员"；否则为 FALSE，则执行嵌套的 IF 函数，OR(C2>=4.5,D2>=4.5,E2>=4.5,F2>=4.5)表示当 C2、D2、E2 和 F2 单元格的任意一个值大于或等于 4.5 时结果为 TRUE，将返回"季度优秀销售员"；否则返回空字符串。

② 复制 G2 单元格中的公式至 G3～D5 单元格中，得到图 3-46 所示的评价结果。

G2			fx	=IF(AND(C2>=4.5,D2>=4.5,E2>=4.5,F2>=4.5),"年度优秀销售员",IF(OR(C2>=4.5,D2>=4.5,E2>=4.5,F2>=4.5),"季度优秀销售员",""))						
	A	B	C	D	E	F	G	H	I	J	K
1	姓名	性别	第1季度客户满意度	第2季度客户满意度	第3季度客户满意度	第4季度客户满意度	评价				
2	宋晓松	男	4.2	4.6	3.9	4.3	季度优秀销售员				
3	刘丽	女	4.6	4.5	4.8	4.6	年度优秀销售员				
4	陈涛	男	3.8	4	3.9	4.3					
5	李明明	男	4.4	4.6	4.7	4.3	季度优秀销售员				

图 3-46 评价"年度优秀销售员"和"季度优秀销售员"

3.4.4 文本函数和查找函数

1. 查找函数 FIND

语法格式：FIND(find_text, within_text,[start_num])

函数功能：返回字符从指定位置开始在文本字符串中第一次出现的位置。

参数说明如下。

- find_text：是要查找的文本字符串。
- within_text：是要查找文本字符串的文本。
- start_num：是可选项。指定开始进行查找的位置。如果省略 start_num，其值为 1。

FIND 函数示例如图 3-47 所示。

	A	B	C	D
1	数据	函数	结果	说 明
2	Office Excel	=FIND("e",A2)	6	查找A2中第一个"e"的位置
3		=FIND("e",A2,7)	11	查找A2中从第7个位置开始的第一个"e"的位置
4		=FIND("E",A2)	8	查找A2中第一个"E"的位置

图 3-47 FIND 函数示例

2．字符串长度函数 LEN

语法格式：LEN(text)

函数功能：返回指定字符串的字符个数。字符串中的空格作为字符进行计数。

LEN 函数示例如图 3-48 所示。

	A	B	C	D
1	数据	函数	结果	说　明
2	Office Excel	=LEN(A2)	12	统计A2中字符个数

图 3-48　LEN 函数示例

【**例 3-13**】　检查客户手机号码的位数是否正确。

图 3-49 中 A2:B5 单元格区域显示了客户姓名和手机号码，当检查出手机号码位数不是 11 位时，显示"错误位数"的警告信息。

① 在 C2 单元格中输入公式"=IF(LEN(B2)=11,"","错误位数")"，其中，LEN(B2)=11 是检查 B2 单元格的长度是否等于 11，等于则返回空字符串，不等于则返回"错误位数"。

3-10　例 3-13

② 复制 C2 单元格公式至 C3～C5 单元格中，得到图 3-49 所示的检查结果。

C2			⨉ ✓ fx	=IF(LEN(B2)=11,"","错误位数")	
	A	B	C	D	
1	姓名	手机号码	手机号码位数		
2	宋洪博	13212345678			
3	刘丽	178123476	错误位数		
4	陈涛	15612340099			
5	侯明斌	13312341	错误位数		

图 3-49　手机号码位数检查结果

3．从左侧截取字符串函数 LEFT

语法格式：LEFT(text,[num_chars])

函数功能：返回文本字符串中第一个字符或前几个字符。

参数说明如下。

● text：是提取文本的字符串。

● num_chars：指定从左侧提取字符的数量。如果省略，其值为 1。

LEFT 函数示例如图 3-50 所示，在示例中可以看出，利用 LEFT 函数可以方便获得姓氏。

	A	B	C	D
1	数据	函数	结果	说　明
2	女式单肩包	=LEFT(A2,2)	女式	返回A2中前2个字符
3	刘丽	=LEFT(A3)	刘	返回A3中前1个字符，默认的字符个数为1

图 3-50　LEFT 函数示例

4．从右侧截取字符串函数 RIGHT

语法格式：RIGHT(text,[num_chars])

函数功能：返回文本字符串中最后一个或后几个字符。

参数说明如下。

● text：是提取的文本字符串。

● num_chars：指定从右侧提取的字符的数量，如果省略，其值为 1。
RIGHT 函数示例如图 3-51 所示。

图 3-51 RIGHT 函数示例

【例 3-14】 从销售部门字段列拆分出所在销售部字段列和销售组字段列。

分析：图 3-52 中 A 列是销售部门字段列，该字段包含所在销售部和销售组信息，所以不需要手动输入这两列信息，通过拆分销售部门字段列即可得到所在销售部字段列和销售组字段列两个字段。

3-11 例 3-14

① 在 C2 单元格中输入公式"=LEFT(A2,3)"，表示从左截取 3 个字符。复制 C2 单元格公式至 C3～C6 单元格中。

② 在 D2 单元格中输入公式"=RIGHT(A2,2)"，表示从右截取 2 个字符。复制 D2 单元格公式至 D3～D6 单元格中。

拆分字段结果如图 3-52 所示。

图 3-52 拆分字段结果

5. 截取子串函数 MID

语法格式：MID(text, start_num, num_chars)
函数功能：返回文本字符串中从指定位置开始的指定个数的字符。
参数说明如下。
● text：是提取的文本字符串。
● start_num：是提取的第一个字符的位置。
● num_chars：是提取字符的个数。
MID 函数应用示例如图 3-53 所示。

图 3-53 MID 函数示例

6. 字符替换函数 REPLACE

语法格式：REPLACE(old_text, start_num, num_chars,new_text)
函数功能：使用新文本字符串从指定起始位置替换旧文本字符串中的指定个数的字符。
参数说明如下。
● old_text：旧文本字符串。

● start_num：开始替换的位置。

● num_chars：指定替换字符的个数。

● new_text：新文本字符串。

REPLACE 函数示例如图 3-54 所示。

图 3-54　REPLACE 函数示例

【例 3-15】　隐藏客户手机号码的中间 5 位。

图 3-55 中 A2:B5 单元格区域显示了客户姓名和手机号码，要求在 E2:E5 单元格区域中隐藏手机号码中间的 5 位。

① 将 A2:A5 单元格区域复制到 D2:D5 单元格区域中。

② 在 E2 单元格中输入公式"=REPLACE(B2,4,5,"*****")"，其中，4 是 B2 单元格的起始位置；5 是要替换的字符个数；"*****"是要替换的新文本字符串。公式的含义是将 B2 单元格中从第 4 位开始的 5 位数字串替换为 5 个"*"。

3-12　例 3-15

隐藏部分手机号码后的效果如图 3-55 所示。如果打印时选择打印区域为 D1:E5，那么打印结果中包含客户的姓名和手机号码部分隐藏的效果，可以有效地保护客户的隐私。

7. 删除首尾空格函数 TRIM

语法格式：TRIM(text)

函数功能：删除文本字符串中的前导空格和尾部空格。

TRIM 函数示例如图 3-56 所示。

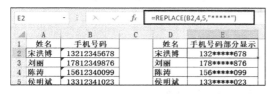

图 3-55　隐藏部分手机号码后的效果

图 3-56　TRIM 函数示例

8. 纵向查找函数 VLOOKUP

VLOOKUP 函数是一个频繁使用的函数，可以实现灵活的查询操作。

语法格式：VLOOKUP(lookup_value, table_array, col_index_num, [range_lookup])

函数功能：在指定的单元格区域中查找值，返回该值同一行的指定列中所对应的值。

参数说明如下。

● lookup_value：是需要查找的数值，这个值可以是常数也可以是单元格引用。

● table_array：表示查找范围，应该是大于两列的单元格区域。第一列中的值对应 lookup_value 要搜索的值。

● col_index_num：是一个数字，表示最终返回的内容在查找范围的第几列。

● range_lookup：指定是精确匹配值还是近似匹配值。如果为 TRUE 或省略，则返回近似匹配值；如果为 FALSE 或 0，则返回精确匹配值。

3-13　例 3-16

【例 3-16】　按照客户姓名查询年龄。

在图 3-57 的 G2 单元格中输入姓名后，H2 单元格显示出该客户的年龄。

① 在 G2 单元格中输入要查找的姓名，如"刘丽"。

② 在 H2 单元格中输入公式"=VLOOKUP(G2,B2:E5,4,0)"，表示在 B2:E5 单元格区域中查找等于 G2 的值，找到则返回第 4 列对应的值，注意，因为 G2 的值必须是查找范围的第一列，所以查找的范围是 B2:E5 而不可以是 A2:E5；4 是指查询 B2:E5 单元格区域中的第 4 列即 E 列，而不是工作表的第 4 列；0 表示精确匹配查找。

结果如图 3-57 所示。

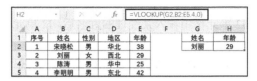

图 3-57　VLOOKUP 函数示例

VLOOKUP 函数的第 3 个参数中的列号是需要返回的数据在查找区域中的第几列，而不是工作表实际的列号。如果有多个满足条件的记录，VLOOKUP 函数默认返回第一个查找到的记录。

9. 索引函数 INDEX

语法格式一：

INDEX(array, row_num,[column_num])

语法格式二：

INDEX(reference, row_num, [column_num], [area_num])

函数功能：返回指定的行与列交叉处的单元格引用。

参数说明如下。

- array：是单元格区域或数组常量；reference 是对一个或多个单元格区域的引用。
- row_num：是一个数字，表示第几行。
- column_num：是一个数字，表示第几列。
- area_num：是一个数字，表示选择第几个单元格引用区域。

INDEX 函数示例如图 3-58 所示。

	A	B	C	D	E
1	数据1	数据2	函数	结果	说　明
2	陈洪	良好	=INDEX(A2:B3,1,2)	良好	返回A2:B3单元格区域中第1行第2列交叉处的值
3	刘畅	及格			

图 3-58　INDEX 函数示例

10. 查找位置函数 MATCH

语法格式：MATCH(lookup_value, lookup_array, [match_type])

函数功能：在指定范围的单元格区域中搜索特定的值，然后返回该值在该区域中的相对位置。

参数说明如下。

- lookup_value：是搜索的值，可以为数字、文本或逻辑值。
- lookup_array：是搜索的单元格区域。
- match_type：取值为-1、0 或 1。如果为 1 则 lookup_array 按照升序排列；如果为-1 则按照降序排列；如果为 0 则可以按照任何顺序排列。默认值为 1。

MATCH 函数示例如图 3-59 所示。

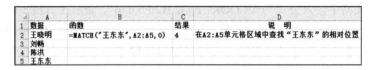

图 3-59　MATCH 函数示例

【例 3-17】　按照经理姓名查询商家名称。

要求在图 3-60 所示的 H2 单元格中输入某经理的姓名后，I2 单元格显示出该经理所在的商家名称。

3-14　例 3-17

查找最常用的是 VLOOKUP 函数，在 I2 单元格中输入公式 "=VLOOKUP(H2,A1:E5,−4,FALSE)"，表示在 A1:E5 单元格区域中查找等于 H2 单元格的值，找到则返回左侧第 4 列对应的值，结果出现了 "#N/A" 错误。产生错误的原因是参数 col_index_num 必须是正数，即要查找的列在查找范围的右侧。本例中要查找的 "商家名称" 列在 "经理" 列的左侧，不能使用 VLOOKUP 函数查找，可以使用 INDEX 函数嵌套 MATCH 函数的方法查找。

图 3-60　使用 VLOOKUP 函数出现错误

在 I2 单元格中输入公式 "=INDEX(A:A,MATCH(H2,D:D,0))"，其中，MATCH(H2,D:D,0) 返回 D 列中等于 H2 单元格值（王大海）的行号（4），INDEX(A:A,4) 返回 A 列第 4 行的单元格值（威威电器）。

按照经理姓名查询商家名称结果如图 3-61 所示。如果需要查询相应的 "城市" "产品" 均可以采用相同的方法。查询 "销量" 时既可以用该方法，也可以使用 VLOOKUP 函数，因为 "销量" 列在 "经理" 列的右侧。

图 3-61　按照经理姓名查询商家名称结果

3.4.5　日期和时间函数

1. 生成日期函数 DATE

语法格式：DATE(year,month,day)

函数功能：生成指定的日期。

参数说明如下。

- year：代表年，取值范围为 1900～9999 的整数。
- month：代表月，取值范围为 1～12 的整数。
- day：代表日，取值范围为 1～31 的整数。

DATE 函数示例如图 3-62 所示。

	A	B	C	D	E	F
1	年	月	日	函数	结果	说 明
2	2021	11	3	=DATE(A2,B2,C2)	2021/11/3	通过A2、B2、C2生成日期

图 3-62　DATE 函数示例

2. 获取当前日期函数 TODAY

语法格式：TODAY()

函数功能：返回系统当前的日期。

3. 获取当前日期和时间函数 NOW

语法格式：NOW()

函数功能：返回系统当前的日期和时间。

4. 获取日期的年份函数 YEAR

语法格式：YEAR(serial_number)

函数功能：serial_number 为一个日期值，返回其中包含的年份。

5. 获取日期的月份函数 MONTH

语法格式：MONTH (serial_number)

函数功能：serial_number 为一个日期值，返回其中包含的月份，取值范围为 1~12 的整数。

6. 获取日期的日函数 DAY

语法格式：DAY(serial_number)

函数功能：serial_number 为一个日期值，返回其中包含的第几天的数值，取值范围为 1~31 的整数。

日期和时间函数示例如图 3-63 所示。

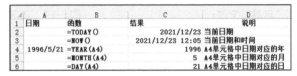

	A	B	C	D
1	日期	函数	结果	说明
2		=TODAY()	2021/12/23	当前日期
3		=NOW()	2021/12/23 12:05	当前日期和时间
4	1996/5/21	=YEAR(A4)	1996	A4单元格中日期对应的年
5		=MONTH(A4)	5	A4单元格中日期对应的月
6		=DAY(A4)	21	A4单元格中日期对应的日

图 3-63　日期和时间函数示例

函数 YEAR、MONTH、DAY 中的参数 serial_number 是一个日期值，如果日期以文本格式输入，则会得到错误的结果。

【例 3-18】　根据身份证号码计算客户的出生日期、年龄和性别。

在许多商务数据表中都会存储客户、销售人员的"身份证号码"数据，可能同一个表中还需要出生日期、年龄和性别等数据。如果手动输入这些数据，工作量比较大，而且容易输入错误的信息。用户可以通过函数根据身份证号码计算出出生日期、年龄和性别，有效地避免手动输入造成的错误，并且每到新的一年，年龄还会自动更新。

3-15　例 3-18

（1）已知身份证号码，计算出生日期和年龄。

分析：身份证号码共 18 位，以一个虚拟的身份证号码"199102199710155678"为例，其中第 7~

10 位是出生年份，第 11～12 位是出生月份，第 13～14 位是出生日。身份证号码是文本型的数据，可以采用文本函数 MID 将出生年、月、日分别提取出来，然后用日期函数 DATE 生成出生日期。

① 输入"身份证号码"。选中 A2 单元格，先输入英文字符单引号后再输入 18 位的数字串，则输入的是文本格式。

② 计算"出生日期"。在 B2 单元格中输入公式"=DATE(MID(A2,7,4),MID(A2,11,2),MID(A2,13,2))"，其中，MID(A2,7,4)结果为 1997；MID(A2,11,2)结果为 10；MID(A2,13,2)结果为 15，然后函数 DATE(1997,10,15)的结果为 1997/10/15。将 B2 单元格数字格式修改为"长日期"，结果为 1997 年 10 月 15 日。

③ 将 B2 单元格中的公式复制到 B3 单元格。"出生日期"计算结果如图 3-64 所示。

图 3-64　"出生日期"计算结果

④ 计算"年龄"。方法一：在 C2 单元格中输入公式"=YEAR(TODAY())−YEAR(B2)"。其中的函数 TODAY()求出系统当前日期，假设系统当前日期为"2021-7-30"，则 YEAR(TODAY())的结果为 2021，YEAR(B2)的结果为 1997，二者相减的结果为 24，如图 3-65 所示。方法二：在 C3 单元格中输入公式"=INT((TODAY()−B3)/365)"，其中，TODAY()−B3 的结果是总天数，除以 365 天，结果为 23.4548，用 INT 函数向下取整后的结果为 23。结果如图 3-66 所示。

图 3-65　计算"年龄"方法一　　　　　图 3-66　计算"年龄"方法二

（2）已知身份证号码，求出性别。

分析：身份证号码共 18 位，以一个虚拟的身份证号码"199102199710155678"为例，其中第 17 位表示"性别"，当该位是奇数时，性别为"男"；当该位是偶数时，性别为"女"。所以首先使用函数 MID 取出第 17 位，然后使用函数 MOD 除以 2 取余数，如果结果是 1，表示是奇数则返回"男"，否则返回"女"。

① 在 D2 单元格中输入公式"=IF(MOD(MID(A2,17,1),2)=1,"男","女")"，表示将第 17 位取出后判断是否为奇数，是则返回"男"，否则返回"女"。其中，MID(A2,17,1)结果为 7，然后 MOD(7,2)结果为 1，IF 函数的条件为真，返回"男"。

② 将 D2 单元格的公式复制到 D3 单元格即可。

"性别"计算结果如图 3-67 所示。

图 3-67　"性别"计算结果

实 验

实验一 公式的使用

一、实验目的

1. 掌握公式的基本使用方法。
2. 掌握公式中单元格的引用方法。

二、实验内容

1. 打开实验素材中的文件"实验 3-1.xlsx"，完成下列操作。

"sheet1"工作表是销售情况表。利用公式计算出每种商品打折后的金额。先计算出第一个商品打折后的金额，再使用填充柄快速复制公式计算其他商品的金额。

 　　求第一个商品打折后的金额时可以在 D2 单元格中输入公式"=B2*C2*$G$1"，这样在公式复制时 G1 不会改变。

样张：

	A	B	C	D	E	F	G	H
1	商品名称	单价	数量	金额		折扣	70%	
2	风衣	350	1	245				
3	衬衫	130	2	182				
4	西裤	180	3	378				
5	连衣裙	230	2	322				
6								

实验二 函数的使用

一、实验目的

1. 掌握函数的基本使用方法。
2. 掌握商务分析中常用函数的使用。

二、实验内容

1. 打开实验素材中的文件"实验 3-2.xlsx"，完成下列操作。

（1）利用 MODE 函数，计算出畅销号码。

（2）利用 MAX 函数，计算出最高价。

（3）利用 MEDIAN 函数，计算出价格中位数。

（4）利用 MIN 函数，计算出最低价。

（5）利用 COUNTIF 函数，计算出价格低于 100.00 元的商品数量。

样张：

	A	B	C	D	E	F
1	商品名称	价格	号码			
2	凉鞋	58.00	37			
3	运动鞋	280.00	38		畅销号码	37
4	板鞋	80.00	37		最高价	350.00
5	单鞋	120.00	36		价格中位数	120.00
6	布鞋	32.00	38		最低价	32.00
7	棉鞋	180.00	37		价格低于100.00元的数量	3
8	长筒靴	350.00	39			
9						

2．打开实验素材中的文件"实验 3-3.xlsx"，完成下列操作。

（1）根据"出生日期"字段，利用函数计算出年龄。

（2）利用 IF 函数，根据年龄对客户进行年龄分类。分类规则是：小于 35 为"青年"；大于或等于 35 并且小于 50 为"中年"；大于或等于 50 为"老年"。（样张中的计算日期为 2021 年）

（3）利用 VLOOKUP 函数，根据输入的客户姓名分别查询出该客户的性别和年龄分类信息。

样张：

序号	姓名	性别	出生日期	年龄	年龄分类
1	王冬冬	男	1985/2/3	36	中年
2	李红	女	1962/12/16	59	老年
3	刘畅	女	1982/10/1	39	中年
4	赵甲	男	1970/11/20	51	老年
5	张欣欣	女	1999/6/21	22	青年
6	赵宏兵	男	1961/3/30	60	老年
7	马小华	女	1995/10/8	26	青年
8	张婷	女	2003/12/5	18	青年
9	李晓丽	女	1980/2/1	41	中年
10	王玲	女	1988/6/1	33	青年

姓名	性别	年龄分类
马小华	女	青年

习　题

一、单项选择题

1．在 Excel 工作表的单元格中输入公式时，应先输入_____。

　　A．$　　　　　B．%　　　　　C．&　　　　　D．=

2．对于 D5 单元格，其绝对引用单元格表示方法为_____。

　　A．D5　　　　B．D$5　　　　C．$D$5　　　　D．$D5

3．引用单元格时，单元格列标前加上"$"符号，而行标前不加；或者行标前加上"$"符号，而列标前不加，这属于_____。

　　A．相对引用　　　　　　　　B．绝对引用

　　C．混合引用　　　　　　　　D．外部引用

4．在"Sheet1"工作表中，若单元格 A1=20，B1=40，A2=15，B2=30，在 C1 单元格输入公式"=A1+B1"，将公式从 C1 单元格复制到 C2 单元格，再将公式复制到 D2 单元格，则 D2 单元格的值为_____。

　　A．35　　　　　B．45　　　　　C．75　　　　　D．90

5．可以通过_____符号将两个字符串连接起来。

　　A．¥　　　　　B．&　　　　　C．@　　　　　D．#

6．按_____键，可以实现相对引用和绝对引用的快速转换。

　　A．F1　　　　　　　　　　　B．F2

　　C．F3　　　　　　　　　　　D．F4

7．在 A3 单元格中的公式是"=A1+A2"，把 A3 单元格复制到 C5 单元格后，C5 单元格中的公式是_____。

　　A．=A1+A2　　　　　　　　B．=C1+C2

　　C．=A3+A4　　　　　　　　D．=C3+C4

8. 在单元格中输入公式"=12>24",确认后,此单元格显示的内容为_____。

  A. FALSE   B. =12>24   C. TRUE   D. 12>24

9. 如果将 B3 单元格中的公式"=C3+$D5",复制到 D7 单元格中,该单元格公式为_____。

  A. =C3+$D5   B. =D7+$E9

  C. =E7+$D9   D. =E7+$D5

10. 若要在某单元格内显示出 5 除以 7 的计算结果,可输入_____。

  A. "5/7"   B. 5/7   C. =5/7   D. '5/7

11. 已知单元格 A1=5,A2=3,A3=A1+A2,如果 A1 单元格的内容改变为 7,则现在 A3 单元格的内容为_____。

  A. 8   B. 10   C. 0   D. 3

12. 单元格混合引用形式是_____。

  A. A5   B. $A$5   C. $A5   D. 5A

13. 若 C1 单元格中的公式为"=A1+B2",将其复制到 E5 单元格,则 E5 单元格中的公式是_____。

  A. =C3+A4 B. =C5+D6   C. =C3+D4   D. =A3+B4

14. 在同一工作簿中,"Sheet1"工作表中的 D3 单元格要引用"Sheet3"工作表中 F6 单元格中的数据,其引用表述为_____。

  A. =F6   B. =Sheet3!F6 C. =F6!Sheet3 D. =Sheet3#F6

15. 已知 A1 单元格的值和 B1 单元格的值分别为"商务数据"和"分析",要求在 C1 单元格显示"商务数据分析",则在 C1 单元格中应输入的正确公式为_____。

  A. ="商务数据"+"分析"   B. =A1$B1

  C. =A1+B1   D. =A1&B1

16. C7 单元格的公式中有绝对引用"=AVERAGE($C$3:$C$6)",把它复制到 C8 单元格后,单元格中的公式为_____。

  A. =AVERAGE(C3:C6)   B. =AVERAGE($C$3:$C$6)

  C. =AVERAGE($C$4:$C$7)   D. =AVERAGE(C4:C7)

17. 对 A1 单元格中的数据进行四舍五入(保留 1 位小数),并将结果填入 D2 单元格中,应在 D2 单元格中输入公式_____。

  A. =ROUND(A1,1)   B. =ROUND(A1,3)

  C. =INT(A1)   D. =SUM(A1)

18. 公式"=IF(1>2,3,4)"的值是_____。

  A. 1   B. 2   C. 3   D. 4

19. 若需计算某工作表中 A1、B1、C1 单元格的数据之和,应使用的公式为_____。

  A. =COUNT(A1:C1)   B. =SUM(A1:C1)

  C. =SUM(A1,C1)   D. =MAX(A1:C1)

20. 若 B2 单元格中是出生日期(2000/12/1),在 C2 单元格中输入_____可以得到年龄。

  A. =TODAY()   B. =YEAR(TODAY())

  C. =YEAR(B2)   D. =YEAR(TODAY())-YEAR(B2)

21. 统计 A1:B16 单元格区域的非空单元格的函数是_____。

  A. =COUNTA(A1:B16)   B. =COUNTBLANK(A1:B16)

  C. =COUNT (A1:B16)   D. =COUNTIF(A1:B16)

22．若 A2 单元格的值是 3，B2 单元格的值是 15，则公式 "=AND(A2>10,B2>10)" 的结果是_____。

    A．3   B．15   C．TRUE   D．FLASE

23．若 A2 单元格的值为 "531100110088"，B2 单元格的公式为 "=MID(A2,3,6)"，则 B2 单元格显示的内容为_____。

    A．53110   B．531   C．110011   D．11001

24．若 A2 单元格的值为 "13811110088"，B2 单元格的公式为 "=REPLACE(A2,4,5,"*****")"，则 B2 单元格显示的内容为_____。

    A．13811110088   B．138*****088

    C．138*088   D．138*****88

25．以下不属于日期函数的函数名是_____。

    A．MID   B．MONTH   C．YEAR   D．TODAY

26．若单元格 A1=72，A2=56，A3=87，A4=69，则函数 COUNTIF(A1:A4,">=60") 的值是_____。

    A．4   B．3   C．2   D．1

27．若 C1 单元格中的值为 -1，则函数 IF(C1>1,1,IF(C1<1,-1,0)) 的值是_____。

    A．1   B．0   C．-1   D．任意值

28．计算 A1、A2、A3、A4、B1、B2、B3、B4 这 8 个单元格平均值的函数是_____。

    A．AVERAGE(A1:B4)   B．AVERAGE(A1～B4)

    C．AVERAGE(A1,B4)   D．AVERAGE(A1、B4)

29．在单元格中输入公式 "=6+16+MIN(16,6)"，该单元格将显示_____。

    A．38   B．28   C．22   D．44

30．若 A1、A2、A3、A4 单元格中的值分别为 1、2、3、2，则函数 COUNT(A1:A3) 的值是_____。

    A．8   B．7   C．6   D．3

二、判断题

1．公式中可以有常量、单元格引用、运算符，也可以包含函数。

2．在单元格引用中，单元格地址不会随位置而改变的称为相对引用。

3．单元格中可输入公式，但单元格真正存储的是其计算结果。

4．公式 "=B2*D3+1B" 是正确的公式形式。

5．B5 单元格与 $B$5 单元格在公式复制时是完全一样的。

6．在一个单元格中输入公式 "=AVERAGE(B1:B3)"，则该单元格显示的结果是 (B1+B2+B3)/3 的值。

7．输入函数时可以不输入等号（=）开始。

8．若 A1 单元格中为出生日期（如 1999/10/5），在 B1 单元格输入公式 "=(TODAY()−A1)/365"，可以计算出年龄。

9．COUNTA(A1:A6) 函数的含义是统计 A1:A6 单元格区域中空白单元格的个数。

10．函数不能嵌套使用。

三、简答题

1．简述 Excel 公式的主要功能。

2．简述常用的运算符有哪些。

第4章 商务数据排序、筛选和分类汇总

Excel 除了可以完成各种复杂的数据计算之外，还可以实现对商务数据的基本管理，主要包括对商务数据的排序、筛选和分类汇总。

4.1 数据排序

工作表中的商务数据通常包含标题和数据两个部分。数据的每一行对应一条记录，每一列对应一个字段。对商务数据进行排序是数据分析不可缺少的组成部分，排序就是按照用户指定的某一列（单个字段）或多列（多个字段）中的数据值，将所有记录进行升序或降序的重新排列。数据排序要求每列中的数据类型相同，而且不允许有空行或空列，也不允许有合并的单元格。

4.1.1 排序规则

在 Excel 中，不仅可以按单元格中的数据（可以是文本、数字或日期和时间）进行排序，还可以按照自定义序列、单元格颜色、字体颜色或图标等进行排序。排序规则如下。

（1）数字按照值大小排列，升序按从小到大排列，降序按从大到小排列。

（2）英文按照字母顺序排列，升序按 A～Z 排列，降序按 Z～A 排列，而且大写字母<小写字母。

（3）汉字可以按照拼音字母的顺序排列，升序按 A～Z 排列，降序按 Z～A 排列；或者按照笔画的顺序排列。

（4）文本中的数字<英文字母<汉字。

（5）日期和时间按日期、时间的先后顺序排列，升序按从前到后的顺序排列，降序按从后向前的顺序排列。

（6）自定义序列在定义时所指定的顺序是从小到大。

（7）必须设置单元格颜色或字体颜色，才能按颜色进行排序。同样，只有使用条件格式创建了图标集，才能按图标进行排序。

4.1.2 单字段排序

单字段排序能够实现将工作表中的所有数据按照表中的某一列数据升序（从小到大）或降序（从大到小）进行组织。

若要按照单个列（字段）进行排序，操作步骤如下。

① 选择要排序的字段列，或者选择该列的任意一个单元格。

② 通过执行下列操作之一来完成排序。

- 在"数据"选项卡的"排序和筛选"选项组中，若要按照升序排列，单击"升序"按钮 ；若要按照降序排列，单击"降序"按钮 。
- 在"开始"选项卡的"编辑"选项组中，单击"排序和筛选"按钮，在弹出的下拉列表中选择"升序"或"降序"命令。

例如，对某企业的业务员销售数据（字段有区域、姓名、入职日期、销售数量、销售价格、销售金额）按"入职日期"进行单字段升序排列的效果如图 4-1 所示；按照"销售金额"降序排列的效果如图 4-2 所示。其中"销售金额=销售数量×销售价格"。

图 4-1　按照"入职日期"字段升序排列　　　　图 4-2　按照"销售金额"字段降序排列

4.1.3　多字段排序

如果仅根据一列数据进行排序，可能会遇到在这一列中存在大量相同数据的情况，这时就需要使数据在具有相同值的记录中按另一个或多个其他列的数据进行组织，这就是多字段排序。操作步骤如下。

① 选择要排序的整个数据区域，或者选择数据区域中任意一个单元格。

② 在"数据"选项卡的"排序和筛选"选项组中，单击"排序"按钮 ，打开"排序"对话框。

③ 按顺序指定主要关键字、次要关键字后，单击"确定"按钮完成排序。

【例 4-1】　对某企业的业务员销售数据（字段有区域、姓名、入职日期、销售数量、销售价格、销售金额）按照"区域"升序、"销售金额"降序进行排列。

① 在工作表中选择数据区域的任意一个单元格。

② 在"数据"选项卡的"排序和筛选"选项组中，单击"排序"按钮 ，打开"排序"对话框。

4-1　例 4-1

③ 在"排序"对话框中指定"区域"作为主要关键字，次序为"升序"。

④ 单击"添加条件"按钮添加一个新的关键字，即"次要关键字"，并将其指定为"销售金额"，次序为"降序"，如图 4-3 所示。

如果还有其他排序字段，重复添加条件即可。如果想要改变这些排序字段的顺序，可选择一个条目，然后单击" ▲ "或" ▼ "进行调整。单击"选项"按钮，在"排序选项"对话框中可以设置是否区分英文字母大小写、按行还是按列、汉字是按照拼音字母还是按照笔画的顺序进行排序等，如图 4-4 所示。

图 4-3　设置排序字段

图 4-4　排序选项

⑤ 单击"确定"按钮完成排序。排序后的结果如图 4-5 所示，首先按照"区域"升序排列，然后在同一区域内按照"销售金额"降序排列。

	A	B	C	D	E	F
1	区域	姓名	入职日期	销售数量	销售价格（元）	销售金额
2	二区	赵晓牧	2015/4/9	22	55.00	¥1,210.00
3	二区	李漾子	2013/10/19	31	36.00	¥1,116.00
4	二区	唐明卿	2018/8/9	52	20.00	¥1,040.00
5	二区	宋洪博	2011/6/30	32	20.00	¥640.00
6	三区	侯明斌	2015/4/16	55	84.00	¥4,620.00
7	三区	明宇	2009/3/9	34	131.00	¥4,454.00
8	三区	高原	2009/3/9	75	32.00	¥2,400.00
9	三区	刘向志	2021/2/18	66	19.00	¥1,254.00
10	三区	周正化	2021/2/8	33	29.00	¥957.00
11	三区	李蔷	2017/9/28	41	8.00	¥328.00
12	一区	张虎	2020/3/26	36	121.00	¥4,356.00
13	一区	李明	2018/8/1	100	35.00	¥3,500.00
14	一区	王晓红	2019/12/21	109	15.00	¥1,635.00
15	一区	王刚	2020/11/8	56	6.00	¥336.00

图 4-5　按照"区域"升序、"销售金额"降序排列

提示　这里"区域"列是按照汉语拼音字母的顺序排列。

4.1.4　自定义序列排序

在实际应用中，除了按系统默认的排序规则处理数据，还存在许多其他的排序需求。例如，图 4-5 中"区域"列的排序，是按照系统默认的汉语拼音字母的顺序排列的，而实际上我们需要按照一区、二区、三区这样的顺序进行排序。针对这种情况，Excel 提供按自定义序列排序的功能，使用户能够根据实际情况给这些文本集合专门指定一个排序关系。

【例 4-2】　对某企业的业务员销售数据（字段有区域、姓名、入职日期、销售数量、销售价格、销售金额）按照一区、二区、三区的区域顺序排列。

① 单击"文件"选项卡中的"选项"命令，打开"Excel 选项"对话框，在该对话框左侧单击"高级"，在右侧找到"编辑自定义列表"按钮，如图 4-6 所示。

4-2　例 4-2

图 4-6　"Excel 选项"对话框

② 单击"编辑自定义列表"按钮打开"自定义序列"对话框，按一区、二区、三区顺序输入"输入序列"，然后单击"添加"按钮，将该序列添加到"自定义序列"中，如图 4-7 所示。添加完成后，单击"确定"按钮关闭"自定义序列"对话框。

③ 在工作表中选择数据区域的任意一个单元格。

④ 在"数据"选项卡的"排序和筛选"选项组中，单击"排序"按钮，打开"排序"对话框。

⑤ 在"排序"对话框中指定"区域"作为主要关键字，次序为自定义数据序列"一区,二区,三区"，如图 4-8 所示。

图 4-7　自定义"区域"序列   图 4-8　排序关键字设置

⑥ 单击"确定"按钮，系统即可按自定义序列的顺序为数据排序。排序结果如图 4-9 所示。

区域	姓名	入职日期	销售数量	销售价格（元）	销售金额
一区	张虎	2020/3/26	36	121.00	¥4,356.00
一区	李明	2018/8/1	100	35.00	¥3,500.00
一区	王晓红	2019/12/21	109	15.00	¥1,635.00
一区	王刚	2020/11/8	56	6.00	¥336.00
二区	赵晓牧	2015/4/9	22	55.00	¥1,210.00
二区	李潇子	2013/10/19	31	36.00	¥1,116.00
二区	唐明卿	2018/8/9	52	20.00	¥1,040.00
二区	宋洪博	2011/6/30	32	20.00	¥640.00
三区	侯明斌	2015/4/16	55	84.00	¥4,620.00
三区	明宇	2009/3/9	34	131.00	¥4,454.00
三区	高原	2009/3/9	75	32.00	¥2,400.00
三区	刘向志	2021/2/18	66	19.00	¥1,254.00
三区	周正化	2021/2/8	33	29.00	¥957.00
三区	李薇	2017/9/28	41	8.00	¥328.00

图 4-9　"区域"列自定义序列排序结果

4.2　数据筛选

数据筛选是在数据表中只显示满足筛选条件的数据，把不满足筛选条件的数据暂时隐藏起来，便于用户从众多的数据中检索出有用的信息。常用的筛选方式有两种：自动筛选和高级筛选。自动筛选支持用户按照某一个数据列的内容筛选显示数据，而高级筛选允许用户指定复杂的筛选条件得到更精简的筛选结果。

4.2.1　自动筛选

自动筛选一般用于简单的条件筛选，可以满足绝大部分的筛选需求。

1．创建自动筛选

创建自动筛选的操作步骤如下。

① 选择数据区域中任意一个单元格。

② 在"数据"选项卡的"排序和筛选"选项组中，单击"筛选"按钮；或者在"开始"选项卡的"编辑"选项组中，单击"排序和筛选"按钮，在弹出的下拉列表中选择"筛选"命令，工作表立即切换到自动筛选状态。

③ 此时工作表第一行中的每个列标题旁都会出现一个下拉按钮，通过单击相应列的下拉按

钮，即可完成筛选条件的设置。

【例 4-3】　利用自动筛选功能，在某企业的业务员销售数据（字段有区域、姓名、入职日期、销售数量、销售价格、销售金额）中筛选出"三区"中"销售金额"高于平均值的数据。

4-3　例 4-3

① 选择数据区域中任意一个单元格。

② 在"数据"选项卡的"排序和筛选"选项组中，单击"筛选"按钮 ▼，切换到自动筛选状态。

③ 单击"区域"列的下拉按钮，系统自动列出该数据列所有可选的数据元素，只勾选"三区"复选框，如图 4-10 所示。

④ 单击"确定"按钮，工作表中立即显示数据筛选结果。

⑤ 单击"销售金额"列的下拉按钮，选择"数字筛选"中的"高于平均值"命令，如图 4-11 所示。

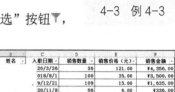

图 4-10　按"区域"自动筛选

图 4-11　按"销售金额"自动筛选

⑥ 单击"确定"按钮，最终数据筛选结果如图 4-12 所示。

	A	B	C	D	E	F
1	区域	姓名	入职日期	销售数量	销售价格（元）	销售金额
10	三区	侯明斌	2015/4/16	55	84.00	¥4,620.00
11	三区	明宇	2009/3/9	34	131.00	¥4,454.00
12	三区	高原	2009/3/9	75	32.00	¥2,400.00

图 4-12　"三区"中"销售金额"高于平均值的数据记录

从这个例子可以看出，在单个筛选结果的基础上，可以通过单击其他数据列的筛选按钮来建立多个筛选条件，实现进一步筛选。但是要注意到，自动筛选时的条件选择是通过多次选择构建的，每次筛选过程都是在前一次操作的基础上进行；也就是说，每次只能实现一个简单条件的筛选操作。

2. 自动筛选条件设置

在自动筛选状态下，系统会根据要筛选的数据列的数据类型提供相应的筛选条件设置。

（1）文本筛选

文本筛选有等于、不等于、开头是、结尾是、包含、不包含、自定义筛选等条件，如图 4-13 所示。如果希望筛选出姓"王"的业务员，可以选择"文本筛选"中的"开头是"命令，并按图 4-14 所示的内容进行设置。

（2）数字筛选

数字筛选有等于、不等于、大于、大于或等于、小于、…、自定义筛选等条件，如图 4-15 所示。如果希望筛选出"销售数量"在 60～90 的业务员，应该在销售数量列的"数字筛选"中选择

"介于"命令，并按图 4-16 所示的内容在对话框中同时设置两个条件。

图 4-13　文本筛选条件

图 4-14　筛选姓"王"的业务员

图 4-15　数字筛选条件

图 4-16　筛选销售数量在 60～90 的业务员

（3）日期筛选

日期筛选有等于、之前、之后、介于、本周、下月、上季度、…、本年度截止到现在等条件，如图 4-17 所示。如果希望筛选出 6 月入职的业务员，应该在入职日期列的"日期筛选"中选择"期间所有日期"中的"六月"命令。

图 4-17　日期筛选条件

3．取消自动筛选

在自动筛选状态下，再次单击"数据"选项卡"排序和筛选"选项组中的"筛选"按钮，则取消自动筛选状态，恢复数据的原始状态。如果筛选数据后，在"数据"选项卡的"排序和筛选"选项组中，单击"清除"按钮，则只清除已经设置的筛选条件，但是仍然保持自动筛选状态。

4.2.2 高级筛选

当自动筛选无法满足筛选要求，用户需要进行复杂条件筛选时，可以通过对各个数据列同时指定不同的条件，来实现对数据表的高级筛选。高级筛选可以一次设置多个筛选条件。

1. 创建高级筛选条件区域

创建高级筛选条件区域是在数据表区域之外任意选择一个空白的单元格区域作为条件区域，然后在该区域内指定筛选条件。操作步骤如下。

① 在工作表的空白区域内输入要指定筛选条件的列名称。

② 在列名称下方相应行中输入该数据列的筛选条件表达式。这里不同行之间的筛选条件是"或"的关系；同一行中不同列之间的筛选条件是"与"的关系。

2. 创建高级筛选

创建好高级筛选条件区域后，按照如下操作步骤进行高级筛选。

① 选择数据区域的任意一个单元格。

② 在"数据"选项卡的"排序和筛选"选项组中，单击"高级"按钮 ，打开"高级筛选"对话框。

③ "高级筛选"对话框的"列表区域"自动选择了需要进行筛选的整个数据区域；在"条件区域"指定已经创建好的高级筛选条件区域。

④ 如果要将符合筛选条件的结果复制到指定的工作表区域中，应选择"将筛选结果复制到其他位置"单选按钮；默认情况下选择"在原有区域显示筛选结果"单选按钮，只隐藏不符合条件的记录。

【例 4-4】　利用高级筛选功能，在某企业的业务员销售数据（字段有区域、姓名、入职日期、销售数量、销售价格、销售金额）中筛选出"销售数量"在 70（含 70）以上并且"销售金额"在 1000（含 1000）元以上的业务员。

4-4　例 4-4

① 在工作表的空白位置创建高级筛选条件区域。因为要同时满足两个条件，是"与"的关系，所以两个条件在同一行中，如图 4-18 所示。

	A	B	C	D	E	F	
1	区域	姓名	入职日期	销售数量	销售价格（元）	销售金额	
2	三区	明宇	2009/3/9	34	131.00	¥4,454.00	
3	三区	高原	2009/3/9	75	32.00	¥2,400.00	
4	二区	宋洪博	2011/6/30	32	20.00	¥640.00	
5	二区	李湛子	2013/10/19	31	36.00	¥1,116.00	
6	二区	赵晓牧	2015/4/9	22	55.00	¥1,210.00	
7	三区	侯明斌	2015/4/16	55	84.00	¥4,620.00	
8	三区	李蕃	2017/9/28	41	8.00	¥328.00	
9	一区	李明	2018/8/1	100	35.00	¥3,500.00	← 数据区域
10	二区	唐明娜	2018/8/9	52	20.00	¥1,040.00	
11	一区	王晓红	2019/12/21	109	15.00	¥1,635.00	
12	一区	张虎	2020/3/26	36	121.00	¥4,356.00	
13	一区	王刚	2020/11/8	56	6.00	¥336.00	
14	三区	周正化	2021/2/8	33	29.00	¥957.00	
15	三区	刘向志	2021/2/18	66	19.00	¥1,254.00	
16							
17					销售数量	销售金额	← 高级筛选条件区域
18					>=70	>=1000	
19							

图 4-18　"与"高级筛选条件区域

② 选择数据区域的任意一个单元格，在"数据"选项卡的"排序和筛选"选项组中，单击"高级"按钮 ，打开"高级筛选"对话框。

③ "高级筛选"对话框的"列表区域"自动选择了需要进行筛选的整个数据区域$A$1:$F$15；在"条件区域"文本框中指定已经创建好的高级筛选条件区域$E$17:$F$18，如图4-19所示。

④ 单击"确定"按钮，高级筛选结果如图4-20所示。

图 4-19 设置高级筛选区域

	A	B	C	D	E	F
1	区域	姓名	入职日期	销售数量	销售价格（元）	销售金额
2	三区	高原	2009/3/9	75	32.00	¥2,400.00
9	一区	李明	2018/8/1	100	35.00	¥3,500.00
11	一区	王晓红	2019/12/21	109	15.00	¥1,635.00

图 4-20 "与"高级筛选结果

【例4-5】 利用高级筛选功能，在某企业的业务员销售数据（字段有区域、姓名、入职日期、销售数量、销售价格、销售金额）中筛选出"销售数量"在70（含70）以上或者"销售金额"在1000（含1000）元以上的业务员。

① 在工作表的空白位置创建高级筛选条件区域。因为只要满足一个条件即可，是"或"的关系，所以两个条件在不同行中，如图4-21所示。

4-5 例 4-5

	A	B	C	D	E	F
1	区域	姓名	入职日期	销售数量	销售价格（元）	销售金额
2	三区	明宇	2009/3/9	34	131.00	¥4,454.00
3	三区	高原	2009/3/9	75	32.00	¥2,400.00
4	二区	宋洪博	2011/6/30	32	20.00	¥640.00
5	二区	李濂子	2013/10/19	31	36.00	¥1,116.00
6	二区	赵晓牧	2015/4/9	22	55.00	¥1,210.00
7	三区	侯明斌	2015/4/16	55	84.00	¥4,620.00
8	三区	李磊	2017/9/28	41	8.00	¥328.00
9	一区	李明	2018/8/1	100	35.00	¥3,500.00
10	二区	唐明鄉	2018/8/9	52	20.00	¥1,040.00
11	一区	王晓红	2019/12/21	109	15.00	¥1,635.00
12	一区	张虎	2020/3/26	36	121.00	¥4,356.00
13	一区	王刚	2020/11/8	56	6.00	¥336.00
14	三区	周正化	2021/2/8	33	29.00	¥957.00
15	三区	刘向志	2021/2/18	66	19.00	¥1,254.00
16						
17					销售数量	销售金额
18					>=70	
19						>=1000
20						

← 数据区域

← 高级筛选条件区域

图 4-21 "或"高级筛选条件区域

② 选择数据区域的任意一个单元格，在"数据"选项卡的"排序和筛选"选项组中，单击"高级"按钮，打开"高级筛选"对话框。

③ "高级筛选"对话框的"列表区域"自动选择了需要进行筛选的整个数据区域$A$1:$F$15；在"条件区域"文本框中指定已经创建的高级筛选条件区域$E$17:$F$19，如图4-22所示。

④ 单击"确定"按钮，高级筛选结果如图4-23所示。

图 4-22 设置高级筛选区域

	A	B	C	D	E	F
1	区域	姓名	入职日期	销售数量	销售价格（元）	销售金额
2	三区	明宇	2009/3/9	34	131.00	¥4,454.00
3	三区	高原	2009/3/9	75	32.00	¥2,400.00
5	二区	李濂子	2013/10/19	31	36.00	¥1,116.00
6	二区	赵晓牧	2015/4/9	22	55.00	¥1,210.00
7	三区	侯明斌	2015/4/16	55	84.00	¥4,620.00
9	一区	李明	2018/8/1	100	35.00	¥3,500.00
10	二区	唐明鄉	2018/8/9	52	20.00	¥1,040.00
11	一区	王晓红	2019/12/21	109	15.00	¥1,635.00
12	一区	张虎	2020/3/26	36	121.00	¥4,356.00
15	三区	刘向志	2021/2/18	66	19.00	¥1,254.00

图 4-23 "或"高级筛选结果

3．高级筛选条件区域示例

（1）筛选出一区和二区的所有业务员。

实际筛选条件：区域是一区和二区。因为只要满足一个条件即可，是"或"的关系，所以两个条件在不同行中，如图 4-24 所示。

区域
一区
二区

图 4-24　一区或二区

（2）筛选出姓"李"的"销售金额"为 1000～2000 元的业务员。

实际筛选条件：姓名以"李"开头并且销售金额为 1000～2000 元。因为是"与"的关系，所以 3 个条件在同一行中，其中"*"表示任意多个字符，如果想表示任意一个字符应该使用"？"，如图 4-25 所示。

姓名	销售金额	销售金额
李*	＞=1000	＜=2000

图 4-25　姓"李"且销售金额为
1000～2000 元

（3）筛选出姓名中含"明"的"销售金额"在 3000 元及以上的业务员。

实际筛选条件：姓名中包含"明"并且销售金额在 3000 元（含 3000 元）以上。因为是"与"的关系，所以两个条件在同一行中，如图 4-26 所示。

姓名	销售金额
明	＞=3000

图 4-26　姓名中含"明"且销售金额在 3000 元及以上

（4）筛选出 2020 年入职的业务员。

实际筛选条件：入职日期在 2020/1/1～2020/12/31。因为是"与"的关系，所以两个条件在同一行中，如图 4-27 所示。

入职日期	入职日期
＞=2020/1/1	＜=2020/12/31

图 4-27　2020 年入职

4．取消高级筛选

单击"数据"选项卡"排序和筛选"选项组中的"清除"按钮 ，即可清除已经设置的高级筛选条件，恢复原始状态。

4.3　分类汇总

分类汇总是指在对原始数据按某数据列（字段）的内容进行分类（排序）的基础上，对每一类数据分别进行统计。Excel 分类汇总功能支持在同一工作表中进行多次不同的汇总。

4.3.1　创建分类汇总

Excel 要求在进行分类汇总之前，首先对数据按分类字段进行排序，在有序数据的基础上，再通过指定分类汇总方式，得到汇总结果。分类汇总的操作步骤如下。

① 首先按分类字段列进行排序，使相同的记录集中在一起。

② 在"数据"选项卡的"分级显示"选项组中，单击"分类汇总"按钮，打开"分类汇总"对话框。

③ 在"分类汇总"对话框中，完成如下设置。

- 分类字段：选择要分类的字段。
- 汇总方式：选择汇总函数，包括求和、计数、平均值、最大值、最小值、乘积、数值计数、标准偏差、总体标准偏差、方差、总体方差等。
- 选定汇总项：选择要计算的字段，可以根据需要勾选一个或多个需要汇总的字段对应的复选框。
- 替换当前分类汇总：勾选该复选框，可用当前新建立的分类汇总替代原来的分类汇总。
- 每组数据分页：勾选该复选框，可将每个分类的汇总结果自动分页显示。
- 汇总结果显示在数据下方：勾选该复选框，可指定汇总行位于明细行的下方。

④ 若要进行多级分类汇总，重复①～③操作步骤即可，但一定注意不要勾选"替换当前分类汇总"复选框。

【例4-6】 对某企业2021年1月的业务员销售数据（字段有区域、订单日期、业务员、销售金额），要求按"区域"和"业务员"分别汇总销售金额。

分析：需要分别按"区域"和"业务员"进行分类汇总，首先按照"区域"和"业务员"进行排序，然后分别按"区域"和"业务员"进行两次分类汇总。

4-6 例4-6

① 选择数据区域中任意一个单元格，在"数据"选项卡的"排序和筛选"选项组中，单击"排序"按钮，打开"排序"对话框，指定排序条件，主要关键字"区域"按照自定义序列一区、二区、三区的顺序排列，次要关键字"业务员"按照默认的拼音字母顺序排列，如图4-28所示。设置完毕后单击"确定"按钮关闭该对话框。

② 在"数据"选项卡的"分级显示"选项组中，单击"分类汇总"按钮，打开"分类汇总"对话框，设置分类字段为"区域"，汇总方式为"求和"，选定汇总项为"销售金额"，默认勾选"替换当前分类汇总"和"汇总结果显示在数据下方"复选框，如图4-29所示。

图4-28 设置按分类字段排序

③ 单击"确定"按钮完成按区域的分类汇总，汇总结果如图4-30所示。

图4-29 设置按"区域"分类汇总

图4-30 按"区域"分类汇总结果

④ 再次进行分类汇总。在"数据"选项卡的"分级显示"选项组中，单击"分类汇总"按钮，打开"分类汇总"对话框，设置分类字段为"业务员"，汇总方式为"求和"，选定汇总项为"销售金额"，并取消勾选"替换当前分类汇总"复选框，如图4-31所示。

⑤ 单击"确定"按钮完成按业务员的分类汇总。按"区域"和"业务员"的多级分类汇总结果如图4-32所示。

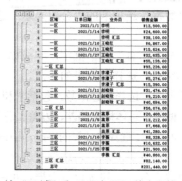

图4-31 设置按"业务员"分类汇总　　图4-32 按"区域"和"业务员"的多级分类汇总结果

在按"区域"分类汇总的基础上，继续按"业务员"进行第二次分类汇总，并且在第二次分类汇总时不勾选"替换当前分类汇总"复选框，可实现多级分类汇总。如果在第二次分类汇总时勾选了"替换当前分类汇总"复选框，将只保留按"业务员"分类汇总的结果，同时删除按"区域"的汇总结果。

在分类汇总前必须先按分类的字段进行排序。

4.3.2 分级显示分类汇总

分类汇总完成后，在分类汇总结果的左侧会出现分级显示符号 1 2 3 4 和分级标识线。通常完成一次分类汇总后，分类汇总结果分为 3 个级别，再进行一次分类汇总后分为 4 个级别，依此类推。可以根据需要分级显示数据。

例如，单击 1 级显示按钮，只显示总的汇总，即总计，其他级别的数据均被隐藏起来，显示效果如图 4-33 所示。

		A	B	C	D
	1	区域	订单日期	业务员	销售金额
+	26	总计			¥231,440.00

图 4-33 1 级显示效果

单击 2 级显示按钮，将同时显示第 1 级和第 2 级的数据内容，即总计和各个区域的汇总，其他级别的数据均被隐藏起来，显示效果如图 4-34 所示。

		A	B	C	D
	1	区域	订单日期	业务员	销售金额
+	9	一区 汇总			¥93,226.00
+	16	二区 汇总			¥56,074.00
+	25	三区 汇总			¥82,140.00
−	26	总计			¥231,440.00

图 4-34 2 级显示效果

单击 3 级显示按钮，将同时显示第 1 级、第 2 级和第 3 级的数据内容，即总计、各个区域的汇总、各个业务员的汇总，其他级别的数据均被隐藏起来，显示效果如图 4-35 所示。

		A	B	C	D
	1	区域	订单日期	业务员	销售金额
+	4			李明 汇总	¥38,100.00
+	8			王晓红 汇总	¥55,126.00
−	9	一区 汇总			¥93,226.00
+	12			李灏子 汇总	¥15,390.00
+	15			赵晓牧 汇总	¥40,684.00
−	16	二区 汇总			¥56,074.00
+	20			高原 汇总	¥41,280.00
+	24			李薇 汇总	¥40,860.00
−	25	三区 汇总			¥82,140.00
	26	总计			¥231,440.00

图 4-35 3 级显示效果

单击 4 级显示按钮，将显示全部数据，显示效果如图 4-36 所示。

如果需要查看或隐藏某一类的详细数据，可以单击分级标识线上的"+"或"−"按钮，以展开或折叠其详细数据。图 4-37 是展开"二区"详细数据的工作表。可以看到"二区"所有汇总项左侧分级标识线上都是"−"号。

1 2 3 4		A	B	C	D
	1	区域	订单日期	业务员	销售金额
	2	一区	2021/1/1	李明	¥13,500.00
	3	一区	2021/1/14	李明	¥24,600.00
	4			李明 汇总	¥38,100.00
	5	一区	2021/1/10	王晓红	¥6,867.00
	6	一区	2021/1/11	王晓红	¥15,624.00
	7	一区	2021/1/27	王晓红	¥32,635.00
	8			王晓红 汇总	¥55,126.00
	9	一区 汇总			¥93,226.00
	10	二区	2021/1/3	李湘子	¥10,116.00
	11	二区	2021/1/20	李湘子	¥5,274.00
	12			李湘子 汇总	¥15,390.00
	13	二区	2021/1/11	赵晓牧	¥31,474.00
	14	二区	2021/1/13	赵晓牧	¥9,210.00
	15			赵晓牧 汇总	¥40,684.00
	16	二区 汇总			¥56,074.00
	17	三区	2021/1/2	高原	¥20,400.00
	18	三区	2021/1/5	高原	¥13,212.00
	19	三区	2021/1/10	高原	¥7,668.00
	20			高原 汇总	¥41,280.00
	21	三区	2021/1/10	李薇	¥8,328.00
	22	三区	2021/1/21	李薇	¥10,632.00
	23	三区	2021/1/25	李薇	¥21,900.00
	24			李薇 汇总	¥40,860.00
	25	三区 汇总			¥82,140.00
	26	总计			¥231,440.00

图 4-36 4 级显示效果

1 2 3 4		A	B	C	D
	1	区域	订单日期	业务员	销售金额
	9	一区 汇总			¥93,226.00
	10	二区	2021/1/3	李湘子	¥10,116.00
	11	二区	2021/1/20	李湘子	¥5,274.00
	12			李湘子 汇总	¥15,390.00
	13	二区	2021/1/11	赵晓牧	¥31,474.00
	14	二区	2021/1/13	赵晓牧	¥9,210.00
	15			赵晓牧 汇总	¥40,684.00
	16	二区 汇总			¥56,074.00
	25	三区 汇总			¥82,140.00
	26	总计			¥231,440.00

图 4-37 展开"二区"详细数据

4.3.3 复制分类汇总结果

如果需要将分类汇总的结果复制到其他位置或其他工作表，不能采用直接复制、粘贴的方法。因为分类汇总时有关明细数据只是隐藏了，直接复制、粘贴会将整个数据区域一并复制。操作步骤如下。

① 显示要复制的汇总数据，隐藏其他数据，然后选择要复制的数据区域。

② 在"开始"选项卡的"编辑"选项组中，单击"查找和选择"按钮，在弹出的下拉列表中选择"定位条件"命令，打开"定位条件"对话框。

③ 在"定位条件"对话框中选择"可见单元格"单选按钮，如图 4-38 所示。设置完成后单击"确定"按钮关闭该对话框。

④ 此时执行复制操作，将不会复制那些隐藏的明细数据。选定目标位置，执行粘贴操作即可。

【例 4-7】 将图 4-34 中按"区域"分类汇总的销售金额复制到一张新工作表中。

① 在分类汇总结果左侧单击 2 级显示按钮，显示按"区域"汇总的结果值，然后选取整个数据区域 A1:D26。

② 在"开始"选项卡的"编辑"选项组中，单击"查找和选择"按钮，在弹出的下拉列表中选择"定位条件"命令，打开"定位条件"对话框。

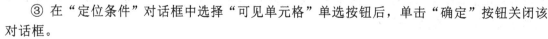

4-7 例 4-7

③ 在"定位条件"对话框中选择"可见单元格"单选按钮后，单击"确定"按钮关闭该对话框。

④ 执行复制操作，然后选定目标位置，执行粘贴操作即可，复制结果如图 4-39 所示。从图 4-39 可以看出，只复制了分类汇总结果，没有复制明细数据。

图 4-38 设置定位条件

图 4-39 复制"区域"分类汇总的结果

4.3.4 删除分类汇总

删除分类汇总，使工作表还原成原始状态。操作步骤如下。
① 单击包含分类汇总的数据区域中的任意一个单元格。
② 在"数据"选项卡的"分级显示"选项组中，单击"分类汇总"按钮。
③ 在打开的"分类汇总"对话框中，单击"全部删除"按钮即可删除全部分类汇总，如图 4-40 所示。

图 4-40 删除全部分类汇总

实 验

实验一 排序与分类汇总

一、实验目的

1. 掌握排序的方法。
2. 掌握分类汇总的方法。

二、实验内容

打开实验素材中的文件"实验 4-1.xlsx"，完成下列操作。

1．将“合同信息”工作表中所有记录复制到一个新工作表中，并将新工作表重命名为“合同金额排序”。按照“合同金额”降序排列。

2．将“合同信息”工作表中所有记录复制到一个新工作表中，并将新工作表重命名为“多字段排序”。主要关键字按照“地区”升序排列，次要关键字按照“城市”升序和“合同金额”降序排列。

样张：

	A	B	C	D	E	F
1	地区	城市	合作学校	项目名称	联系人	合同金额（万元）
2	东北	哈尔滨	哈尔滨工业大学	考研培训	何地禄	66
3	东北	哈尔滨	哈尔滨理工大学	监测传感器采购	张丽娟	55
4	东北	沈阳	沈阳建筑大学	餐饮项目	刘碧云	75
5	华北	北京	北京交通大学	办公家具采购	李达林	126
6	华北	北京	北京大学	实验室耗材采购	孙晓军	75
7	华北	北京	北京理工大学	校园媒体资源平台	李鑫	52
8	华北	北京	华北电力大学	校园媒体资源平台	王伟	41
9	华北	石家庄	石家庄经济学院	求职培训	石鹏	62
10	华北	石家庄	河北经贸大学	LED屏采购	韩朝阳	56
11	华北	天津	南开大学	数字监控系统	潘蓝心	83
12	华北	天津	天津工业大学	室内维修改造工程	孙军	75
13	华北	天津	天津大学	教育教学社会实践	苑舒博	39

合同信息 | 合同金额排序 | 多字段排序

3．将“合同信息”工作表中所有记录复制到一个新工作表中，并将新工作表重命名为“自定义序列排序”。主要关键字按照“地区”（华东、华南、华北、华中、东北、西北、西南）的顺序排列，次要关键字按照“城市”的笔画升序排列。

样张：

	A	B	C	D	E	F
1	地区	城市	合作学校	项目名称	联系人	合同金额（万元）
2	华东	上海	上海交通大学	考研培训	巫溪	22
3	华东	上海	复旦大学	教育教学社会实践	贾晓	259
4	华东	上海	上海财经大学	教育教学社会实践	王霞	110
5	华东	南京	南京林业大学	考研培训	李对美	35
6	华东	南京	南京大学	书籍采购	廖星原	134
7	华南	广州	华南理工大学	办公家具采购	徐忠	33
8	华南	广州	华南师范大学	实验室耗材采购	张美玲	72
9	华南	广州	中山大学	市场技能培训	赵远方	51
10	华南	广州	暨南大学	书籍采购	方宇晶	102
11	华南	海口	海南大学	教育教学社会实践	晏肃冰	109
12	华北	天津	南开大学	数字监控系统	潘蓝心	83
13	华北	天津	天津工业大学	室内维修改造工程	孙军	75
14	华北	天津	天津大学	教育教学社会实践	苑舒博	39
15	华北	石家庄	河北经贸大学	LED屏采购	韩朝阳	56

... | 合同金额排序 | 多字段排序 | 自定义序列排序

4．将“自定义序列排序”工作表中所有记录复制到一个新工作表中，并将新工作表重命名为“合同金额汇总”。进行多级分类汇总，先按照“地区”进行分类汇总，统计每个地区“合同金额”的平均值；然后统计每个城市一起合作的学校数量，并将华北地区各个城市的合作学校数量用三维饼图表示。图表标题为“华北地区合作学校数量”，图例在右侧，并显示具体的数量。

提示

分类汇总之前必须先按分类字段排序。

第二次分类汇总时，设置分类字段为“城市”，汇总方式为“计数”，选定汇总项为“合作学校”，不要勾选“替换当前分类汇总”复选框。

样张:

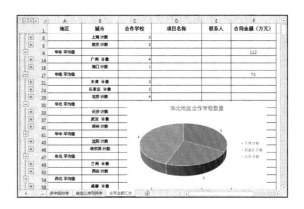

实验二 筛选的应用

一、实验目的

1. 掌握自动筛选的基本方法。
2. 掌握高级筛选的使用方法。

二、实验内容

打开实验素材中的文件"实验 4-2.xlsx",完成下列操作。

1. 将"合同信息"工作表中所有记录复制到一个新工作表中,并将新工作表重命名为"自动筛选"。利用自动筛选功能,筛选出华南和华北地区"合同金额"在 30 万~80 万元的合同信息。

样张:

地区	城市	合作学校	项目名称	联系人	合同金额(万元)
华北	北京	华北电力大学	校园媒体资源平台	王伟	41
华北	北京	北京大学	实验室耗材采购	孙晓军	75
华北	石家庄	河北经贸大学	LED屏采购	韩翻阳	56
华南	广州	华南理工大学	办公家具采购	徐忠	33
华北	北京	北京理工大学	校园媒体资源平台	李鑫	52
华北	天津	天津工业大学	室内维修改造工程	孙军	75
华南	广州	华南师范大学	实验室耗材采购	张美玲	72
华南	广州	中山大学	市场拓展培训	赵远方	51
华北	石家庄	石家庄经济学院	求职培训	石圆	62
华北	天津	天津大学	教育教学社会实践	苑舒博	39

2. 将"合同信息"工作表中所有记录复制到一个新工作表中,并将新工作表重命名为"高级筛选 1"。利用高级筛选功能,筛选出"合同金额"在 100 万元及以上或者"项目名称"包含"采购"的合同信息。

样张:

地区	城市	合作学校	项目名称	联系人	合同金额(万元)
西南	昆明	昆明理工大学	书籍采购	李阳	100
华南	海口	海南大学	教育教学社会实践	晏青永	109
华北	北京	北京大学	实验室耗材采购	孙晓军	75
东北	哈尔滨	哈尔滨理工大学	监测传感器采购	张丽娟	55
华北	石家庄	河北经贸大学	LED屏采购	韩翻阳	56
华南	广州	华南理工大学	办公家具采购	徐忠	33
华东	上海	复旦大学	教育教学社会实践	贾娟	259
华东	上海	上海财经大学	教育教学社会实践	王贵	110
西南	昆明	云南大学	书籍采购	曹禹	209
华南	广州	华南师范大学	实验室耗材采购	张美玲	72
华中	长沙	湖南师范大学	监测传感器采购	韩丽波	56
西北	西安	西安交通大学	LED屏采购	黄育文	133
华北	北京	北京交通大学	办公家具采购	李达林	126
华东	南京	南京大学	书籍采购	廖星原	134
华南	广州	暨南大学	书籍采购	方宇晶	102

	项目名称	合同金额(万元)
	"*采购"	
		>=100

3. 将"合同信息"工作表中所有记录复制到一个新工作表中，并将新工作表重命名为"高级筛选2"。利用高级筛选功能，筛选出华南和华北地区"合同金额"在 30 万～80 万元的合同信息。

样张：

	A	B	C	D	E	F
1	地区	城市	合作学校	项目名称	联系人	合同金额（万元）
8	华北	北京	华北电力大学	校园媒体资源平台	王伟	41
11	华北	北京	北京大学	实验室耗材采购	孙晓军	75
13	华北	石家庄	河北经贸大学	LED屏采购	韩朝阳	56
14	华南	广州	华南理工大学	办公家具采购	徐忠	33
24	华北	北京	北京理工大学	校园媒体资源平台	李鑫	52
26	华北	天津	天津工业大学	室内维修改造工程	孙军	75
27	华南	广州	华南师范大学	实验室耗材采购	张美玲	72
33	华南	广州	中山大学	市场技能培训	赵远方	51
40	华北	石家庄	石家庄经济学院	求职培训	石鹏	62
41	华北	天津	天津大学	教育教学社会实践	苑舒博	39
42						
43			地区	合同金额（万元）	合同金额（万元）	
44			华南	>=30	<=80	
45			华北	>=30	<=80	

自动筛选　高级筛选1　高级筛选2

习　题

一、单项选择题

1. 在 Excel 工作表中，下列关于一次排序操作可以指定的关键字数量，正确的是_____。

　　A. 只能有 1 个主要关键字

　　B. 只能有 1 个次要关键字

　　C. 只能有 1 个主要关键字和 1 个次要关键字

　　D. 只能有 1 个主要关键字，最多可以有 3 个次要关键字

2. 在对 Excel 工作表中选定的数据区域进行排序时，下列选项中不正确的是_____。

　　A. 可以按关键字递增或递减排序

　　B. 可以按自定义序列关键字递增或递减排序

　　C. 可以指定本数据区域以外的字段作为排序关键字

　　D. 可以指定数据区域中的任意多个字段作为排序关键字

3. 对于 Excel 工作表中的汉字数据，_____。

　　A. 不可以排序　　　　　　　　　　B. 只可按拼音字母排序

　　C. 只可按笔画排序　　　　　　　　D. 既可按拼音字母，也可按笔画排序

4. 在 Excel 中，关于"筛选"的叙述中错误的是_____。

　　A. 自动筛选和高级筛选都可以将结果筛选至另外的区域中

　　B. 执行高级筛选前必须在另外的区域中给出筛选条件

　　C. 每一次自动筛选的条件只能是一个，高级筛选的条件可以是多个

　　D. 如果筛选条件出现在多列中，并且条件间有"或"的关系，必须使用高级筛选

5. Excel 中取消工作表的自动筛选后_____。

　　A. 工作表的数据消失　　　　　　　B. 工作表恢复原样

　　C. 只剩下符合筛选条件的记录　　　D. 不能取消自动筛选

6. 在 Excel 高级筛选的条件区域中，如果几个条件在同一行中，表示这几个条件是_____关系。

　　A. 与　　　　　　　B. 或　　　　　　　C. 非　　　　　　　D. 异或

7. 已知 Excel 数据表中有"单位"和"销售额"等字段，如下说法中，利用自动筛选不能实现的是_____。

    A．可以筛选出"销售额"前 5 名

    B．可以筛选出以"公司"结尾的所有单位

    C．可以同时筛选出"销售额"在 10000 元以上或者在 500～1000 元的所有数据

    D．可以同时筛选出"单位"的第一个字为"湖"字并且销售额在 10000 元以上的数据

8. 在 Excel 数据表的应用中，一次分类汇总可以按_____分类字段进行。

    A．1 个   B．2 个   C．3 个   D．4 个

9. 在 Excel 中，以下关于分类汇总的叙述中错误的是_____。

    A．分类汇总前必须按分类字段排序

    B．可以进行多次分类汇总，而且每次汇总的关键字段可以不同

    C．分类汇总的结果可以删除

    D．分类汇总的方式只能是求和

10. 只复制工作表中分类汇总结果数据，不复制明细数据，以下正确的操作是_____。

    A．选择整个工作表，然后进行复制，在目的地粘贴

    B．选择整个数据区域，然后进行复制，在目的地粘贴

    C．隐藏明细数据，选择整个数据区域，在"定位条件"对话框中选择"可见单元格"，然后进行复制，在目的地粘贴

    D．隐藏明细数据，选择整个数据区域，然后进行复制，在目的地粘贴

二、判断题

1. 在 Excel 排序时，数据区域中可以包含合并的单元格。

2. 在 Excel 排序时，只能按标题行中的关键字进行排序，不能按标题列中的关键字进行排序。

3. 在 Excel 中可以按照汉字笔画进行排序。

4. 在 Excel 中可以通过筛选功能只显示包含指定内容的数据信息。

5. 在 Excel 中使用分类汇总之前，必须先按欲分类汇总的字段进行排序，使同一分类的记录集中在一起。

三、简答题

1. 在 Excel 中，筛选数据有哪两种方法？已知数据清单中的字段有区域、城市、业务员、销售金额，简述如何分别使用两种方法筛选出"北京市"销售金额大于或等于 100 万元的业务员名单，并写出主要操作步骤。

2. 在 Excel 数据清单中包含的字段有区域、城市、业务员、销售金额，请写出按"区域"分类汇总"销售金额"平均值的主要操作步骤。

第5章 商务数据可视化

商务数据可视化是将商务数据用图表有效、直观地展示出来。图表可以将工作表中的数据以图的形式展示出来。通过创建图表可以清楚反映数据之间的关系，用户可以更好地理解枯燥的数据。

5.1 图表基础

图表能够清晰、直观表达工作表中数据的大小，是商务数据分析中经常使用的功能。用户完成数据的输入、计算和统计后，需要将结果用图表形式直观表示出来。

5.1.1 图表组成

图表通常由图表区、绘图区、标题、数据系列、坐标轴、图例、网格线等部分组成。例如，图 5-1 所示的图表中包含图表的常见元素。

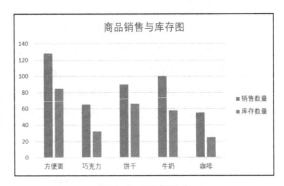

图 5-1 图表组成

1．图表区

图表区是指图表的全部区域，包含所有的数据信息。选中图表区时，将显示图表元素的边框和用于调整图表区大小的控制点等。

2．绘图区

绘图区是指图表区域，是以两个坐标轴为边的矩形区域。选中绘图区时，将显示绘图区的边框和用于调整绘图区大小的控制点等。

3．标题

图表标题显示于绘图区的上方，用于说明图表的主题内容。

4．数据系列

数据系列是由数据点构成的，每个数据点对应工作表中某个单元格的数据。每个数据系列对应工作表中的一行或一列数据。

5．坐标轴

坐标轴按照位置分为纵坐标轴和横坐标轴，显示在左侧的是纵坐标轴，显示在底部的是横坐标轴。

6．图例

图例是用来表示图表中各数据系列的名称，由图例项和图例项标识组成，默认情况下显示在绘图区的右侧。

7．网格线

网格线是表示坐标轴的刻度线段，方便用户查看数据的具体数值。

5.1.2　图表类型

图表的显示方式有很多类型，如柱形图、折线图、饼图、条形图、面积图、XY 散点图、股价图、曲面图、气泡图、雷达图、旭日图等常用的图表类型。

1．柱形图

柱形图是常用的图表类型，垂直显示各项数据之间的比较情况，用矩形的高低来表示数据的大小。

2．折线图

折线图是用线段将各个数据点连接起来组成的图形，显示数据的变化趋势，能够清晰地反映数据是递增还是递减以及峰值的情况。

3．饼图

饼图只能用一列数据作为数据源，它将一个圆分成若干个扇形，每个扇形的大小表示各项数据值所占的百分比。

4．条形图

条形图水平显示各项数据之间的比较情况，用条形的长短来表示数据的大小。

5．面积图

面积图主要显示部分与整体的关系，还可以显示幅度随时间的变化趋势。

6．XY 散点图

XY 散点图主要显示若干数据系列中各数值之间的关系，它不仅可以用线段，还可以用一系列的点来描述数据的分布情况。

7．股价图

股价图是一种专用图形，主要用于显示股票价格的波动和股市行情。

8．曲面图

曲面图是折线图和面积图的另一种形式，显示两组数据之间的最佳组合。

9．气泡图

气泡图是一种特殊类型的 XY 散点图，可以用来描述多维数据。排列在工作表列中的数据可以绘制在气泡图中，数值越大，气泡就越大。

10．雷达图

雷达图显示一个中心向四周辐射出多条数值的坐标轴，并用折线将同一系列中的数据值连接起来。

11. 旭日图

旭日图显示各个部分与整体之间的关系，可以包含多个数据系列，由多个同心的圆环来表示。它将一个圆环划分成若干个圆环段，每个圆环段表示一个数据值在相应数据系列中所占的比例。

Excel 中还有树状图、直方图、箱形图、瀑布图、组合图等图表类型。图表类型对于数据的展现效果非常重要，用户需要了解不同类型图表的特点，根据自己的需要正确选择图表类型达到直观表达数据内涵的目的。

5.2 创建图表

图表是基于工作表中的数据生成的，主要有迷你图、嵌入式图表、图表工作表等。

5.2.1 创建迷你图

迷你图是绘制在单元格中的一种微型图表，使用迷你图可以直观地反映一组数据的变化趋势。可以在一个单元格中创建迷你图，也可以在连续的单元格区域中创建迷你图。

1. 在一个单元格中创建迷你图

① 选中要存放迷你图的单元格，如 B6 单元格。

② 在"插入"选项卡的"迷你图"选项组中，单击所需的迷你图类型，如"柱形图"。

③ 在打开的"创建迷你图"对话框中，完成数据范围"B2:B5"的选定，单击"确定"按钮即可在 B6 单元格中创建迷你图，如图 5-2 所示。

图 5-2　在一个单元格中创建迷你图

2. 在连续的单元格区域中创建迷你图

有时需要同时创建一组迷你图，如通过几个季度的销售趋势线反映商品的销售趋势。

① 选中要存放迷你图的 F2:F5 单元格区域。

② 在"插入"选项卡的"迷你图"选项组中，单击"折线图"按钮。

③ 在打开的"创建迷你图"对话框中，"数据范围"选定为"B2:E5"，如图 5-3 所示。

④ 单击"确定"按钮即可创建迷你图，如图 5-4 所示。

5-1　在连续的单元格区域中创建迷你图

图 5-3　"创建迷你图"对话框　　　　图 5-4　在连续的单元格区域中创建迷你折线图

提示　当需要删除迷你图时，可以先选定需要删除的迷你图单元格或单元格区域，然后在迷你图工具"设计"选项卡的"分组"选项组中，单击"清除"按钮即可完成删除操作。

5.2.2 创建嵌入式图表

嵌入式图表是指图表与原始数据在同一张工作表中。创建嵌入式图表的操作步骤如下。

① 选定数据源区域。创建图表必须首先选定数据源区域，数据源区域可以是连续的，也可以是不连续的。若选定不连续的数据区域，则第二个区域和第一个区域要有相同的行数；若选定的区域有文字，则文字应该在区域的最左列或最上行，用来说明图表中数据的含义。

② 在"插入"选项卡的"图表"选项组中，单击图表类型下拉按钮，在弹出的下拉列表中选择图表类型，这里选择柱形图，如图 5-5 所示。

③ 图表以嵌入方式显示在工作表中，效果如图 5-6 所示。

图 5-5　选择图表类型

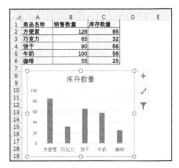

图 5-6　嵌入式图表效果

如果选定的数据单元格在不连续的区域中，则需要选中第一个单元格区域后，按住【Ctrl】键，同时选定其他的单元格区域。

【例 5-1】 创建分析客户喜欢的促销方式的条形图。

① 选定数据源区域。选中 A1:B6 单元格区域。A1:B6 单元格区域中列出了喜欢不同促销方式的客户人数。

② 在"插入"选项卡的"图表"选项组中，单击右下角的"查看所有图表"按钮，在打开的"插入图表"对话框中选择"所有图表"选项卡，选择其中的"条形图"下的"簇状条形图"，如图 5-7 所示。单击"确定"按钮，自动创建嵌入式图表，效果如图 5-8 所示。

5-2　例 5-1

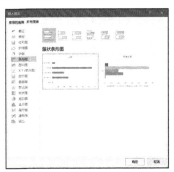

图 5-7　图表类型为簇状条形图

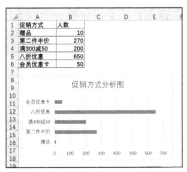

图 5-8　簇状条形图效果

【例 5-2】 创建反映销售量的折线图。

① 选定数据源区域。选中 A1:B11 单元格区域，该区域包含日期和销售量。

② 在"插入"选项卡的"图表"选项组中，单击"插入折线图或面积图"按钮，在弹出的下拉列表中选择"二维折线图"下的"折线图"，自动创建图表，效果如图 5-9 所示。

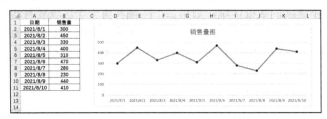

图 5-9　折线图效果

【例 5-3】 创建能反映男女风衣销量份额的饼图。

① 选定数据源区域。选中 A1:B3 单元格区域，该区域包含男女风衣的销量。

② 在"插入图表"对话框中，单击"插入饼图或圆环图"按钮，在弹出的下拉列表中选择"二维饼图"下的"饼图"，自动创建图 5-10 所示的图表，其中深色扇形代表女款风衣的销售份额，浅色扇形代表男款风衣的销售份额，从该饼图可以明显看出女款风衣销量多于男款。

图 5-10　饼图效果

提示

　　饼图的数据源中只能包含一个数值数据系列。

5.2.3　创建图表工作表

图表工作表是指图表在一个独立的工作表中，即与图表数据源分别存放在不同的工作表中。创建图表工作表的操作步骤如下。

① 选定数据源区域。数据源可以是连续的，也可以是不连续的，如 A1:C6 单元格区域。

② 插入图表工作表。按【F11】键将自动插入一个新的图表工作表，并创建一个以选定数据区域为数据源的柱形图，存放在默认名为"Chart1"的工作表中，如图 5-11 所示。

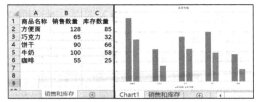

图 5-11　图表工作表

5.3　编辑图表

创建图表后，通常需要对图表的类型、数据源进行编辑，也需要对图表进行美化以达到满意的视觉效果，这些操作有助于用户更好地理解图表所传递的信息。

5.3.1　更改图表的类型

创建后的图表可以更改图表类型，用不同的方式展示数据。

1．更改迷你图的图表类型

① 选中迷你图的单元格或单元格区域。

② 在迷你图工具"设计"选项卡的"类型"选项组中，单击所需图表类型按钮即可。

2．更改图表的图表类型

已完成的图表可以更换不同的图表类型。操作步骤如下。

① 若要更改整个图表类型，可以单击图表区域以显示图表工具相关的选项卡；若要更改单个数据系列的图表类型，可以单击该数据系列。

② 在图表工具"设计"选项卡的"类型"选项组中，单击"更改图表类型"按钮，在打开的"更改图表类型"对话框中进行更改。图 5-12（a）是将图 5-11 的图表"柱形图"更改为"条形图"的效果，图 5-12（b）是将图 5-11 的图表"柱形图"更改为"折线图"的效果。

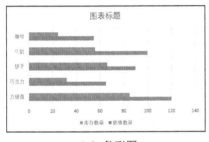
（a）条形图

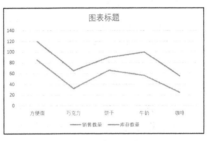
（b）折线图

图 5-12　更改图表的类型

5.3.2　更改图表的位置

用户可以将嵌入式图表更改为独立式图表工作表，也可以将独立式图表工作表更改为嵌入式图表，即更改图表的位置。操作步骤如下。

① 选中需要更改位置的图表。

② 在图表工具"设计"选项卡的"位置"选项组中，单击"移动图表"按钮。

③ 打开图 5-13 所示的"移动图表"对话框，如果将嵌入式图表设置为图表工作表，则选择"新工作表"单选按钮，并

图 5-13　"移动图表"对话框

输入新工作表名；如果将图表工作表设置为嵌入式图表，则选择"对象位于"单选按钮，并选择要嵌入的工作表名。

5.3.3　更改图表的数据源

图表制作完成后，可以根据用户的需要重新选择图表的数据源，而不需要删除原来的图表，只改变数据源即可。

1．切换行/列数据

图表创建好后，可以实现行数据与列数据的交换。操作步骤如下。

① 单击图表区域，显示图表工具相关的选项卡。

② 在图表工具"设计"选项卡的"数据"选项组中，单击"切换行/列"按钮即可。

效果如图 5-14 所示。

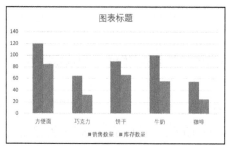
（a）交换前

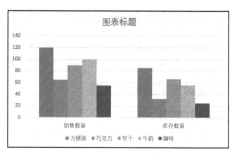
（b）交换后

图 5-14　切换行/列数据

2. 重新选择数据源

如果需要改变图表的数据区域，可以对数据源重新进行选择。操作步骤如下。

① 单击图表区域，显示图表工具相关的选项卡。

② 在图表工具"设计"选项卡的"数据"选项组中，单击"选择数据"按钮，将打开"选择数据源"对话框，如图 5-15 所示。

③ 在"选择数据源"对话框中，可以执行以下操作来重新设置数据源。

● 单击"图表数据区域"文本框右侧的"拾取器"按钮，重新选择数据源。

● 单击"编辑"按钮，将打开图 5-16 所示的"编辑数据系列"对话框，通过该对话框可以增加一个系列。

● 在"图例项(系列)"中选择一个系列，单击"删除"按钮可将该系列删除。

图 5-15　"选择数据源"对话框

图 5-16　"编辑数据系列"对话框

5.4　图表元素的格式和设计

完成图表的创建后，需要对图表的标题、图例、数据标签、坐标轴、网格线等细节部分进行详细设置。

5.4.1　图表元素的格式

1. 图表区格式

图表区是指图表的全部背景区域，其格式包括图表区的填充、轮廓、效果、大小等。操作步骤如下。

① 选中图表区。

② 在图表工具相关的选项卡中，选择相应的操作。或者在图表区单击鼠标右键，在弹出的快捷菜单中选择"设置图表区格式"命令，窗口右侧将出现"设置图表区格式"窗格，如图 5-17 所示。

③ 在"设置图表区格式"窗格中有"填充与线条""效果""大小与属性"3 个图形按钮，通过它们可以完成对图表区格式的设置。

2. 绘图区格式

绘图区是由坐标轴围成的区域，其格式包括边框的样式、填充、效果、大小等。操作步骤如下。

① 选中绘图区。

② 在图表工具相关的选项卡中，选择相应的操作。或者在绘图区单击鼠标右键，在弹出的快捷菜单中选择"设置绘图区格式"命令，窗口右侧将出现"设置绘图区格式"窗格，如图 5-18 所示。

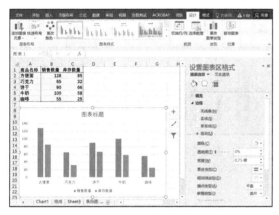 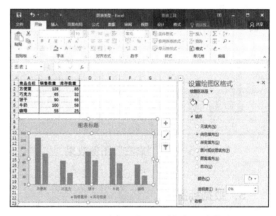

图 5-17　"设置图表区格式"窗格　　　　图 5-18　"设置绘图区格式"窗格

③ 在"设置绘图区格式"窗格中有"填充与线条"和"效果"两个图形按钮，通过它们可以完成对绘图区格式的设置。

例如，图 5-18 中的图表区的填充颜色是浅蓝色，绘图区的填充颜色是黄色。

3. 图表标题格式

为图表添加标题可以使图表所表达的主题一目了然，图表标题主要用于说明图表的主要内容。设置图表标题格式的操作步骤如下。

① 选中图表标题，输入标题的文字内容。

② 在图表工具相关的选项卡中，选择相应的操作。或者在图表标题上单击鼠标右键，在弹出的快捷菜单中选择"设置图表标题格式"命令，窗口右侧将出现"设置图表标题格式"窗格，如图 5-19 所示。

③ 在"设置图表标题格式"窗格中有"填充与线条""效果""大小与属性"3 个图形按钮，通过它们可以完成对图表标题格式的设置。

例如，图 5-19 中是修改后的图表标题的格式。

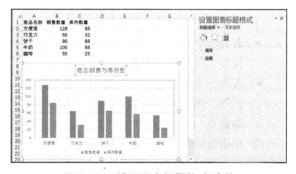

图 5-19　"设置图表标题格式"窗格

4．图例格式

图例是一个方框，用不同颜色来表示图中对应的系列名称。添加图例的操作步骤如下。

① 单击图表区，显示图表工具相关的选项卡。

② 在图表工具"设计"选项卡的"图表布局"选项组中，单击"添加图表元素"按钮，在弹出的下拉列表中选择"图例"及其位置；或者在图例上单击鼠标右键，在弹出的快捷菜单中选择"设置图例格式"命令，窗口右侧将出现"设置图例格式"窗格。图 5-20 是"靠右"位置的图例效果，图 5-21 是"靠上"位置的图例效果。

5-3　图例格式
设置

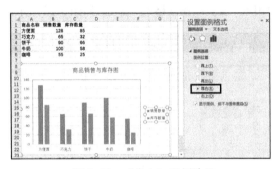

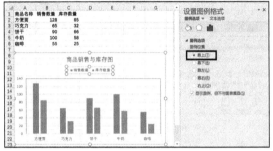

图 5-20　"靠右"图例效果　　　　图 5-21　"靠上"图例效果

5．数据标签

用户可以通过图表的形状了解数据的大致大小，但并不知道数据的精确值。如果需要在图表中显示数据的精确值，则需添加数据标签。默认情况下，数据标签会链接到单元格数据，当这些单元格数据发生变化时，图表中的数据标签值会自动更新。添加数据标签的操作步骤如下。

5-4　数据标签
设置

① 选中图表区域。

② 在图表工具"设计"选项卡的"图表布局"选项组中，单击"添加图表元素"按钮，将打开一个下拉列表，选择"数据标签"及其位置即可。例如，图 5-22 所示为选择了"居中"位置的效果。

如果只对一个系列或单个数据点设置数据标签，则可按照如下步骤进行操作。

① 在图表中，可执行以下操作。

- 若为一个系列的所有数据点添加数据标签，则单击数据系列。
- 若为一个系列的单个数据点添加数据标签，则先单击数据系列后，再单击数据点。

② 单击鼠标右键，在弹出的快捷菜单中选择"添加数据标签"命令即可添加数据标签。

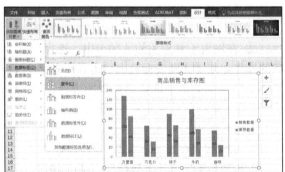

图 5-22　数据标签显示效果

③ 选中该数据标签，在"设置数据标签格式"窗格中设置数据标签的显示位置、值等。

提示　完成图表格式化的快捷方法是双击选中的图表对象，即可打开相应的格式设置窗格；或者右击图表对象，在弹出的快捷菜单中选择设置格式命令。图表对象不同，打开的窗格和快捷菜单也会不同。

6. 数据表

可以在图表中同时显示相关的数据表的数据值。操作步骤如下。

① 选中图表区域。

② 在图表工具"设计"选项卡的"图表布局"选项组中，单击"添加图表元素"按钮，将打开一个下拉列表，选择"数据表"及其显示方式即可。例如，图 5-23 所示为显示数据表的效果。图表的上方是柱形图，下方是对应的数据表。

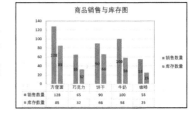

图 5-23　图表中显示数据表

5.4.2　图表设计

用户可以通过图表设计完成图表的快速布局、图表样式等美化图表的操作。

1. 快速布局

用户可以用图表格式设置完成图表对象的布局，系统也提供了若干个预设的布局模板，方便用户快速完成布局。操作步骤如下。

① 选中图表区。

② 在图表工具"设计"选项卡的"图表布局"选项组中，单击"快速布局"按钮，将打开一个下拉列表，用户可以选择需要的布局。例如，图 5-24 所示为选择了"布局 4"的效果，图例在下方并显示出数据标签。

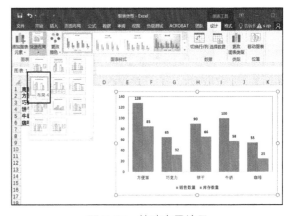

图 5-24　快速布局效果

2. 图表样式

图表样式是系统内置的样式合集，用户可以选择需要的样式完成图表的快速设置。设置步骤如下。

① 选中图表区。

② 在图表工具"设计"选项卡的"图表样式"选项组中，单击所需要的样式即可。例如，图 5-25 所示为选择了"样式 3"的效果。

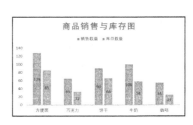

图 5-25　图表样式效果

5.4.3　图表筛选器

当选中图表区时，图表右侧将出现图 5-26 所示的 3 个按钮，利用它们可分别完成图表元素的设置 ➕、图表样式（颜色）选择 ✎ 和图表筛选器 ▼ 功能。前两项的功能与前文讲述的设置类似，不再赘述。

用户可以通过图表筛选器在图表中选择希望显示的数据值，该方法不改变数据源，仅屏蔽暂时不需要显示的数据。

① 选中图表区。

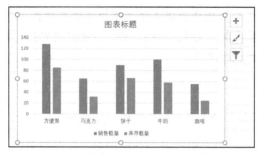

图 5-26　图表筛选器

5-5　图表筛选器使用

② 单击图表右侧的"图表筛选器"按钮，在"数值"选项卡中，分别选择"系列"和"类别"。如图 5-27 所示，在"系列"中选择显示"销售数量"，在"类别"中选择"巧克力"和"咖啡"。

③ 单击"应用"按钮后结果如图 5-28 所示。

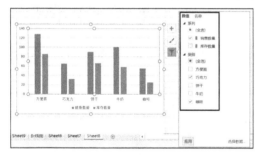

图 5-27　选择"系列"和"类别"

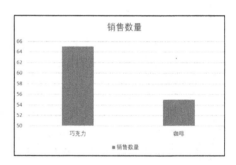

图 5-28　筛选后的结果

5.4.4　趋势线

趋势线是以图形的方式表示数据的变化趋势，便于对数据进行预测分析，也称为回归分析。添加趋势线的操作步骤如下。

① 选中图表区。

② 在图表工具"设计"选项卡的"图表布局"选项组中，单击"添加图表元素"按钮，将打开一个下拉列表，选择"趋势线"及其类型，打开"添加趋势线"对话框。

③ 在图 5-29 所示的"添加趋势线"对话框中，选择趋势线的系列后单击"确定"按钮完成添加。

④ 选中趋势线，在图表工具"格式"选项卡的"形状样式"选项组中进行样式、颜色、粗细、箭头等设置。例如，图 5-30 为设置黑色箭头线表示趋势线的效果。

图 5-30 所示的趋势线预测了巧克力的销售情况：巧克力后续的销售呈现下降的趋势。

图 5-29　"添加趋势线"对话框

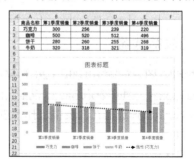

图 5-30　"添加趋势线"后的效果

不能添加趋势线的图表类型有三维图表、雷达图、饼图和旭日图。

实　验

实验一　创建图表

一、实验目的

1. 掌握图表的组成。
2. 掌握创建图表的方法。

二、实验内容

打开实验素材中的文件"实验 5-1.xlsx"，完成下列操作。

1. 创建一个如样张所示的一季度家电销售量统计表。
2. 利用一季度家电销售量统计表创建一个三维簇状柱形图表。图表标题为"一季度家电销售统计"；横坐标为"月份"；纵坐标为"销售量"，取值范围为 0～1350，主要刻度单位为 150。最后将图表存放在 A8:F23 单元格区域中。

如果图表的行列位置与样张不一致，则要切换行/列数据。

样张：

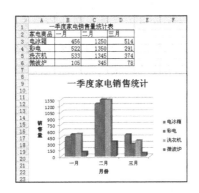

实验二　编辑图表

一、实验目的

1. 掌握编辑图表的方法。
2. 掌握图表格式化的方法。

二、实验内容

打开实验素材中的文件"实验 5-2.xlsx"，完成下列操作。

1. 在一季度家电销售量统计表中增加一行，内容为（空调，80，124，430），然后将空调产品系列添加到前面生成的图表中。

2．利用一季度家电销售量统计表创建一个二月份产品销量的饼图，要求在饼图周围显示各产品销量所占的百分比，并且独立存放在一个工作表中，图表中的字号均为 20。

样张：

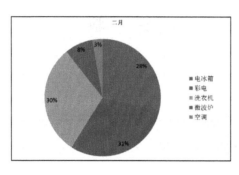

习　题

一、单项选择题

1．在 Excel 中建立图表时，通常_____。

    A．建完图表后，再输入数据　　　　　B．先输入数据，再建立图表

    C．在输入数据的同时，建立图表　　　D．首先建立一个图表标签

2．Excel 中的图表形式有_____。

    A．嵌入式和独立的图表　　　　　　　B．级联式的图表

    C．插入式和级联式的图表　　　　　　D．数据源图表

3．在 Excel 中，下列关于图表的操作的叙述中正确的是_____。

    A．创建的图表只能放在含有用于创建图表数据的工作表之中

    B．图表建立之后，不能改变其类型，如柱形图不能改为饼图

    C．数据源中数据变化后，相应的图表中的数据也随之变化

    D．不允许在已建好的图表中添加数据，若要添加只能重新建立图表

4．删除工作表中与图表链接的数据时，图表将_____。

    A．被删除　　　　　　　　　　　　　B．必须用编辑器删除相应的数据点

    C．不会发生变化　　　　　　　　　　D．自动删除相应的数据点

5．在 Excel 中，对于已经建立的图表，下列说法中正确的是_____。

    A．工作表中的数据源发生变化，图表相应更新

    B．工作表中的数据源发生变化，图表不更新，只能重新创建

    C．建立的图表，不可以改变图表中的字体大小、背景颜色等

    D．已经建立的图表，不可以再增加数据项目

二、判断题

1．工作表可以用图表形式表现出来，但它的图表类型是不能改变的。

2．当前工作表中指定区域的数值发生变化时，对应生成的独立图表不变。

3．直方图是用矩形的高低来表示数值的大小。

4．饼图的数据源只能包含一个数值数据系列。

5．图表中可以改变纵坐标轴刻度单位的大小。

第章 商务数据透视分析

数据透视表和数据透视图是数据统计分析的有力工具。数据透视表是 Excel 提供的一种交互式报表，可以根据不同的分析目的进行浏览、汇总、分析数据，是一种动态数据分析工具。而数据透视图则可将数据透视表中的数据图形化，便于比较、分析数据。

6.1 数据透视表

当数据规模较大时，运用数据透视表可以方便地查看源数据的不同汇总结果。Excel 要求创建数据透视表的源数据区域必须没有空行和空列，而且每列都要有列标题。

6.1.1 创建数据透视表

创建数据透视表的关键是设计数据透视表的字段布局，即源数据中按哪些字段分页（筛选），哪些字段组成行，哪些字段组成列，对哪些字段进行计算。创建数据透视表的操作步骤如下。

① 在工作表中选择数据区域的任意一个单元格。

② 在"插入"选项卡的"表格"选项组中，单击"数据透视表"按钮，打开"创建数据透视表"对话框，如图 6-1 所示。

③ 在"创建数据透视表"对话框中，系统一般会自动选定整个数据区域作为数据透视表的数据源，如果要透视分析的数据区域与此有出入，可以在"表/区域"文本框内进行修改。

④ 选择放置数据透视表的位置。可以放置到新工作表或现有工作表中，默认选择"新工作表"单选按钮。

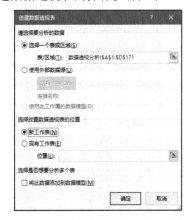

图 6-1 "创建数据透视表"对话框

- 选择"新工作表"单选按钮，系统会自动创建一个新工作表，并将数据透视表放在新工作表中。
- 选择"现有工作表"单选按钮，必须指定放置数据透视表的位置，可以是单元格区域或第一个单元格位置。

⑤ 单击"确定"按钮，在新工作表中创建数据透视表框架，并打开"数据透视表字段"窗格，如图 6-2 所示。

⑥ 在"数据透视表字段"窗格中设置字段布局。数据透视表的字段布局包括 4 个区域，具体如下。

- 筛选器：用该区域中的字段来筛选整个报表，对应分页字段。

- 行：将该区域中的字段显示在左侧的行，对应行字段。
- 列：将该区域中的字段显示在顶部的列，对应列字段。
- 值：将该区域中的字段进行汇总分析，对应数据项。

分页字段、行字段、列字段完成的是类和子类的划分，数据项完成的是汇总统计，可以是求和、计数、平均值、最大值、最小值等。在字段名称上单击鼠标右键，根据需要在弹出的快捷菜单中选择"添加到报表筛选""添加到行标签""添加到列标签"或"添加到值"命令，如图6-3所示；或者用鼠标直接将字段逐个拖曳到相应区域中，数据透视表中将显示分析结果。

图6-2 "数据透视表字段"窗格

图6-3 设置字段布局

【例6-1】 对某企业的业务员销售数据（字段有区域、业务员、订单日期、销售金额）进行数据透视分析（部分数据如图6-4所示），创建数据透视表，按区域分页查看每个业务员2021年各个季度销售金额之和。

6-1 例6-1

① 在工作表中选择数据区域的任意一个单元格。

② 在"插入"选项卡的"表格"选项组中，单击"数据透视表"按钮，打开"创建数据透视表"对话框。

③ 在"创建数据透视表"对话框中，默认选定整个数据区域作为数据透视表的数据源，不用修改。

④ 选择"新工作表"单选按钮，单击"确定"按钮，在新工作表中立即创建数据透视表框架，并打开"数据透视表字段"窗格。

⑤ 将"区域"添加到"筛选器"，"订单日期"添加到"行"，"业务员"添加到"列"，"销售金额"添加到"值"，如图6-5所示。将"订单日期"添加到"行"区域后，自动产生了"月"字段，这是一个组合字段，本节后面将详细介绍。

区域	业务员	订单日期	销售金额
一区	王晓红	2021/1/8	¥1,635.00
二区	赵晓妆	2021/1/13	¥1,210.00
三区	张虎	2021/1/18	¥4,356.00
一区	李明	2021/1/29	¥231.00
一区	王晓红	2021/2/10	¥867.00
三区	高原	2021/2/10	¥7,668.00
三区	刘向志	2021/2/15	¥8,512.00
二区	宋洪博	2021/2/22	¥594.00
三区	刘向志	2021/3/18	¥672.00
一区	张虎	2021/3/20	¥690.00
二区	宋洪博	2021/3/21	¥1,470.00
一区	张虎	2021/3/28	¥5,133.00

图6-4 部分业务员销售数据

图6-5 字段布局

⑥ 删除"行"区域中的"订单日期"字段，只保留"月"字段。初步创建的数据透视表如图6-6所示。

这时可以通过第1行"区域"右侧B1单元格中的筛选按钮实现按区域分页显示，筛选出"二区"的销售金额情况，如图6-7所示。

区域	(全部)									
求和项:销售金额	列标签									
行标签	高原	李明	李淑子	李薇	刘向志	宋洪博	王晓红	张虎	赵晓妆	总计
1月	2400	5985	1690	528	1254	6699	6217	5316	1210	31299
2月	7668	16159	528	632	8512	1240	1704	588	1474	38505
3月		4600	3571	651	672	1470	2327	6494	2169	21954
4月	1212	3958	2112	7177	3224	5668	6666	2550		32567
5月	261	3109	2014	54	576	396	3634	12484	1224	23752
6月	1295	1368	2562	689	4596	1684	2771	4042	672	19679
7月	284	3087	4620	588	189	1094	3151	2586	312	15911
8月	1472	3391	9106	4488	2050	650	3333	7174	4817	36481
9月	2173	903	696		2475	614	758	777		8396
10月	3348	1518	2671	5224	2408	4170	3649	3736	102	26826
11月		648	3326	4885	7656	2592	2419	4941	4154	30621
12月	6929	1457	4170		2600	836	4160	6814	3766	30732
总计	27042	46183	37066	24916	36212	27113	40789	57502	19900	316723

图 6-6　初步创建的数据透视表

区域	二区			
求和项:销售金额	列标签			
行标签	李淑子	宋洪博	赵晓妆	总计
1月	1690	6699	1210	9599
2月	528	1240	1474	3242
3月	3571	1470	2169	7210
4月	2112	5668		7780
5月	2014	396	1224	3634
6月	2562	1684	672	4918
7月	4620	1094	312	6026
8月	9106	650	4817	14573
9月	696	614		1310
10月	2671	4170	102	6943
11月	3326	2592	4154	10072
12月	4170	836	3766	8772
总计	37066	27113	19900	84079

图 6-7　筛选"二区"

从图 6-7 可以看出，默认情况下数据透视表对货币型字段"销售金额"进行了"求和"运算；另外，日期型字段"订单日期"是按月份生成行，不满足题目要求的按季度计算，因此需要进行编辑修改。

6.1.2　编辑数据透视表

创建完数据透视表后，用户可以更改汇总方式、在字段布局中添加或删除字段、删除行总计或列总计、改变数值显示方式、创建组，以及显示明细数据等。

1．更改数据透视表的汇总方式

默认情况下，数据透视表对数值型和货币型字段总是进行"求和"运算，而对其他类型字段进行"计数"运算。在实际应用中可以根据需要使用其他运算，如平均值、最大值、最小值等。改变数据透视表汇总方式的操作步骤如下。

① 在"数据透视表字段"窗格中单击"值"区域中的字段，在弹出的下拉列表中选择"值字段设置"命令，打开"值字段设置"对话框，如图 6-8 所示。

② 在"值字段设置"对话框中，选择"值汇总方式"选项卡进行设置。例如，将"销售金额"的汇总方式改为"计数"，单击"确定"按钮后，更改汇总方式后的数据透视表如图 6-9 所示。图 6-9 反映了各业务员的每月订单数量。

图 6-8　"值字段设置"对话框

图 6-9　"计数"的汇总结果

2．在字段布局中添加或删除字段

数据透视表中的数据是只读的，不允许直接在数据透视表中添加或删除数据，只能根据需要在字段布局中添加或删除字段。

（1）添加字段

要添加字段，用户可以在"数据透视表字段"窗格中执行下列操作之一。

- 在要添加的字段名称上单击鼠标右键，根据需要在弹出的快捷菜单中选择"添加到报表筛选""添加到行标签""添加到列标签"或"添加到值"命令。
- 用鼠标将字段逐个拖曳到相应区域中。
- 勾选要添加字段名称前的复选框，字段将自动被放置到默认的区域中，非数值型字段默认被添加到"行"区域，数值型字段默认被添加到"值"区域。

（2）删除字段

要删除字段，用户可以在"数据透视表字段"窗格中执行下列操作之一。

- 取消勾选字段列表中需要删除字段前的复选框。
- 在 4 个布局区域中，将要删除的字段拖曳到"数据透视表字段"窗格之外。
- 在 4 个布局区域中，单击字段名称，然后选择"删除字段"命令。

例如，在图 6-5 初步建立的数据透视表的基础上，将"筛选器"中的"区域"删除，然后将"区域"添加到"列"，字段布局如图 6-10 所示，生成的数据透视表如图 6-11 所示。

图 6-10　添加、删除字段后的字段布局

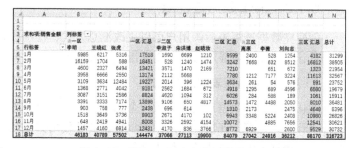

图 6-11　添加、删除字段后的数据透视表

3．删除行总计或列总计

当用户不需要显示行总计或列总计的信息时，可以执行下列操作之一。

- 在要删除的行或列"总计"上单击鼠标右键，在弹出的快捷菜单中选择"删除总计"命令，如图 6-12 所示。
- 在数据透视表中任意一个单元格上单击鼠标右键，在弹出的快捷菜单中选择"数据透视表选项"命令，打开"数据透视表选项"对话框，在对话框的"汇总和筛选"选项卡中，取消勾选"显示行总计"和"显示列总计"两个复选框，如图 6-13 所示。

图 6-12　删除行总计

图 6-13　"数据透视表选项"对话框

4．改变数值显示方式

默认情况下数据透视表都是按照普通方式，即"无计算"方式显示数据项的，为了更清晰地

分析数据间的相关性，可以指定数据透视表以特殊的显示方式显示数据，如"差异""百分比""差异百分比"等方式。例如，对图 6-7 筛选出的"二区"的销售金额数据透视表中，需要以一月的数据为基准，分析其他月份的差异情况，则可以使用"差异"方式显示数据项。操作步骤如下。

① 在"数据透视表字段"窗格中单击"值"区域中的字段，选择"值字段设置"命令，打开"值字段设置"对话框。

② 在"值字段设置"对话框中，选择"值显示方式"选项卡，将值显示方式设置为"差异"，然后指定差异的基准比较对象。这里选择基本字段为"月"，基本项为"1 月"，如图 6-14 所示。

③ 单击"确定"按钮，以"1 月"为基准按差异显示的数据透视表如图 6-15 所示，表中显示数据为各个月份销售金额与"1 月"的差额，其中"1 月"的数据为空。

图 6-14　设置值显示方式

图 6-15　按差异显示的数据透视表

5. 创建组

用数据透视表汇总日期型数据时，除了按每日进行统计之外，还可以通过创建组来实现按月、季度或年进行统计。操作步骤如下。

① 在数据透视表中任意一个日期上单击鼠标右键，在弹出的快捷菜单中选择"创建组"命令，打开"组合"对话框，步长同时选择"月"和"季度"，如图 6-16 所示。

② 单击"确定"按钮后在数据透视表中可以看到组合的结果，如图 6-17 所示。

图 6-16　步长选择"月"和"季度"

图 6-17　"月"和"季度"组合的数据透视表

如果在组合步长选择时只选了"季度"，则数据透视表如图 6-18 所示。

6. 显示明细数据

默认情况下，数据透视表中显示的是经过分类汇总后的汇总数据。如果用户需要了解其中某个汇总项的具体数据，可以让数据透视表显示该数据对应的明细数据。显示明细数据可以执行下列操作之一。

- 在数据透视表中要查看明细数据的单元格上单击鼠标右键，在弹出的快捷菜单中选择"显示详细信息"命令，系统会自动创建一个新工作表，显示该汇总数据的明细数据。
- 在数据透视表中双击要查看明细数据的单元格，系统会自动创建一个新工作表，显示该汇总数据的明细数据。

例如，在图 6-18 中双击"第一季""李淑子"的汇总单元格（即 B5 单元格），可以在系统新建的工作表中查看其汇总明细数据，如图 6-19 所示。

图 6-18　"季度"组合的数据透视表

图 6-19　"第一季""李淑子"的汇总明细数据

7. 数据透视表的清除和删除

清除数据透视表是指删除所有筛选器、行、列、值的设置，但是数据透视表并没有被删除，只是需要重新设计布局。操作步骤如下。

① 单击数据透视表的任意一个单元格。

② 在数据透视表工具"分析"选项卡的"操作"选项组中，单击"清除"按钮，在弹出的下拉列表中选择"全部清除"命令即可。

删除不再使用的数据透视表，操作步骤如下。

① 单击数据透视表的任意一个单元格。

② 在数据透视表工具"分析"选项卡的"操作"选项组中，单击"选择"按钮，在弹出的下拉列表中选择"整个数据透视表"命令。

③ 按【Delete】键删除。

6.1.3　更新数据透视表

如果数据透视表的源数据被更改，即用于分析的源数据发生了变化，数据透视表中的汇总数据不会同步更新。这时，用户可以通过刷新操作来更新数据透视表，使数据透视表重新对源数据进行汇总计算。操作步骤如下。

① 单击数据透视表的任意一个单元格。

② 在数据透视表工具"分析"选项卡的"数据"选项组中，单击"刷新"按钮，在弹出的下拉列表中选择"刷新"或"全部刷新"命令来重新汇总数据。

6.1.4　筛选数据透视表

用户可以通过筛选功能在数据透视表中查看想要显示的数据，并隐藏不想显示的数据。在数据透视表中，可以按标签筛选、按值筛选或者按选定内容筛选。

1. 按标签筛选

在数据透视表中，单击列标签或行标签右侧的下拉按钮，在弹出的下拉列表中选择"标签筛选"，然后根据实际需要设置筛选条件即可。筛选条件可以是等于、不等于、开头是、…、不介于等，如图 6-20 所示。

2．按值筛选

在数据透视表中，单击列标签或行标签右侧的下拉按钮，在弹出的下拉列表中选择"值筛选"，然后根据实际需要设置筛选条件即可。筛选条件可以是等于、不等于、大于、…、前10项等，如图6-21所示。

图6-20　标签筛选

图6-21　值筛选

3．按选定内容筛选

在数据透视表中相应行或列标题中的内容上单击鼠标右键,在弹出的快捷菜单中选择"筛选",然后选择"仅保留所选项目"或"隐藏所选项目"命令。

4．清除筛选

要删除数据透视表中的所有筛选，操作步骤如下。

① 单击数据透视表的任意一个单元格。

② 在数据透视表工具"分析"选项卡的"操作"选项组中，单击"清除"按钮，在弹出的下拉列表中选择"清除筛选"命令。

6.2　数据透视图

图表是展示数据最直观、最有效的手段之一。数据透视图通常有一个与之相关联的数据透视表，数据透视图以图形的形式表示数据透视表中的数据。

创建数据透视图有两种方法：通过数据透视表创建和通过源数据区域创建。

6.2.1　通过数据透视表创建

如果已经创建了数据透视表，用户可以利用数据透视表直接创建数据透视图。操作步骤如下。

① 单击数据透视表中任意一个单元格。

② 在"插入"选项卡的"图表"选项组中，单击"数据透视图"按钮，在弹出的下拉列表中选择"数据透视图"命令，打开"插入图表"对话框。

③ 在"插入图表"对话框中根据实际需要选择一种图表类型，单击"确定"按钮即可得到数据透视图，该数据透视图的布局（数据透视图字段的位置）由数据透视表的布局决定。

【例 6-2】 在图 6-17 创建的按月和季度汇总每个业务员销售金额的数据透视表基础上，创建相应的数据透视图（三维簇状柱形图）并按区域分页查看每个业务员每季度各月的销售金额情况。

6-2　例 6-2

① 单击数据透视表中任意一个单元格。

② 在"插入"选项卡的"图表"选项组中，单击"数据透视图"按钮，在弹出的下拉列表中选择"数据透视图"命令，打开"插入图表"对话框。

③ 在"插入图表"对话框中选择"三维簇状柱形图"，如图 6-22 所示。

④ 单击"确定"按钮即可得到通过数据透视表创建的数据透视图，如图 6-23 所示。

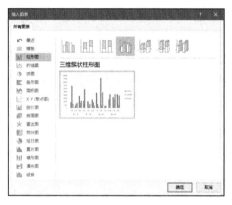

图 6-22　"插入图表"对话框

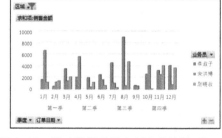

图 6-23　通过数据透视表创建的数据透视图

6.2.2　通过源数据区域创建

Excel 要求创建数据透视图的源数据区域必须没有空行和空列，而且每列都要有列标题。通过源数据区域创建数据透视图的操作步骤如下。

① 在工作表中选择数据区域的任意一个单元格。

② 在"插入"选项卡的"图表"选项组中，单击"数据透视图"按钮，在弹出的下拉列表中选择"数据透视图"或"数据透视图和数据透视表"命令，打开"创建数据透视图"对话框，如图 6-24 所示。

③ 在"创建数据透视图"对话框中，系统一般会自动选定整个数据区域作为数据透视图的数据源，如果要透视分析的数据区域与此有出入，可以在"表/区域"文本框内进行修改。

④ 选择放置数据透视图的位置，有新工作表和现有工作表两种选择，默认选择"新工作表"单选按钮。

图 6-24　"创建数据透视图"对话框

- 选择"新工作表"单选按钮，系统会自动创建一个新工作表，并将数据透视图和相关联的数据透视表放在新工作表中。
- 选择"现有工作表"单选按钮，必须指定放置与该数据透视图相关联的数据透视表的单元格区域或第一个单元格位置。

⑤ 单击"确定"按钮，在新工作表中插入一个数据透视图和与之相关联的数据透视表，并打开"数据透视图字段"窗格，如图 6-25 所示。

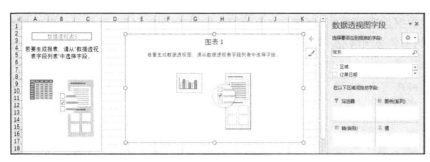

图 6-25 数据透视图和数据透视表框架

⑥ 使用"数据透视图字段"窗格来设置字段布局。数据透视图的字段布局包括 4 个区域，具体如下。

● 筛选器：用该区域中的字段来筛选整个图表，对应分页字段。
● 图例(系列)：将该区域中的字段作为纵坐标，对应数据透视表的"列"。
● 轴(类别)：将该区域中的字段作为横坐标，对应数据透视表的"行"。
● 值：将该区域中的字段进行汇总分析并在图中显示，对应数据透视表的"值"。
根据需要直接将字段逐个拖曳到相应布局区域中，数据透视图中将立即显示结果。

【例 6-3】 对某企业的业务员销售数据（字段有区域、业务员、订单日期、销售金额）进行数据透视分析，创建数据透视图，按区域分页查看每个业务员2021 年各个月份销售金额之和。

6-3 例 6-3

① 在工作表中选择数据区域的任意一个单元格。

② 在"插入"选项卡的"图表"选项组中，单击"数据透视图"按钮，在弹出的下拉列表中选择"数据透视图"命令，打开"创建数据透视图"对话框。

③ 在"创建数据透视图"对话框中，默认选定整个数据区域作为数据透视图的数据源，不用修改。

④ 选择"新工作表"单选按钮，将数据透视图放置到新工作表中。

⑤ 单击"确定"按钮，在新工作表中立即插入一个数据透视图和与之相关联的数据透视表，并打开"数据透视图字段"窗格。

⑥ 将"区域"添加到"筛选器"，"业务员"添加到"轴(类别)"，"订单日期"添加到"图例(系列)"，"销售金额"添加到"值"，字段布局如图 6-26 所示，创建的数据透视图如图 6-27 所示。

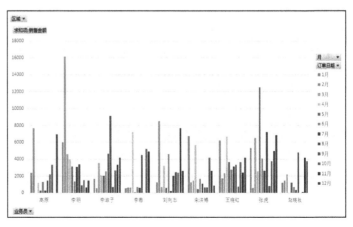

图 6-26 数据透视图的字段布局　　　　　图 6-27 初步建立的数据透视图

⑦ 通过数据透视图顶端"区域"右侧的筛选按钮实现按区域分页显示，筛选出"三区"的业务员每个月的销售金额情况，如图 6-28 所示。

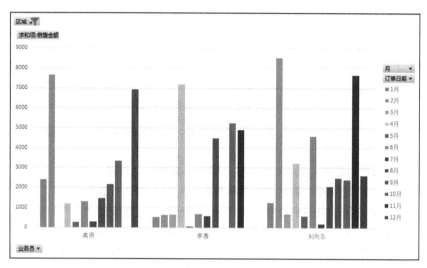

图 6-28 "三区"的业务员每个月的销售金额情况

6.2.3 删除数据透视图

用户需要及时删除不再使用的数据透视图，操作步骤如下。

① 单击选择数据透视图。

② 按【Delete】键删除。

6.2.4 设置数据透视图

在 Excel 中创建数据透视图后，单击选择该数据透视图，功能区将出现数据透视图工具的"分析""设计"和"格式"3 个关联选项卡。用户可以像处理普通 Excel 图表一样处理数据透视图，包括改变图表类型、设置图表格式等，而且如果在数据透视图中改变字段布局，与之关联的数据透视表也会同时发生改变。

和普通图表相比，数据透视图存在部分限制，包括不能使用散点图、股价图和气泡图等图表类型，也无法直接调整数据标签、图表标题和坐标轴标题等。

【例 6-4】 利用切片器筛选功能，实现对图 6-27 中创建的数据透视图按区域分页查看每个业务员 2021 年各月份的销售金额之和。

① 单击数据透视图。

② 在数据透视图工具"分析"选项卡的"筛选"选项组中，单击"插入切片器"按钮，打开"插入切片器"对话框。

6-4 例 6-4

③ 在"插入切片器"对话框中，勾选"区域"复选框，如图 6-29 所示。

④ 单击"确定"按钮，在工作表中插入一个切片器，可以直观地查看区域字段的所有数据项信息。单击某个数据项，即可实现按该数据项筛选的功能。图 6-30 是单击"一区"后的筛选结果。

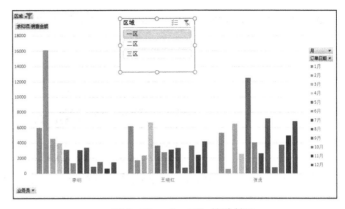

图 6-29 "插入切片器"对话框　　　　　图 6-30 "一区"筛选结果

可以把切片器看作数据透视表或数据透视图的一种筛选方式,数据透视表中的每一个字段都可以创建一个切片器,通过选择切片器中的数据项实现筛选,比使用下拉列表方式的筛选更加直观。

实　验

实验一　数据透视表和数据透视图的创建

一、实验目的

1. 掌握数据透视表的创建方法。
2. 掌握数据透视图的创建方法。
3. 掌握切片器筛选的方法。

二、实验内容

打开实验素材中的文件"实验 6-1.xlsx",完成下列操作。

1. 以 A1:D19 单元格区域为数据源,在 F1 单元格开始的区域创建一个数据透视表,统计每个季度各种商品的生产数量之和。

样张:

	A	B	C	D	E	F	G	H	I
1	商品	部门	季度	生产数量		求和项:生产数量	列标签		
2	篮球	一车间	第1季度	1000		行标签	第1季度	第2季度	总计
3	篮球	二车间	第1季度	1200		篮球	3000	3150	6150
4	篮球	三车间	第1季度	800		排球	1250	1430	2680
5	排球	一车间	第1季度	300		足球	1320	1440	2760
6	排球	二车间	第1季度	350		总计	5570	6020	11590
7	排球	三车间	第1季度	600					
8	足球	一车间	第1季度	400					
9	足球	二车间	第1季度	380					
10	足球	三车间	第1季度	540					
11	篮球	一车间	第2季度	1200					
12	篮球	二车间	第2季度	1100					
13	篮球	三车间	第2季度	850					
14	排球	一车间	第2季度	360					
15	排球	二车间	第2季度	380					
16	排球	三车间	第2季度	690					
17	足球	一车间	第2季度	420					
18	足球	二车间	第2季度	470					
19	足球	三车间	第2季度	550					

2. 以 A1:D19 单元格区域为数据源,创建一个数据透视表,并保存在一张新工作表中,以"商品"作为分页字段,"部门"为行字段,"季度"为列字段,统计每个部门的平均生产数量(小数

位数为0），要求不显示行总计，按一车间、二车间、三车间的顺序排列，并将新工作表命名为"平均产量"。

样张：

3. 基于"平均产量"工作表中的数据透视表数据，创建一个三维簇状柱形图，并保存在该工作表中。

样张：

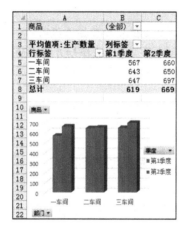

4. 在"平均产量"工作表中插入一个切片器，实现对三维簇状柱形图按商品筛选查看，并选择"排球"查看产量情况。

样张：

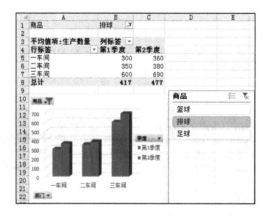

实验二 数据透视表的应用

一、实验目的

1. 掌握数据透视表的创建方法。
2. 掌握数据透视表的设置方法。

二、实验内容

打开实验素材"实验 6-2.xlsx",完成下面的操作。

1. 将整个"合同信息"作为数据源,建立数据透视表,并保存在名为"项目金额最大值"的工作表中。要求以"地区"为分页字段,"城市"为行字段,"项目名称"为列字段,"合同金额"为值字段建立数据透视表,查询不同地区各个城市合同金额最大值情况(保留 2 位小数)。

2. 在"项目金额最大值"数据透视表中查看华北地区各个城市合同金额最大值情况。

样张:

3. 将整个"合同信息"作为数据源,建立数据透视表,并保存在名为"项目数量"的工作表中。要求以"地区"为行字段,"项目名称"为列字段,"合作学校"为值字段建立数据透视表,查询不同地区项目个数,要求不显示列总计,并按照项目个数行总计降序显示。

样张:

4. 在"项目数量"工作表中,插入"项目名称"切片器,实现筛选查看"数字监控系统"项目情况。

样张:

实验三 数据透视图的应用

一、实验目的

1. 掌握数据透视图的创建方法。
2. 掌握数据透视图的设置方法。

二、实验内容

打开实验素材"实验 6-3.xlsx",完成下面的操作。

1. 将整个"合同信息"作为数据源,建立数据透视表,并保存在名为"项目金额之和"的工作表中。要求以"地区"为分页字段,"城市"为行字段,"项目名称"为列字段建立数据透视表,显示各种项目在不同城市的合同金额之和，然后用簇状条形图显示。华南地区不同城市的合同金额之和如样张所示。

样张：

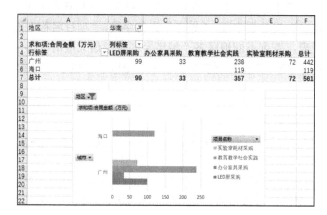

2．在数据透视图中查看华北地区教育教学社会实践和数字监控系统的合同金额之和。

样张：

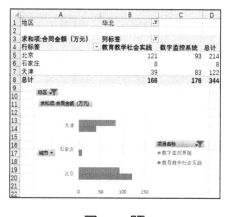

习　题

一、单项选择题

1．在 Excel 数据透视表中不能进行的操作是_____。

    A．编辑　　　　　　B．筛选　　　　　　C．刷新　　　　　　D．排序

2．在 Excel 数据透视表中，不能设置筛选条件的是_____。

    A．筛选器字段　　　B．列字段　　　　　C．行字段　　　　　D．值字段

3．在 Excel 数据透视表中默认的数值型字段汇总方式是_____。

    A．平均值　　　　　B．最小值　　　　　C．求和　　　　　　D．最大值

4．在 Excel 中，创建数据透视表的目的在于_____。

    A．制作包含图表的工作表　　　　　　B．制作工作表的备份

    C．制作包含数据清单的工作表　　　　D．从不同角度分析工作表中的数据

5．在创建数据透视表时，对源数据区域的要求是_____。

    A．在同一列中既可以有文本也可以有数字

    B．在数据表中无空行和空列

  C．可以没有列标题

  D．在数据表中可以有空行，但不能有空列

6．在下列关于 Excel 数据透视表的叙述中，正确的是_____。

  A．数据透视表的筛选器对应的是分页字段

  B．数据透视表的行字段和列字段区域都只能设置 1 个字段

  C．数据透视表的行字段和列字段无法设置筛选条件

  D．数据透视表的值字段区域只能是数值型的字段。

7．在创建数据透视表时，存放数据透视表的位置_____。

  A．可以是新工作表，也可以是现有工作表

  B．只能是新工作表

  C．只能是现有工作表

  D．可以是新工作簿

8．在 Excel 数据透视图中不能创建的图表类型是_____。

  A．饼图   B．气泡图   C．雷达图   D．曲面图

9．在 Excel 中以下说法错误的是_____。

  A．不能更改数据透视表的名称

  B．如果在源数据中添加或减少了行或列数据，则可以通过更改数据源将这些行列包含到数据透视表或移出数据透视表

  C．如果更改了数据透视表的源数据，需要刷新数据透视表，所做的更改才能反映到数据透视表中

  D．在数据透视图中会显示字段筛选器，以便对数据实现筛选查看

10．在下列关于 Excel 数据透视表中切片器的叙述中，正确的是_____。

  A．只能有一个切片器

  B．可以有多个切片器，但一个切片器只能指定一个字段

  C．可以有多个切片器，但这些切片器所指定的字段必须是相连的字段

  D．切片器中所指定的字段只能是数据透视表中已使用的字段

二、判断题

1．在 Excel 中，数据透视表可用于对数据表进行数据的汇总与分析。

2．在 Excel 中，变更源数据后，数据透视表的内容也自动随之更新。

3．在 Excel 中，为数据透视图提供数据源的是相关联的数据透视表。

4．在 Excel 中，在相关联的数据透视表中对字段布局和数据所做的修改，会立即反映在数据透视图中。

5．在 Excel 中，数据透视图及其相关联的数据透视表可以不在同一个工作簿中。

三、简答题

1．数据透视表可以完成的计算有哪些？

2．如何查看数据透视表中的明细数据？如何更新数据透视表？

3．在 Excel 数据清单中包含的字段有区域、订单日期、业务员、销售金额，要建立一个数据透视图，直观地查看每个业务员各季度的平均销售金额，请写出主要操作步骤。

第7章 商务数据模拟分析与规划求解

除了各种计算函数，Excel 还提供了许多数据分析工具。比较常用的有单变量求解、模拟运算表、方案管理器和规划求解等。相对来说，使用这些工具来分析、处理数据更为方便、快捷和高效。本章将分别通过不同的应用实例讲解 Excel 的单变量求解、模拟运算表、方案管理器、规划求解等数据分析工具的功能和使用方法。

7.1 单变量求解

单变量求解是对函数公式的逆运算，主要解决假定一个公式要取得某一结果值，公式中的某个变量应取值多少的问题。下面通过几个例子来理解单变量求解。

【例 7-1】 简单函数 $y=2x+10$ 的单变量求解。

分析：在 B2 单元格中输入变量 x 的值；B3 单元格中输入函数的截距 10；B4 单元格中是 y 值的计算公式"=2*B2+B3"。如果 B2 单元格值为 5，则 B4 单元格会自动计算为 20。如果我们想让 B4 单元格为某个特定的值，那么与 x 对应的 B2 单元格值应该是多少？这就好比我们知道 x 的值可以求得 y 的值，但如何根据 y 的值求出 x 的值呢？这是典型的逆运算问题。

7-1 例 7-1

假设 y 的目标值为 100，通过单变量求解解出 x 值的具体操作过程如下。

① 单击"数据"选项卡"预测"选项组中的"模拟分析"按钮，在弹出的下拉列表中选择"单变量求解"命令，打开"单变量求解"对话框。

② 在"单变量求解"对话框中将"目标单元格"设置为"$B$4"，"目标值"设置为"100"，"可变单元格"设置为"$B$2"，如图 7-1 所示。

③ 单击"确定"按钮，执行单变量求解。Excel 自动进行迭代运算，最终得出使目标单元格 B4 等于目标值 100 时，可变单元格 B2 的值为 45，如图 7-2 所示。单击"确定"按钮，完成计算。

图 7-1 设置简单函数的单变量求解

图 7-2 简单函数的单变量求解结果

默认情况下，"单变量求解"命令最多进行 100 次迭代运算，最大误差值为 0.001。如果不需要这么高的精度，可以单击"文件"选项卡中的"选项"命令，打开"Excel 选项"对话框，在对话框左侧选择"公式"，然后在右侧的"计算选项"中设置"最多迭代次数"和"最大误差"，如图 7-3 所示。

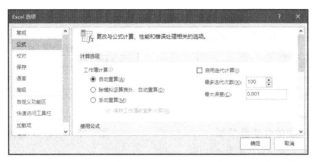

图 7-3　设置完成计算的"最多迭代次数"和"最大误差"

【例 7-2】　贷款问题的单变量求解。某人买房计划贷款 100 万元，年限为 10 年，采取每月等额偿还本息的方法归还贷款本金并支付利息，按目前银行初步提出的年利率 5.50%的方案，利用财务函数 PMT 可以计算出每月需支付 ¥−10852.63。但目前每月可用于还贷的资金只有 8000 元。因此要确定在年利率和贷款年限不变的条件下，可以申请的最大贷款额度。

7-2　例 7-2

PMT 函数

函数功能：基于固定利率及等额分期付款方式，计算投资（或贷款）的每期偿还额。计算结果包括本金和利息，但不包括税金、准备金，也不包括某些与贷款有关的费用。

语法格式：PMT(rate, nper, pv, [fv], [type])

参数说明如下。

- rate：投资（或贷款）利率。
- nper：投资（或贷款）的总期数，即该项投资（或贷款）的付款总期数。
- pv：现值（本金），在投资期初的投资（或贷款）的价值。例如，贷款的现值为所借入的本金数额。
- fv：未来值或在最后一次付款后希望得到的现金余额，省略时默认值为 0。
- type：付款时间类型，用以指定各期的付款时间是在期初还是期末。有两种取值，0 或省略代表期末，1 代表期初。

分析：在 B2 单元格中输入贷款金额；B3 单元格中输入贷款年限；B4 单元格中输入年利率；B5 单元格是每月等额还款额的计算公式"=PMT(B4/12,B3*12,B2)"，其中，B4/12 对应月利率，B3*12 是还款总期数（每年 12 期）。当前 B2 单元格值为 100 万元，B3 单元格值为 10 年，B4 单元格值为 5.50%，则 B5 单元格会自动计算为¥−10852.63（PMT 函数的计算结果为每月等额还款额，是支出项，所以为负值），默认采用货币格式。可以确定贷款金额 B2 单元格是可变单元格，每月等额还款额 B5 是目标单元格，目标值是−8000，单变量求解过程如下。

① 单击"数据"选项卡"预测"选项组中的"模拟分析"按钮，在弹出的下拉列表中选择"单变量求解"命令，打开"单变量求解"对话框。

② 在"单变量求解"对话框中将"目标单元格"设置为"$B$5"，"目标值"设置为"−8000"，"可变单元格"设置为"$B$2"，如图 7-4 所示。

③ 单击"确定"按钮，执行单变量求解。Excel 自动进行迭代运算，最终得出使目标单元格 B5 等于目标值–8000 时，可变单元格 B2 的值为 737148.66 元，如图 7-5 所示。单击"确定"按钮，完成计算。

图 7-4　设置贷款问题的单变量求解　　　　图 7-5　贷款问题的单变量求解结果

通过单变量求解结果可知，在年利率和贷款年限不变的条件下，每月还贷 8000 元，可以申请的最大贷款额度为 737148.66 元。

【例 7-3】　年终奖金目标的单变量求解。某企业员工的年终奖金的计算方法为全年销售额的 8%。已知李小明前 3 个季度的销售额，分别是 37554.00 元、19986.00 元和 29800.00 元，他想知道第 4 季度的销售额为多少时，才能保证年终奖金为 10000.00 元。

7-3　例 7-3

分析：在 B2:B4 单元格区域输入各季度的销售额；B5 单元格中第 4 季度的销售额未知；B6 单元格中输入年终奖金的计算公式"=(B2+B3+B4+B5)*8%"，自动计算出当前的年终奖金为 6987.20 元。可以确定第 4 季度的销售额 B5 是可变单元格，年终奖金 B6 是目标单元格，目标值是 10000，单变量求解过程如下。

① 单击"数据"选项卡"预测"选项组中的"模拟分析"按钮，在弹出的下拉列表中选择"单变量求解"命令，打开"单变量求解"对话框。

② 在"单变量求解"对话框中将"目标单元格"设置为"$B$6"，"目标值"设置为"10000"，"可变单元格"设置为"$B$5"，如图 7-6 所示。

③ 单击"确定"按钮，执行单变量求解。Excel 自动进行迭代运算，最终得出使目标单元格 B6 等于目标值 10000 时，可变单元格 B5 的值为 37660.00 元（第 4 季度要完成的销售额），如图 7-7 所示。单击"确定"按钮，完成计算。

图 7-6　设置年终奖金目标的单变量求解　　　　图 7-7　年终奖金目标的单变量求解结果

通过单变量求解结果可知，李小明想要拿到年终奖金 10000.00 元，第 4 季度要完成的销售额至少要达到 37660.00 元。

7.2　模拟运算表

模拟运算表是对一个单元格区域中的数据进行模拟运算，分析在公式中使用变量时，变量值的变化对公式运算结果的影响。在 Excel 中可以构造两种类型的模拟运算表：单变量模拟运算表和双变量模拟运算表。前者用来分析一个变量值的变化对公式运算结果的影响，后者用来分析两个变量值同时变化对公式运算结果的影响。

7.2.1　单变量模拟运算表

当需要分析单个决策变量变化对某个公式计算结果的影响时，可以使用单变量模拟运算表来实现。例如，不同的年化收益率对理财产品收益的影响，不同的贷款年利率对还款金额的影响等。

【例7-4】　某企业计划贷款1000万元，年限为10年，采取每月等额偿还本息的方法归还贷款本金并支付利息，目前的年利率为4.00%，使用PMT函数计算出每月的偿还额为101245.14元。但根据宏观经济的发展情况，国家会通过调整利率对经济发展进行宏观调控。投资人为了更好地进行决策，需要全面了解利率变动对偿贷能力的影响。

7-4　例7-4

分析：在B2单元格中输入贷款金额；B3单元格中输入贷款年限；B4单元格中输入年利率；B5单元格是每月等额还款额的计算公式"=PMT(B4/12,B3*12,B2)"。当前B2单元格值为10000000.00元，B3单元格值为10年，B4单元格值为4.00%，则B5单元格会自动计算为¥-101245.14。使用单变量模拟运算表可以很直观地以表格的形式，将偿还贷款的能力与利率变化的关系在工作表中列出来，方便企业对比不同年利率下的每月贷款偿还额。

用单变量模拟运算表解决此问题的步骤如下。

① 选择一个单元格区域作为模拟运算表存放区域，本例选择D1:E13单元格区域。其中D2:D13单元格区域列出了利率的所有取值，本例为3.25%、3.50%、3.75%、…、6.00%。在E1单元格输入每月偿还额的计算公式"=PMT(B4/12,B3*12,B2)"，如图7-8所示。

说明如下。

	A	B	C	D	E
1	贷款问题的单变量模拟运算表				¥-101,245.14
2	贷款金额（元）	10000000.00		3.25%	
3	贷款年限（年）	10		3.50%	
4	年利率	4.00%		3.75%	
5	每月等额还款额（元）	¥-101,245.14		4.00%	
6				4.25%	
7				4.50%	
8				4.75%	
9				5.00%	
10				5.25%	
11				5.50%	
12				5.75%	
13				6.00%	

图7-8　建立单变量模拟运算表存放区域

- 在单变量模拟运算表中，变量的数据值必须放在模拟运算表存放区域的第一行或第一列中。
- 如果放在第一行，则必须在变量数据值区域左侧列的下一行所对应的单元格中输入计算公式。
- 如果放在第一列，则必须在变量数据值区域的上一行的右侧列所对应的单元格中输入计算公式。本例中是放在D1:E13单元格区域的第一列，所以必须在E1单元格中输入计算公式。

② 选定整个模拟运算表存放的D1:E13单元格区域，单击"数据"选项卡"预测"选项组中的"模拟分析"按钮，在弹出的下拉列表中选择"模拟运算表"命令，打开"模拟运算表"对话框。

③ 在"模拟运算表"对话框的"输入引用列的单元格"文本框中指定"$B$4"单元格，如图7-9所示。

说明如下。

- 如果变量的数据值按列存放，则需要使用"输入引用列的单元格"；如果变量的数据值按行存放，则需要使用"输入引用行的单元格"。
- 被引用的单元格就是在模拟运算表进行计算时，变量的数据值要代替计算公式中的那一个单元格数据值。本例中的变量数据值是"年利率"，所以指定$B$4为引用列的单元格，即年利率所在的单元格。

④ 单击"确定"按钮，单变量模拟运算表的计算结果（保留2位小数）如图7-10所示。

提示 在已经生成的模拟运算表中，E2:E13 单元格区域中的公式为 "=TABLE(,B4)"，表示一个以 B4 单元格为列变量的模拟运算表。

贷款问题的单变量模拟运算表				￥-101,245.14
贷款金额（元）	10000000.00		3.25%	-97719.03
贷款年限（年）	10		3.50%	-98885.87
年利率	4.00%		3.75%	-100061.24
每月等额还款额（元）	￥-101,245.14		4.00%	-101245.14
			4.25%	-102437.53
			4.50%	-103638.41
			4.75%	-104847.74
			5.00%	-106065.52
			5.25%	-107291.70
			5.50%	-108526.28
			5.75%	-109769.22
			6.00%	-111020.50

图 7-9　设置单变量　　　　　图 7-10　按列存放的单变量模拟运算表计算结果

如果将所有利率值按行存放，需要在利率值左侧列下一行的单元格中输入计算公式，并指定 $B$4 为输入引用行的单元格。例如，选择 A7:M8 单元格区域作为模拟运算表存放区域，单变量模拟运算表计算结果（保留 2 位小数）如图 7-11 所示。

贷款问题的单变量模拟运算表											
贷款金额（元）	10000000.00										
贷款年限（年）	10										
年利率	4.00%										
每月等额还款额（元）	￥-101,245.14										
	3.25%	3.50%	3.75%	4.00%	4.25%	4.50%	4.75%	5.00%	5.25%	5.50%	5.75%	6.00%
￥-101,245.14	-97719.03	-98885.87	-100061.24	-101245.14	-102437.53	-103638.41	-104847.74	-106065.52	-107291.70	-108526.28	-109769.22	-111020.50

图 7-11　按行存放的单变量模拟运算表计算结果

在贷款金额和贷款年限不变的情况下，通过单变量模拟运算表计算结果可以直接查看不同年利率下的每月贷款偿还额。

7.2.2　双变量模拟运算表

单变量模拟运算表只能解决一个变量值变化对公式计算结果的影响，如果想查看两个变量值变化对公式计算结果的影响就需要用到双变量模拟运算表。

【例 7-5】　基于例 7-4，除了考虑年利率的变化，还需要同时分析不同贷款年限对每月偿还额的影响。

分析：这里涉及两个变量，需要使用双变量模拟运算表进行计算。

用双变量模拟运算表解决此问题的步骤如下。

① 选择一个单元格区域作为模拟运算表存放区域。本例选择 A7:M13 单元格区域，其中 B7:M7 单元格区域列出年利率的所有取值，分别为 3.25%、3.50%、…、6.00%；A8:A13 单元格区域列出贷款年限的所有取值，分别为 5、10、…、30。在 A7 单元格输入每月偿还额的计算公式 "=PMT(B4/12,B3*12,B2)"，如图 7-12 所示。

7-5　例 7-5

说明如下。

- 在双变量模拟运算表中，两个变量的数据值必须分别放在模拟运算表存放区域的第一行和第一列，而且计算公式必须放在模拟运算表存放区域最左上角的单元格中。
- 本例中模拟运算表存放区域是 A7:M13，所以在 A7 单元格中输入计算公式，B7:M7 单元格区域列出年利率的所有取值，A8:A13 单元格区域列出贷款年限的所有取值。

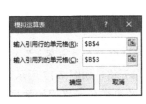

图 7-12 建立双变量模拟运算表存放区域

② 选定整个模拟运算表存放区域 A7:M13，单击"数据"选项卡"预测"选项组中的"模拟分析"按钮，在弹出的下拉列表中选择"模拟运算表"命令，打开"模拟运算表"对话框。

③ 在"模拟运算表"对话框的"输入引用行的单元格"文本框中指定"$B$4"单元格，"输入引用列的单元格"文本框中指定"$B$3"单元格，即行变量是年利率，列变量是贷款年限，如图 7-13 所示。

④ 单击"确定"按钮，双变量模拟运算表的计算结果（保留 2 位小数）如图 7-14 所示。

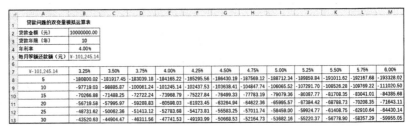

图 7-13 设置双变量　　　　图 7-14 双变量模拟运算表计算结果

在贷款金额固定的情况下，通过双变量模拟运算表计算结果可以直接查看不同贷款年限和年利率下的每月偿还额。

在已经生成的模拟运算表中，B8:M13 单元格区域中的公式为"=TABLE(B4,B3)"，表示一个以 B4 单元格为行变量、B3 单元格为列变量的模拟运算表。

7.3 方案管理器

如果要解决包括更多可变因素的问题，或是要在多种假设分析中找出最佳执行方案，单变量模拟运算表和双变量模拟运算表无法实现，这时可以使用方案管理器来完成。

方案管理器主要用于解决多方案求解问题。利用方案管理器模拟不同方案的结果，根据多个方案的对比分析，考察不同方案的优劣，从中寻求最佳的解决方案。

【例 7-6】 基于例 7-5 双变量模拟运算表中的贷款问题，要求同时分析不同贷款年利率、贷款年限和贷款金额对每月偿还额的影响。

分析：在单变量模拟运算表中，指定的变量是年利率，贷款金额和贷款年限都是固定值。在双变量模拟运算表中，指定的变量是年利率和贷款年限，贷款金额是固定值。如果想把贷款金额也作为变量，即变量超过两个，就要使用方案管理器。

7-6 例 7-6

在使用方案管理器之前，首先建立一个双变量模拟运算表来分析不同贷款年限和年利率对每月偿还额的影响；然后按照贷款金额分别为 800 万元、900 万元、1000 万元、1100 万元、1200 万元创建多个方案。用方案管理器解决此问题的步骤如下。

（1）建立双变量模拟运算表

按照例 7-5 的操作步骤建立双变量模拟运算表，来分析不同贷款年限和年利率对每月偿还额的影响，计算结果（保留 2 位小数）如图 7-15 所示。

	A	B	C	D	E	F	G	H	I	J	K	L	M
1	贷款问题												
2	贷款金额（元）	10000000.00											
3	贷款年限（年）	10											
4	年利率	4.00%											
5	每月等额还款额（元）	￥-101,245.14											
6													
7	￥-101,245.14	3.25%	3.50%	3.75%	4.00%	4.25%	4.50%	4.75%	5.00%	5.25%	5.50%	5.75%	6.00%
8	5	-180800.02	-181917.45	-183039.18	-184165.22	-185295.56	-186430.19	-187569.12	-188712.34	-189859.84	-191011.62	-192167.66	-193328.02
9	10	-97719.03	-98885.87	-100061.24	-101245.14	-102437.53	-103638.41	-104847.74	-106065.52	-107291.70	-108526.28	-109769.22	-111020.50
10	15	-70266.88	-71488.25	-72722.24	-73968.79	-75227.84	-76499.33	-77783.19	-79079.36	-80387.77	-81708.35	-83041.01	-84385.68
11	20	-56719.58	-57995.97	-59288.83	-60598.03	-61923.45	-63264.94	-64622.36	-65995.57	-67384.42	-68788.73	-70208.35	-71643.11
12	25	-48731.62	-50062.36	-51413.12	-52783.68	-54173.81	-55583.25	-57011.74	-58459.00	-59924.77	-61408.75	-62910.64	-64430.14
13	30	-43520.63	-44904.47	-46311.56	-47741.53	-49193.99	-50668.53	-52164.73	-53682.16	-55220.37	-56778.90	-58357.29	-59955.05

图 7-15　双变量模拟运算表计算结果

（2）为不同的贷款金额分别创建方案

按照贷款金额为 800 万元、900 万元、1000 万元、1100 万元、1200 万元分别创建方案。创建方案的具体操作过程如下。

① 单击"数据"选项卡"预测"选项组中的"模拟分析"按钮，在弹出的下拉列表中选择"方案管理器"命令，打开"方案管理器"对话框，如图 7-16 所示。

② 在"方案管理器"对话框中单击"添加"按钮，打开"添加方案"对话框。在"方案名"文本框中输入"贷款金额-800"，并指定"贷款金额"所在的 B2 单元格为可变单元格，如图 7-17 所示。

③ 单击"确定"按钮，打开"方案变量值"对话框，将文本框中显示的可变单元格原始数据修改为方案模拟数值 8000000，如图 7-18 所示。

图 7-16　"方案管理器"对话框　　图 7-17　添加方案　　图 7-18　设置方案变量值

④ 单击"确定"按钮，"贷款金额-800"方案创建完毕，相应的方案自动添加到"方案管理器"的方案列表中。

⑤ 重复上述步骤可依次创建"贷款金额-900""贷款金额-1000""贷款金额-1100"和"贷款金额-1200"等 4 个方案。创建完成后的"方案管理器"对话框如图 7-19 所示。

（3）查看方案

方案全部创建完成以后，可以在"方案管理器"对话框中选定某一方案，单击"显示"按钮查看方案。查看某方案时，在该方案中保存的变量值将会替换可变单元格中的数值。例如，查看方案"贷款金额-800"

图 7-19　创建完成后的"方案管理器"对话框

的计算结果如图 7-20 所示，查看方案“贷款金额-1100”的计算结果如图 7-21 所示。对比这两个方案可以看出，所有与可变单元格 B2 相关的计算结果都是重新计算的，计算结果与方案设计一致。

	A	B	C	D	E	F	G	H	I	J	K	L	M
1	贷款问题												
2	贷款金额（元）	8000000.00											
3	贷款年限（年）	10											
4	年利率	4.00%											
5	每月等额还款额（元）	¥-80,996.11											
6													
7	¥-80,996.11	3.25%	3.50%	3.75%	4.00%	4.25%	4.50%	4.75%	5.00%	5.25%	5.50%	5.75%	6.00%
8	5	-144640.02	-145533.96	-146431.35	-147332.18	-148236.45	-149144.15	-150055.30	-150969.87	-151887.87	-152809.30	-153734.15	-154662.41
9	10	-78175.22	-79108.69	-80048.99	-80996.11	-81950.03	-82910.73	-83878.19	-84852.41	-85833.36	-86821.02	-87815.38	-88816.40
10	15	-56213.50	-57190.60	-58177.80	-59175.03	-60182.27	-61199.46	-62226.55	-63263.49	-64310.22	-65366.68	-66432.81	-67508.55
11	20	-45375.66	-46396.78	-47431.07	-48478.43	-49538.76	-50611.95	-51697.89	-52796.46	-53907.53	-55030.98	-56166.68	-57314.48
12	25	-38985.30	-40049.89	-41130.50	-42226.95	-43339.05	-44466.60	-45609.39	-46767.20	-47939.82	-49127.00	-50328.51	-51544.11
13	30	-34816.51	-35923.58	-37049.25	-38193.22	-39355.19	-40534.82	-41731.79	-42945.73	-44176.30	-45423.12	-46685.83	-47964.04

图 7-20 方案“贷款金额-800”的计算结果

	A	B	C	D	E	F	G	H	I	J	K	L	M
1	贷款问题												
2	贷款金额（元）	11000000.00											
3	贷款年限（年）	10											
4	年利率	4.00%											
5	每月等额还款额（元）	¥-111,369.65											
6													
7	¥-111,369.65	3.25%	3.50%	3.75%	4.00%	4.25%	4.50%	4.75%	5.00%	5.25%	5.50%	5.75%	6.00%
8	5	-198880.03	-200109.19	-201343.10	-202581.74	-203825.11	-205073.21	-206326.03	-207583.57	-208845.82	-210112.78	-211384.45	-212660.82
9	10	-107490.93	-108774.45	-110067.37	-111369.65	-112681.29	-114002.25	-115332.52	-116672.07	-118020.87	-119378.91	-120746.14	-122122.55
10	15	-77293.56	-78637.08	-79994.47	-81365.67	-82750.63	-84149.26	-85561.51	-86987.30	-88426.55	-89879.18	-91345.11	-92824.25
11	20	-62391.53	-63795.57	-65217.71	-66657.84	-68115.79	-69591.43	-71084.60	-72595.13	-74122.86	-75667.60	-77229.19	-78807.42
12	25	-53604.78	-55068.59	-56554.43	-58062.05	-59591.19	-61141.57	-62712.91	-64304.90	-65917.25	-67549.62	-69201.70	-70873.15
13	30	-47872.70	-49394.92	-50942.72	-52515.68	-54113.39	-55735.38	-57381.21	-59050.38	-60742.41	-62456.79	-64193.01	-65950.56

图 7-21 方案“贷款金额-1100”的计算结果

（4）生成方案摘要

使用“方案管理器”对话框中的“显示”按钮只能一个方案一个方案地查看，如果能将所有方案汇总到一个工作表中，形成一个方案报表，然后对不同方案的影响进行比较分析，将更有助于决策人员综合考察各种方案的效果。生成方案摘要的具体操作步骤如下。

① 单击“方案管理器”对话框中的“摘要”按钮，打开“方案摘要”对话框，如图 7-22 所示。

图 7-22 “方案摘要”对话框

② 生成方案摘要的“报表类型”选择“方案摘要”，在“结果单元格”文本框中指定每月等额还款额所在的单元格“B5”，单击“确定”按钮。系统自动创建一个名为“方案摘要”的工作表，如图 7-23 所示，其中每月等额还款额格式与 B5 单元格一致。

方案摘要	当前值	贷款金额-800	贷款金额-900	贷款金额-1000	贷款金额-1100	贷款金额-1200
可变单元格:						
$B$2	10000000.00	8000000.00	9000000.00	10000000.00	11000000.00	12000000.00
结果单元格:						
$B$5	¥-101,245.14	¥-80,996.11	¥-91,120.62	¥-101,245.14	¥-111,369.65	¥-121,494.17

图 7-23 通过 B5 单元格生成的贷款方案摘要

在方案摘要中，“当前值”列显示的是在建立方案汇总时，方案的可变单元格中的数值。每个方案可变单元格均以灰色底纹突出显示，根据每个方案的模拟数据计算出的结果值也同时显示在摘要中，便于决策人员比较分析。

从方案摘要中可以看到，在贷款年限 10 年、年利率 4.00%、每月等额偿还本息的条件下，不同贷款金额每月的偿还额情况。

如果想查看其他贷款年限、年利率条件下，不同贷款金额每月的偿还额情况的方案摘要，在设置方案摘要时只需将“结果单元格”设置为相应的单元格。例如，想要查看贷款年限 20 年、年利率 3.75%条件下，不同贷款金额每月的偿还额情况，则需要将“结果单元格”设置为“D11”。生成的方案摘要如图 7-24 所示，其中每月等额还款额格式与 D11 单元格一致。

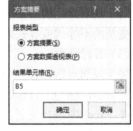

方案摘要						
	当前值:	贷款金额-800	贷款金额-900	贷款金额-1000	贷款金额-1100	贷款金额-1200
可变单元格:						
$B$2	10000000.00	8000000.00	9000000.00	10000000.00	11000000.00	12000000.00
结果单元格:						
$D$11	-59288.83	-47431.07	-53359.95	-59288.83	-65217.71	-71146.60

图 7-24　通过 D11 单元格生成的贷款方案摘要

设置不同的结果单元格，可以获得不同的方案摘要，方便对比分析不同贷款金额、贷款年限和年利率下的每月偿还额。

7.4　规划求解

规划求解主要用于解决有限资源的最佳分配问题。规划求解的问题归结起来可以分成两类：一类是确定了某个任务，研究如何用最少的人力、物力和财力去完成它；另一类是已经有了一定数量的人力、物力和财力，研究如何使它们获得最大的收益。从数学角度来看，规划问题都有下述 3 个共同特征。

（1）决策变量

每个规划问题都有一组需要求解的未知数$(X_1, X_2, \cdots, X_n)$，称为"决策变量"。这组决策变量的一组确定值就代表一个具体的规划方案。

（2）约束条件

对于规划问题的决策变量通常都有一定的限制条件，称为"约束条件"。约束条件通常用包含决策变量的不等式或等式来表示。

（3）目标函数

每个规划问题都有一个明确的目标，如利润最大或成本最小。目标通常用与决策变量有关的表达式表示，称为"目标函数"。

在 Excel 中进行规划求解时首先需要将实际问题数学化、模型化，即将实际问题用一组决策变量、一组用不等式或等式表示的约束条件以及目标函数来表示，这是求解规划问题的关键。然后才可以应用 Excel 的规划求解工具求解。

规划求解是 Excel 的一个加载项，一般安装时默认不加载规划求解工具。如果需要使用规划求解工具，必须手动加载。操作步骤如下。

① 选择"文件"选项卡的"选项"命令，打开"Excel 选项"对话框，在对话框左侧选择"加载项"，在对话框右侧选择"规划求解加载项"，如图 7-25 所示。

② 单击"确定"按钮完成加载。加载成功后，在"数据"选项卡的"分析"选项组中可以看到"规划求解"按钮。

图 7-25　加载规划求解工具

【例 7-7】　企业生产计划规划求解。某工厂要制订生产计划，已知该工厂有两种机器，一种机器用来生产 A 产品，每生产 1 吨 A 产品需要工时 3 小时，用电量 4 千瓦时，原材料 9 吨，可以得到利润 200 万元；另一种机器用来生产 B 产品，每生产 1 吨 B 产品需要工时 7 小时，用电量 6 千瓦时，原材料 5 吨，可以得到利润 210 万元。现厂房可提供的总工时为 300 小时，总电量为 250 千瓦时，原材料为 420 吨，

7-7　例 7-7

用于生产两种产品。那么如何分配两种产品的生产量能够使利润最大化呢？

分析：利用 Excel 的规划求解来完成计算，需要先建立规划模型，即根据实际问题确定决策变量、约束条件和目标函数。

（1）决策变量

这个问题的决策变量有两个：A 产品的生产量 X_1 吨和 B 产品的生产量 X_2 吨。

（2）约束条件

生产量不能是负数：$X_1 \geqslant 0$，$X_2 \geqslant 0$。

总工时不能超过 300 小时：$3X_1+7X_2 \leqslant 300$。

总电量不能超过 250 千瓦时：$4X_1+6X_2 \leqslant 250$。

原材料不能超过 420 吨：$9X_1+5X_2 \leqslant 420$。

（3）目标函数

利润最大化：$P_{MAX}=200X_1+210X_2$。

Excel 的规划求解通过调整所指定的可变单元格（决策变量）的值，并对可变单元格数值应用约束条件，从而求出目标单元格公式（目标函数）的最优值。根据建立的规划模型，在 Excel 中使用规划求解工具的具体步骤如下。

① 根据工厂的实际情况编制数据工作表，分别填写生产 1 吨 A 产品和 B 产品所需要的工时、用电量、原材料、单位利润以及厂房现在可提供资源的总工时、总电量和原材料，如图 7-26 所示。当前无法预知各产品的产量为多少，可以先随意填写（这里分别填写为 10 和 15）；

图 7-26　编制生产计划数据工作表

在 D3 单元格输入计算总工时需求量的公式"=B3*B7+C3*C7"；在 D4 单元格输入计算总电量需求量的公式"=B4*B7+C4*C7"；在 D5 单元格输入计算原材料需求量的公式"=B5*B7+C5*C7"，在 B8 单元格输入计算总利润的公式"=B6*B7+C6*C7"。

从图 7-26 所示的工作表中可以看出如下对应关系。

● 两个决策变量 X_1 和 X_2 对应 B7 和 C7 单元格。

● 约束条件如下。

生产量不能是负数转换为：B7≥0，C7≥0。

总工时不能超过 300 小时转换为：D3≤E3。

总电量不能超过 250 千瓦时转换为：D4≤E4。

原材料不能超过 420 吨转换为：D5≤E5。

● 目标函数对应 B8 单元格。

② 在"数据"选项卡"分析"选项组中单击"规划求解"按钮，打开"规划求解参数"对话框。

③ "设置目标"为"$B$8"单元格也就是总利润，并选择最大值。

④ 在"通过更改可变单元格"文本框中指定与决策变量对应的"$B$7:$C$7"单元格区域，即产量是可变的。

⑤ 在"遵守约束"列表框右侧单击"添加"按钮，逐条添加所有的约束条件，如图 7-27 所示。

⑥ 单击"求解"按钮，系统给出规划求解结果，如图 7-28 所示。最大总利润可以达到 10991.18 万元，产品 A 生产

图 7-27　设置生产计划规划求解参数

37.35 吨，产品 B 生产 16.76 吨，其中总电量和原材料刚好用完，总工时符合要求，只用了 229.41 工时。

系统在给出规划求解结果的同时会打开一个"规划求解结果"对话框，如图 7-29 所示。通过该对话框可以自动生成相关的"运算结果报告""敏感性报告"和"极限值报告"。用户可以根据需要在列表框中选择需要创建的结果分析报告，单击"确定"按钮，Excel 将在一个新工作表中自动创建相关报告。

⑦ 这里选择"运算结果报告"，单击"确定"按钮后得到的报告如图 7-30 所示。报告内容包括规划求解所采用的算法，相关参数和选项的说明，目标单元格、可变单元格的初值和终值，约束条件的状态等。

图 7-28　生产计划规划求解结果

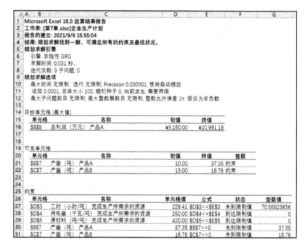

图 7-29　生产计划"规划求解结果"对话框　　　　图 7-30　生产计划运算结果报告

从运算结果报告中给出的目标单元格和可变单元格的初值和终值可以清楚地看出最佳方案与原始方案的差异，以及所有约束条件是否达到了极限值。这些信息可以为进一步优化生产计划提供方向。

【例 7-8】　企业销售运输规划求解。某啤酒厂有 3 个生产基地，分别位于 CITYA、CITYB 和 CITYC 这 3 个城市，年产量分别为 700 吨、400 吨、900 吨。生产的啤酒全部销往北京、上海、天津、南京和西安这 5 个城市，销量分别为 500 吨、600 吨、400 吨、300 吨和 200 吨，已知将啤酒从 CITYA、CITYB 和 CITYC 运至北京、上海、天津、南京和西安每吨所需运费如表 7-1 所示。请使用规划模型求解运费最小值。

7-8　例 7-8

表 7-1　　　　　　　　　　　　　　　　运费

单位运费（元/吨）	北京	上海	天津	南京	西安
CITYA	30	80	50	90	85
CITYB	20	70	40	75	68
CITYC	70	30	60	40	50

分析：采用规划求解解决这个问题，首先需要根据实际问题确定决策变量、约束条件和目标函数。

（1）决策变量

这个问题的决策变量有 15 个：X_1 对应 CITYA 运往北京的啤酒吨数，X_2 对应 CITYB 运往北京的啤酒吨数，X_3 对应 CITYC 运往北京的啤酒吨数；X_4 对应 CITYA 运往上海的啤酒吨数，X_5 对应 CITYB 运往上海的啤酒吨数，X_6 对应 CITYC 运往上海的啤酒吨数；依此类推…，X_{15} 对应 CITYC 运往西安的啤酒吨数。

（2）约束条件

运往北京的总吨数为 500：$X_1+X_2+X_3=500$。

运往上海的总吨数为 600：$X_4+X_5+X_6=600$。

运往天津的总吨数为 400：$X_7+X_8+X_9=400$。

运往南京的总吨数为 300：$X_{10}+X_{11}+X_{12}=300$。

运往西安的总吨数为 200：$X_{13}+X_{14}+X_{15}=200$。

CITYA 的总产量为 700：$X_1+X_4+X_7+X_{10}+X_{13}=700$。

CITYB 的总产量为 400：$X_2+X_5+X_8+X_{11}+X_{14}=400$。

CITYC 的总产量为 900：$X_3+X_6+X_9+X_{12}+X_{15}=900$。

（3）目标函数

运费最小：$F_{\min}=X_1\times$运费$+X_2\times$运费$+X_3\times$运费$+\cdots+X_{15}\times$运费。

根据建立的规划模型，在 Excel 中使用规划求解工具的具体步骤如下。

① 编制数据工作表。如图 7-31 所示，在 B2:F4 单元格区域输入各个城市之间的运费。在 C7:G9 单元格区域输入各个生产基地发往各个城市的销售量（由于不知道具体的销售量，先随意填写为 1）。在 B7:B9 单元格区域利用公式计算出各个生产基地的实际发货数量，其中 B7 单元格中的计算公式为“=SUM(C7:G7)”；B8 单元格中的计算公式为“=SUM(C8:G8)”；B9 单元格中的计算公式为“=SUM(C9:G9)”。在 C10:G10 单元格区域利用公式计算出各个城市的实际销售数量，其中 C10 单元格的计算公式为“=SUM(C7:C9)”，D10 单元格的计算公式为“=SUM(D7:D9)”，E10 单元格的计算公式为“=SUM(E7:E9)”，F10 单元格的计算公式为“=SUM(F7:F9)”，G10 单元格的计算公式为“=SUM(G7:G9)”。在 B12 单元格中输入计算运费的公式“=SUMPRODUCT((B2:F4)*(C7:G9))”。

	A	B	C	D	E	F	G
1	单位运费（元/吨）	北京	上海	天津	南京	西安	
2	CITYA	30	80	50	90	85	
3	CITYB	20	70	40	75	68	
4	CITYC	70	30	60	40	50	
5							
6	产地	实际发货(吨)	销往北京(吨)	销往上海(吨)	销往天津(吨)	销往南京(吨)	销往西安(吨)
7	CITYA	=SUM(C7:G7)	1	1	1	1	1
8	CITYB	=SUM(C8:G8)	1	1	1	1	1
9	CITYC	=SUM(C9:G9)	1	1	1	1	1
10	各城市实际销售数量		=SUM(C7:C9)	=SUM(D7:D9)	=SUM(E7:E9)	=SUM(F7:F9)	=SUM(G7:G9)
11							
12	最小运费(元)	=SUMPRODUCT((B					

图 7-31　编制企业销售运输数据工作表

从图 7-31 所示的工作表中可以看出如下对应关系。

- 15 个决策变量 X_1、X_2、…、X_{15} 对应 C7:G9 单元格区域。
- 约束条件如下。

运往北京的总吨数转换为：C10=500。

运往上海的总吨数转换为：D10=600。

运往天津的总吨数转换为：E10=400。

运往南京的总吨数转换为：F10=300。

运往西安的总吨数转换为：G10=200。

CITYA 的总产量转换为：B7=700。

CITYB 的总产量转换为：B8=400。

CITYC 的总产量转换为：B9=900。

- 目标函数对应 B12 单元格。

② 在“数据”选项卡的“分析”选项组中单击“规划求解”按钮，打开“规划求解参数”对话框。

③ “设置目标”为“$B$12”，也就是最小运费，并选择“最小值”单选按钮。

④ 在“通过更改可变单元格”文本框中指定与决策变量对应的“$C$7:$G$9”共 15 个单元格，即销售数量是可变的。

⑤ 在“遵守约束”列表框右侧单击“添加”按钮，逐条添加所有的约束条件，如图 7-32 所示。

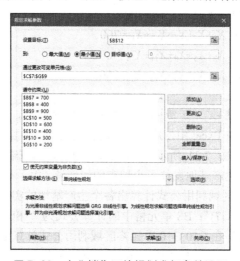

图 7-32　企业销售运输规划求解参数设置

⑥ “选择求解方法”为“单纯线性规划”，单击“求解”按钮，规划求解结果如图 7-33 所示。极限值报告如图 7-34 所示。

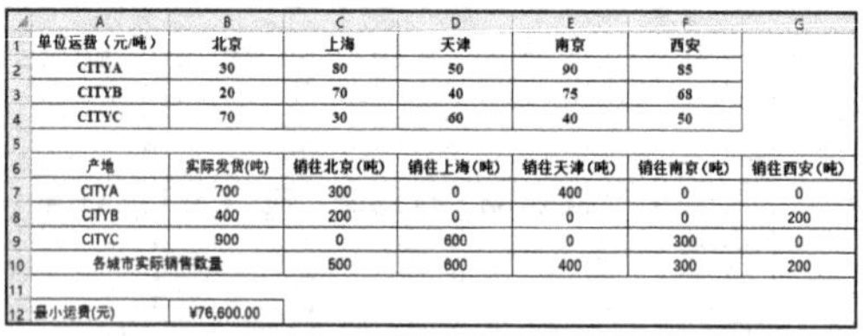

	A	B	C	D	E	F	G
1	单位运费（元/吨）	北京	上海	天津	南京	西安	
2	CITYA	30	80	50	90	85	
3	CITYB	20	70	40	75	68	
4	CITYC	70	30	60	40	50	
5							
6	产地	实际发货(吨)	销往北京(吨)	销往上海(吨)	销往天津(吨)	销往南京(吨)	销往西安(吨)
7	CITYA	700	300	0	400	0	0
8	CITYB	400	200	0	0	0	200
9	CITYC	900	0	600	0	300	0
10	各城市实际销售数量		500	600	400	300	200
11							
12	最小运费(元)	¥76,600.00					

图 7-33　企业销售运输规划求解结果

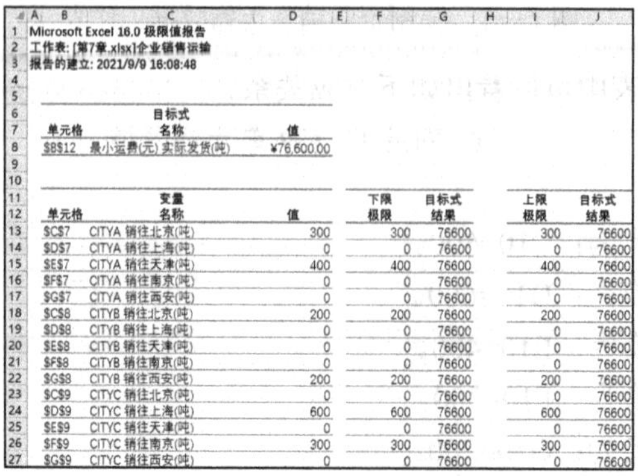

Microsoft Excel 16.0 极限值报告

工作表: [第7章.xlsx]企业销售运输

报告的建立: 2021/9/9 16:08:48

单元格	目标式名称	值
$B$12	最小运费(元) 实际发货(吨)	¥76,600.00

单元格	变量名称	值	下限极限	目标式结果	上限极限	目标式结果
$C$7	CITYA 销往北京(吨)	300	300	76600	300	76600
$D$7	CITYA 销往上海(吨)	0	0	76600	0	76600
$E$7	CITYA 销往天津(吨)	400	400	76600	400	76600
$F$7	CITYA 销往南京(吨)	0	0	76600	0	76600
$G$7	CITYA 销往西安(吨)	0	0	76600	0	76600
$C$8	CITYB 销往北京(吨)	200	200	76600	200	76600
$D$8	CITYB 销往上海(吨)	0	0	76600	0	76600
$E$8	CITYB 销往天津(吨)	0	0	76600	0	76600
$F$8	CITYB 销往南京(吨)	0	0	76600	0	76600
$G$8	CITYB 销往西安(吨)	200	200	76600	200	76600
$C$9	CITYC 销往北京(吨)	0	0	76600	0	76600
$D$9	CITYC 销往上海(吨)	600	600	76600	600	76600
$E$9	CITYC 销往天津(吨)	0	0	76600	0	76600
$F$9	CITYC 销往南京(吨)	300	300	76600	300	76600
$G$9	CITYC 销往西安(吨)	0	0	76600	0	76600

图 7-34　企业销售运输极限值报告

通过企业销售运输规划求解结果可知，从 CITYA 运往北京 300 吨，运往天津 400 吨；从 CITYB 运往北京 200 吨，运往西安 200 吨；从 CITYC 运往上海 600 吨，运往南京 300 吨；这样安排的运费为 76600.00 元，所需运费最低。

实　　验

实验一　模拟分析工具的使用

一、实验目的

1．掌握模拟运算表的使用方法。

2．掌握方案管理器的使用方法。

二、实验内容

请按要求完成个人投资理财模拟分析。某人计划向一个项目投资 20 万元，经过分析论证，该项目预计投资时间为 10 年，可以获得 6.00% 的年收益率。现在需要了解不同投资金额（10 万元、20 万元、…、50 万元），投资年限（5 年、10 年、…、30 年），投资收益率（4.50%、4.75%、…、7.00%）条件下最终可以获得的总收益情况。

$$总收益 = 初期投资金额 \times (1+年收益率)^{投资年限}$$

1．建立投资理财基本数据。在 B2 单元格中输入初期投资金额"200000.00"；B3 单元格中输入投资年限"10"；B4 单元格中输入年收益率"6.00%"；B5 单元格是总收益的计算公式"=B2*(1+B4)^B3"。

2．建立双变量模拟运算表来分析不同投资年限和年收益率对总收益的影响。行变量为年收益率，取值分别为 4.50%、4.75%、…、7.00%；列变量为投资时间，取值分别为 5、10、…、30。计算结果保留 2 位小数。

样张：

	A	B	C	D	E	F	G	H	I	J	K	L
1	投资问题											
2	初期投资金额（元）	200000.00										
3	投资时间（年）	10										
4	年收益率	6.00%										
5	总收益（元）	¥358,169.54										
6												
7	¥358,169.54	4.50%	4.75%	5.00%	5.25%	5.50%	5.75%	6.00%	6.25%	6.50%	6.75%	7.00%
8	5	249236.39	252231.98	255256.31	258309.58	261392.00	264503.78	267645.12	270816.23	274017.33	277248.63	280510.35
9	10	310593.88	318104.87	325778.93	333619.20	341628.89	349811.24	358169.54	366707.15	375427.49	384334.02	393430.27
10	15	387056.49	401181.10	415785.64	430885.19	446495.30	462631.96	479311.64	496551.25	514368.20	532780.41	551806.31
11	20	482342.80	505953.53	530659.54	556508.86	583551.50	611839.51	641427.09	672370.68	704729.01	738563.21	773936.89
12	25	601086.89	638088.31	677270.99	718757.86	762678.47	809169.30	858374.14	910444.47	965539.82	1023828.20	1085486.53
13	30	749063.63	804731.40	864388.48	928310.22	996790.26	1070141.67	1148698.23	1232815.70	1322873.23	1419274.85	1522451.01

3．按照初期投资金额分别为 10 万元、20 万元、30 万元、40 万元和 50 万元创建方案。

样张：

4．生成方案摘要。要求查看投资时间 15 年，年收益率 7.00%条件下，不同初期投资金额所能获得的总收益情况。

样张：

方案摘要						
	当前值	投资金额-10	投资金额-20	投资金额-30	投资金额-40	投资金额-50
可变单元格:						
$B$2	200000.00	100000.00	200000.00	300000.00	400000.00	500000.00
结果单元格:						
$L$10	551806.31	275903.15	551806.31	827709.46	1103612.62	1379515.77

实验二　规划求解工具的使用

一、实验目的

1．掌握规划求解工具的使用方法。
2．掌握确定决策变量、约束条件和目标函数的方法。

二、实验内容

请按要求给出最佳数字组合。已知有 16 个任意的数字，请计算出其中哪些数字的累加和等于10000。

1．确定决策变量、约束条件和目标函数。

（1）决策变量。决策变量有 16 个：X_1，X_2，…，X_{16} 分别与 1 个数字对应，值为 1 表示累加和中包含了该数字，值为 0 表示累加和中未包含该数字。

（2）约束条件。决策变量（X_1，X_2，…，X_{16}）的取值只能是 0 或 1。

（3）目标函数。累加和的目标值为 10000，即第 1 个数字×X_1+第 2 个数字×X_2+…+第 16 个数字×X_{16}=10000。

2．编制数据计算工作表。除了 16 个数字，还需要增加一列辅助列"是否选中"，用来表示哪些数字包含在累加和中，被选中就在单元格中填 1，否则填 0，与决策变量 X_1，X_2，…，X_{16} 相对应。由于当前无法预知有哪些数字被选中，可以先全部填写为 0。累加和的计算公式为"=SUMPRODUCT((A2:A17)*(B2:B17))"，与目标函数对应。

样张：

	A	B	C	D
1	数字	是否选中		
2	200.5	0		累加和
3	300	0		=SUMPRODUCT((A2:A17)*(B2:B17))
4	400.5	0		
5	134.5	0		
6	625	0		
7	378	0		
8	892	0		
9	2100	0		
10	460.5	0		
11	659.5	0		
12	345.6	0		
13	751.4	0		
14	862.5	0		
15	900	0		
16	185	0		
17	245.5	0		

3．利用规划求解工具求解。设置目标为"$D$3"也就是累加和，目标值为"10000"；与决策变量对应的"通过更改可变单元格"设置为"$B$2:$B$17"；添加约束条件，在单元格引用处选择"$B$2:$B$17"，判断符选择"bin"（bin 表示二进制数 0 或 1，符合题目要求）。求解结果如样张所示。

样张：

	A	B	C	D
1	数字	是否选中		
2	200.5	0		累加和
3	300	1		10000
4	400.5	0		
5	134.5	1		
6	625	1		
7	378	1		
8	4892	0		
9	2100	1		
10	460.5	1		
11	1659.5	1		
12	345.6	1		
13	3751.4	0		
14	862.5	0		
15	900	0		
16	185	0		
17	245.5	1		

习 题

一、单项选择题

1. 在 Excel "数据" 选项卡 "预测" 选项组的 "模拟分析" 下拉列表中，不包含的命令是_____。

    A．方案管理器   B．模拟运算表

    C．单变量求解   D．规划求解

2. 下列选项中，_____功能必须在 Excel 中手动加载后才能使用。

    A．方案管理器   B．模拟运算表

    C．单变量求解   D．规划求解

3. 如果按列存放的单变量模拟运算表位于 A6:B15 单元格区域，则计算公式应放置的单元格地址是_____。

    A．A6   B．B6   C．A7   D．B7

4. 双变量模拟运算表的公式 "{=TABLE(B4,B5)}" 中，B5 被称作模拟运算表的_____。

    A．自变量   B．行变量   C．列变量   D．单元格变量

5. 规划求解结果可以提供的报告中不包括_____。

    A．运算结果报告   B．敏感性报告

    C．方案摘要报告   D．极限值报告

6. 某职工的年终奖金是全年销售额的 20%，前 3 个季度的销售额已经知道，该职工想知道第 4 季度的销售额为多少时，才能保证年终奖金为 20000 元。该问题可以用_____计算。

    A．方案管理器   B．模拟运算表

    C．单变量求解   D．规划求解

7. 某人想买房，需要向银行贷款 50 万元，还款年限为 20 年，贷款年利率根据国家经济的发展会有调整，假设贷款年利率分别为 4.50%、4.75%、…、7.00%，要计算不同贷款年利率下每月的还款额。该问题可以用_____计算。

    A．方案管理器   B．模拟运算表

    C．单变量求解   D．规划求解

8. 某运输企业使用一种最大承载重量为 10 吨的卡车来运输 3 种货物，3 种货物的单位重量分别为 0.5 吨、1 吨和 1.25 吨，单位价值分别为 3 万元、4 万元和 5 万元。要想计算出如何装载货

物才能使总价值最大，该问题可以用＿＿＿＿＿＿＿计算。

  A．方案管理器   B．模拟运算表

  C．单变量求解   D．规划求解

二、判断题

1．单变量求解只能用于求解一个变量的值。

2．在模拟运算表中，变量的数据值可以存放在任意单元格中。

3．模拟运算表中填写计算公式的单元格可以是任意单元格。

4．如果一个公式中要分析的变量超过两个，那么必须使用方案管理器。

5．规划求解可以用于求解方程组问题。

三、计算分析题

1．利用单变量求解一元方程式 $5x^2+x-5\sin(x)=3$ 的根。

2．某开发商想贷款 80 万元建立一个山林果园，货款年利率为 5%，期限为 25 年，每月偿还额是多少？如果有多种不同的利率（3%、4%、5%、6%、7%）和不同贷款年限（10 年、15 年、20 年、30 年）可供选择，各种情况下的每月偿还额是多少？

3．对于上题中的 80 万元贷款。若想每月还贷 2 万元，在贷款年利率为 6%的情况下，需要多少年才能还清？

4．某人想买房，假设贷款年利率可能是 4.50%、4.75%、…、7.00%，还款期限可以选择 5 年、10 年、15 年、20 年和 30 年，分别建立贷款金额为 50 万元、80 万元、90 万元和 100 万元时的每月等额还款方案，并生成相应的方案摘要报表。

5．某运输企业使用一种最大承载重量为 10 吨的卡车来运输 3 种货物，3 种货物的单位重量分别为 0.5 吨、1 吨和 1.25 吨，单位价值分别为 3 万元、4 万元和 5 万元。应该如何装载货物才能使总价值最大？

6．某企业需要采购一批赠品用于促销活动，采购的目标商品有 4 种（A、B、C、D），单价分别为 18 元、11 元、20 元和 9 元，根据需要，采购原则如下：

（1）全部赠品的总数量为 4000 件；

（2）赠品 A 不能少于 400 件；

（3）赠品 B 不能少于 600 件；

（4）赠品 C 不能少于 800 件；

（5）赠品 D 不能少于 200 件，但也不能多于 1000 件。

如何拟订采购计划，使采购成本最小？

第 8 章 商品采购成本分析

降低成本基本上等同于提高利润。商品采购成本直接影响着商家的投入成本、盈利水平以及采购渠道的选择等。通过对商品采购成本进行分析，为商家制定经营决策提供数据支持，可使资金得到有效利用。

8.1 商品采购价格与采购时间分析

商品价格会受到很多因素的影响，如供求关系、气候、交通和消费方式等。在商品采购过程中要注意采购的时机，以节约采购成本。因此很有必要了解某一时间段内商品的价格走势，以确定合适的采购时间。

在"素材文件\第 8 章\商品每日采购价格表.xlsx"文件中包含"每日价格"工作表，表中按顺序记录了某商品每天的采购价格，包括"日期""采购价格"和"最近 10 天平均价格" 3 列数据，如图 8-1 所示。在这里采用带数据标记的折线图实时显示最近 10 天的商品价格走势。

图 8-1 "每日价格"工作表

要在图表中实时显示最近 10 天的商品价格走势，实际上是限定了图表的数据源不是固定的，必须是最后的 10 条记录，这里采用 OFFSET 函数来进行计算。

提示

OFFSET 函数

函数功能：以指定的引用为参照系，通过给定偏移量返回新的引用。

函数格式：OFFSET(reference,rows,cols,[height],[width])

参数说明如下。

- reference：作为参照系的引用区域，其左上角单元格是偏移量的起始位置。
- rows：相对于引用参照系的左上角单元格，上（下）偏移的行数。
- cols：相对于引用参照系的左上角单元格，左（右）偏移的列数。
- height：新引用区域的行数。
- width：新引用区域的列数。

例如，要定位到最后 10 条记录的采购价格，那么 OFFSET 函数的参数 reference 应该设置为 "$B$2"，即从 B2 单元格开始；参数 rows 应该设置为 "COUNT($B:$B)−10"，即先计算 B 列总行数，然后取倒数第 10 行；参数 cols 应该设置为 "0"，即本列；参数 height 设置为 "10"，即 10 行；参数 width 设置为 "1"，即 1 列。最终计算公式为 "= OFFSET($B$2,COUNT($B:$B)−10,0,10,1)"。

实现商品采购价格与采购时间分析的具体操作步骤如下。

（1）定义最近 10 天的数据区域

① 单击"公式"选项卡"定义的名称"选项组中的"名称管理器"按钮，打开"名称管理器"对话框，如图 8-2 所示。

② 单击"新建"按钮，打开"新建名称"对话框，在"名称"文本框中输入"采购价格"，在"引用位置"文本框中输入最近 10 天的价格区域计算公式"=OFFSET($B$2,COUNT($B:$B)−10,0,10,1)"，然后单击"确定"按钮，如图 8-3 所示。

8-1 商品采购
价格与采购
时间分析

图 8-2 "名称管理器"对话框

图 8-3 新建名称"采购价格"

③ 以同样的方式，再次打开"新建名称"对话框，在"名称"文本框中输入"日期"，在"引用位置"文本框中输入最近 10 天的日期区域计算公式"=OFFSET(采购价格,0,−1,10,1)"，然后单击"确定"按钮，如图 8-4 所示。

④ 再次打开"新建名称"对话框，在"名称"文本框中输入"平均价格"，在"引用位置"文本框中输入最近 10 天的平均价格区域计算公式"=OFFSET(采购价格,0,1,10,1)"，然后单击"确定"按钮，如图 8-5 所示。最后关闭"名称管理器"对话框。

图 8-4 新建名称"日期"

图 8-5 新建名称"平均价格"

（2）计算工作表中"最近 10 天平均价格"列数据

① 选择 C2 单元格，单击"公式"选项卡"函数库"选项组中的"自动求和"按钮，在弹出的下拉列表中选择"平均值"命令，然后按【F3】键，打开"粘贴名称"对话框，如图 8-6 所示。

图 8-6 计算最近 10 天平均价格

②　选择"采购价格"后单击"确定"按钮，最后生成的计算公式为"=AVERAGE(采购价格)"，即对最近 10 天的采购价格区域求平均值。

③　将鼠标指针置于 C2 单元格右下角，双击填充柄，系统自动将公式复制到 C 列的其他单元格，计算结果如图 8-7 所示。由于计算结果是最后 10 条记录采购价格的平均值，因此都得到了 191.00。

（3）创建带数据标记的折线图展示最近 10 天的商品采购价格走势

①　选择 A2:C11 单元格区域（共 10 行 3 列，与目标数据源区域大小相同），单击"插入"选项卡"图表"选项组中的"插入折线图或面积图"按钮，在弹出的下拉列表中选择"带数据标记的折线图"命令，系统自动创建一个带数据标记的折线图。

②　将折线图移动到合适的位置，修改图表标题为"最近 10 天商品采购价格走势"，如图 8-8 所示。

	A	B	C
1	日期	采购价格	最近10天平均价格
2	2021/10/1	128.00	191.00
3	2021/10/2	128.00	191.00
4	2021/10/3	135.00	191.00
5	2021/10/4	135.00	191.00
6	2021/10/5	135.00	191.00
7	2021/10/6	138.00	191.00
8	2021/10/7	140.00	191.00
9	2021/10/8	140.00	191.00
10	2021/10/9	140.00	191.00
11	2021/10/10	150.00	191.00

图 8-7　最近 10 天平均价格计算结果

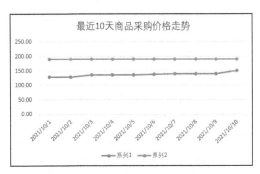

图 8-8　带数据标记的折线图

③　修改折线图的数据源为最近 10 天的数据。在折线图上单击鼠标右键，在弹出的快捷菜单中选择"选择数据"命令，打开"选择数据源"对话框，如图 8-9 所示。

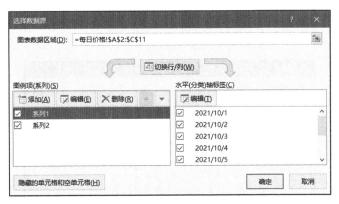

图 8-9　"选择数据源"对话框

④　修改系列 1 为最近 10 天的采购价格。选择"系列 1"，然后单击"图例项(系列)"区域中的"编辑"按钮，打开"编辑数据系列"对话框；在"系列名称"文本框中输入"采购价格"，选中"系列值"文本框中所引用的"$B$2:$B$11"单元格区域，如图 8-10 所示。

⑤　按【F3】键，打开"粘贴名称"对话框，选择"采购价格"后单击"确定"按钮，这样就用最近 10 天的采购价格区域进行了替换，如图 8-11 所示。单击"确定"按钮返回"选择数据源"对话框。

图 8-10　系列 1 的初始系列值　　　　　图 8-11　系列 1 的系列值替换为"采购价格"

⑥ 采用同样的方法修改系列 2 为最近 10 天的平均价格。选择"系列 2"，然后单击"图例项(系列)"区域的"编辑"按钮，打开"编辑数据系列"对话框，在"系列名称"文本框中输入"平均价格"，选中"系列值"文本框中所引用的"$C$2:$C$11"单元格区域；然后按【F3】键，打开"粘贴名称"对话框，选择"平均价格"后单击"确定"按钮，这样就用最近 10 天的平均价格区域进行了替换，如图 8-12 所示。单击"确定"按钮返回"选择数据源"对话框。

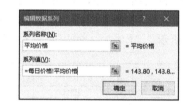

图 8-12　系列 2 的系列值替换为
"平均价格"

⑦ 修改"水平(分类)轴标签"为最近 10 天的日期。在"水平(分类)轴标签"区域中单击"编辑"按钮，打开"轴标签"对话框，在"轴标签区域"文本框中选中所引用的"$A$2:$A$11"单元格区域，如图 8-13 所示。然后按【F3】键，打开"粘贴名称"对话框，选择"日期"后单击"确定"按钮，这样就用最近 10 天的日期区域进行了替换，如图 8-14 所示。

图 8-13　初始的轴标签区域　　　　　　图 8-14　轴标签区域替换为"日期"

⑧ 单击"确定"按钮返回"选择数据源"对话框，结果如图 8-15 所示。单击"确定"按钮关闭对话框。

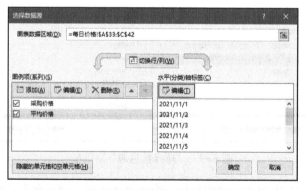

图 8-15　数据源替换为最近 10 天的数据区域

⑨ 修改平均价格的短划线①类型为圆点。在平均价格数据线上单击鼠标右键，在弹出的快捷菜单中选择"设置数据系列格式"命令，打开"设置数据系列格式"窗格，在"短划线类型"右侧的下拉列表框中选择"圆点"，如图 8-16 所示。然后关闭"设置数据系列格式"窗格。

---

① 本书遵循图文一致规范，采用"短划线"的表述。

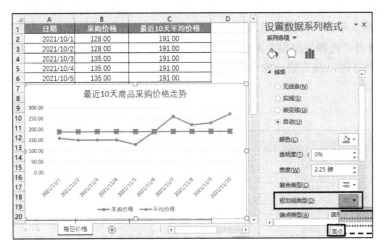

图 8-16 修改平均价格的短划线类型为圆点

⑩ 删除图表中的网格线。最近 10 天的商品采购价格走势图最终效果如图 8-17 所示。

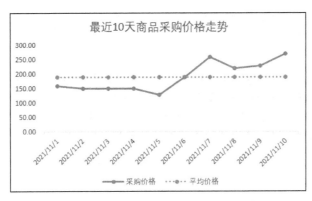

图 8-17 最近 10 天的商品采购价格走势图

从图 8-17 所示的折线图可以很直观地看出，最近 10 天该商品价格走势偏高，不适合采购，此后随着每天输入新的采购价格，在图表中永远只显示最近 10 天的数据，为商品采购提供决策依据。

8.2 不同供应商商品报价分析

通过对多家供应商的商品报价进行比较，可以选择更有优势的供应商进行合作，从而降低商品采购成本。

在"素材文件\第 8 章\供应商商品报价表.xlsx"文件中包含"商品报价"工作表，表中按顺序记录了不同供应商提供的商品价格，包括"供应商""商品名称"和"商品价格"3 列数据，如图 8-18 所示。

通过折线图可以直观分析不同供应商的商品报价，以便选择各种商品的最低报价作为该商品的采购价格。操作步骤如下。

8-2 通过折线图分析不同供应商的商品报价

（1）创建图表数据区域

① 将 A1 单元格复制到 A20；将 A2 单元格复制到 A21；将 A7 单元格复制到 A22；将 A12 单元格复制到 A23，完成供应商列的创建。

② 选择 B2:C6 单元格区域，单击"开始"选项卡"剪贴板"选项组中的"复制"按钮，然后选择 B20 单元格。单击"开始"选项卡"剪贴板"选项组中的"粘贴"下拉按钮，选择"选择性粘贴"命令，打开"选择性粘贴"对话框，勾选"转置"复选框，如图 8-19 所示。单击"确定"按钮，建立其他列标题以及乐盟小家电有限公司的商品价格数据。

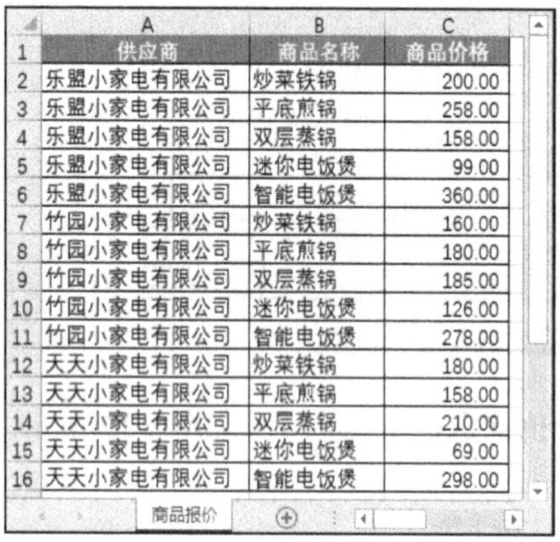

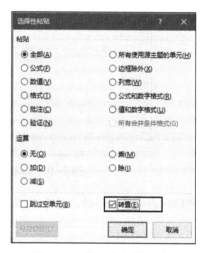

图 8-18 "商品报价"工作表   图 8-19 设置选择性粘贴

③ 采用同样的方法，对竹园小家电有限公司的商品价格数据，选择 C7:C11 单元格区域进行复制，然后选择 B22 单元格进行"转置"粘贴；对天天小家电有限公司的商品价格数据，选择 C12:C16 单元格区域进行复制，然后选择 B23 单元格进行"转置"粘贴。

④ 选择 A20 单元格，单击"开始"选项卡"剪贴板"选项组中的"格式刷"按钮，然后利用格式刷将 B20:F20 单元格区域的格式设置为与 A20 单元格的一致，图表数据区域创建完成，如图 8-20 所示。

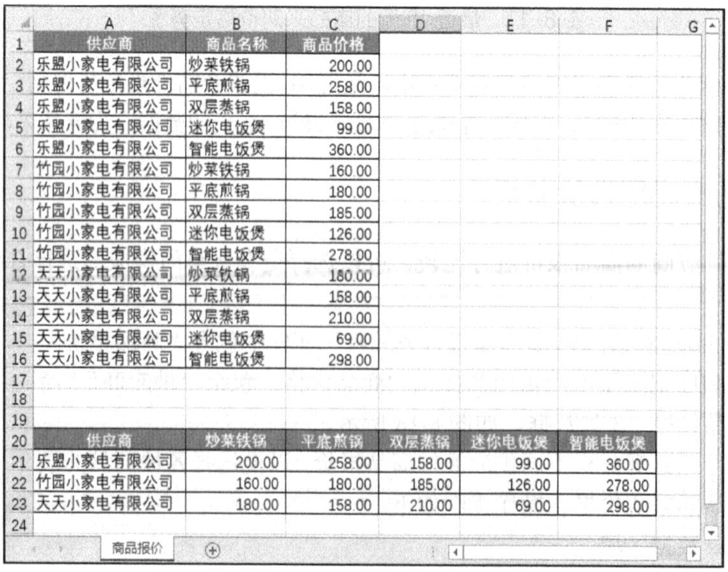

图 8-20 图表数据区域

（2）创建折线图

① 选择 A20:F23 单元格区域，单击"插入"选项卡"图表"选项组中的"插入折线图或面积图"按钮，在弹出的下拉列表中选择"折线图"命令，系统自动创建一个折线图，将折线图移动到合适的位置，修改图表标题为"供应商报价分析"，如图 8-21 所示。

② 添加垂直线。选择折线图，单击图表工具"设计"选项卡"图表布局"选项组中的"添加图表元素"按钮，在弹出的下拉列表中选择"线条"下的"垂直线"命令。添加垂直线后的效果如图 8-22 所示。

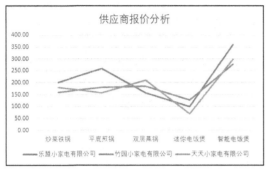

图 8-21　插入折线图

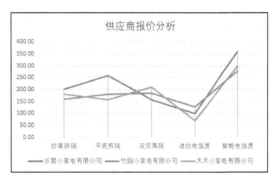

图 8-22　添加垂直线后的效果

③ 修改垂直线类型为短划线。在垂直线上单击鼠标右键，在弹出的快捷菜单中选择"设置垂直线格式"命令，打开"设置垂直线格式"窗格，在短划线类型右侧的下拉列表框中选择"短划线"。

④ 设置数据标签。选择折线图，单击图表工具"设计"选项卡"图表布局"选项组中的"添加图表元素"按钮，在弹出的下拉列表中选择"数据标签"下的"右侧"命令。供应商报价分析折线图最终效果如图 8-23 所示。

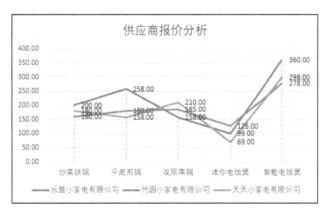

图 8-23　供应商报价分析折线图

通过图 8-23 所示的折线图对 3 家供应商的商品报价进行对比，可以很直观地选出每种商品的最低报价，最终存入商品每日采购价格表中，为商品采购决策提供数据支撑。

8.3　商品生命周期对商品采购的影响分析

商品生命周期是指商品从投入市场到更新换代和退出市场所经历的全过程。典型的商品生命周期一般分为 4 个阶段：导入期、成长期、成熟期和衰退期。一种商品进入市场后，其销量和利润会随着时间的推移发生变化。在导入期，新商品刚刚投入市场，顾客对商品还不是很了解，只有少数追求新奇的顾客可能会购买，销售量较低，此时可以少量采购商品；在成长期，顾客对商品已经熟悉，大量的新顾客开始购买，销售量逐步扩大，此时可以增加商品采购数量；在成熟期，商品销售量逐步达到高峰，然后缓慢下降，此时可以大量采购商品；在衰退期，新的替代品出现，使顾客的消费习惯发生改变，转向购买其他商品，这时必须减少商品采购数量或不采购。

8.3.1 根据成交量和利润分析商品生命周期

成交量是指一种商品在某天成交的数量。一般来说，成交量和利润是正相关关系，成交量越大，利润越高。商品成交量能够反映该商品的"冷热"程度，通过成交量和利润分析，可以直观地了解商品的生命周期。

在"素材文件\第 8 章\商品成交量和利润表.xlsx"文件中包含"商品成交量和利润"工作表，该表中按顺序记录了某种商品的每日成交量和利润，包括"周期阶段""日期""成交量"和"利润"4 列数据，如图 8-24 所示，其中"利润"采用货币格式且只保留整数部分。

周期阶段	日期	成交量	利润
	2021/10/1	0	¥0
	2021/10/2	0	¥0
	2021/10/3	1	¥10
	2021/10/4	3	¥30
导入期	2021/10/5	5	¥50
	2021/10/6	8	¥80
	2021/10/7	30	¥300
	2021/10/8	40	¥320
	2021/10/9	60	¥480
	2021/10/10	100	¥800
	2021/10/11	120	¥960
成长期	2021/10/12	140	¥1,120
	2021/10/13	150	¥1,200

图 8-24　"商品成交量和利润"工作表

通过组合图可以直观分析该商品生命周期各个阶段的成交量和利润的关系。操作步骤如下。

① 创建组合图。选择 A1:D32 单元格区域，单击"插入"选项卡"图表"选项组中的"插入组合图"按钮，在弹出的下拉列表中选择"簇状柱形图-次坐标轴上的折线图"命令，系统自动创建一个组合图，将组合图移动到合适的位置，修改图表标题为"根据成交量和利润分析商品生命周期"，如图 8-25 所示。

8-3　通过组合图分析成交量和利润的关系

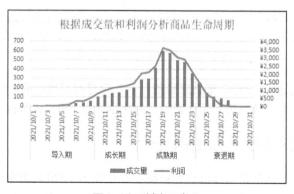

图 8-25　创建组合图

②　设置数据标签的形状。在折线上单击鼠标右键，在弹出的快捷菜单中选择"添加数据标签"命令，即可在图中添加数据标签。在任意一个数据标签上单击鼠标右键，在弹出的快捷菜单中选择"更改数据标签形状"下的"下箭头标注"命令，如图 8-26 所示。

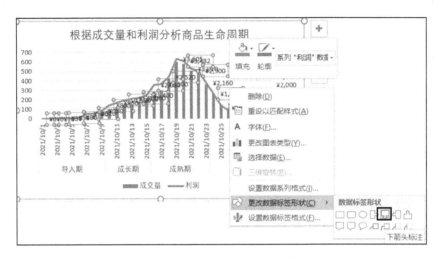

图 8-26　设置数据标签的形状

③　设置数据标签的位置。在任意一个数据标签上单击鼠标右键，在弹出的快捷菜单中选择"设置数据标签格式"命令，打开"设置数据标签格式"窗格，在"标签位置"区域选择"靠上"单选按钮，如图 8-27 所示。

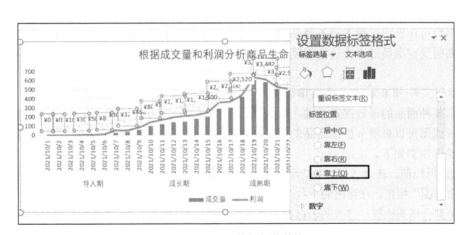

图 8-27　设置数据标签的位置

④　设置折线的线条样式。在折线上单击鼠标右键，在弹出的快捷菜单中选择"设置数据系列格式"命令，打开"设置数据系列格式"窗格，勾选"平滑线"复选框，如图 8-28 所示。

⑤　关闭"设置数据系列格式"窗格。根据成交量和利润分析商品生命周期组合图最终效果如图 8-29 所示。

通过图 8-29 所示的组合图可以直观地比较商品生命周期各个阶段的成交量和利润的关系，从而辅助决策者对商品采购数量进行决策，在导入期只需少量采购商品，在成长期可以增加采购数量，在成熟期可以大量采购，在衰退期减少采购数量或者不采购。

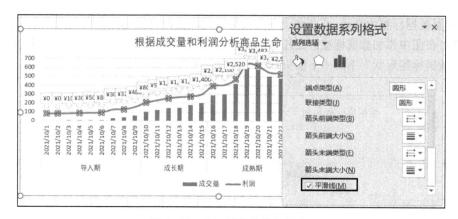

图 8-28　设置折线的线条样式

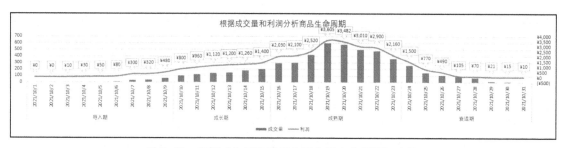

图 8-29　根据成交量和利润分析商品生命周期组合图

8.3.2　根据搜索指数分析商品生命周期

搜索指数可体现用户搜索相关商品关键词的热度，能够反映用户对产品的关注度和兴趣度，也能够从侧面反映商品的"冷热"程度。因此，通过搜索指数分析，同样可以直观地了解商品的生命周期。

在"素材文件\第 8 章\商品搜索指数表.xlsx"文件中包含"商品搜索指数"工作表，该表中按顺序记录了某种商品的每日搜索指数，包括"日期"和"搜索指数"两列数据，如图 8-30 所示。

通过折线图可以直观分析该商品的搜索指数数据，查看该商品生命周期各个阶段的搜索量变化趋势。操作步骤如下。

① 创建折线图。选择 A1:B93 单元格区域，单击"插入"选项卡"图表"选项组中的"插入折线图或面积图"按钮，在弹出的下拉列表中选择"折线图"命令，系统自动创建一个折线图，将折线图移动到合适的位置，修改图表标题为"根据搜索指数分析商品生命周期"，如图 8-31 所示。

	A	B	C	D	E
1	日期	搜索指数			
2	2021/10/1	201			
3	2021/10/2	224			
4	2021/10/3	240			
5	2021/10/4	305			
6	2021/10/5	311			
7	2021/10/6	320			
8	2021/10/7	347			
9	2021/10/8	396			
10	2021/10/9	450			
11	2021/10/10	471			

商品搜索指数

图 8-30　"商品搜索指数"工作表

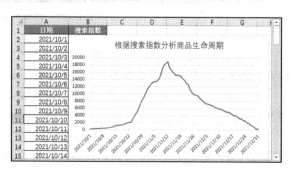

图 8-31　创建折线图

② 修改横坐标为 15 天间隔。在横坐标上单击鼠标右键，在弹出的快捷菜单中选择"设置坐标轴格式"命令，打开"设置坐标轴格式"窗格，将"主要"设置为"15 天"，如图 8-32 所示。

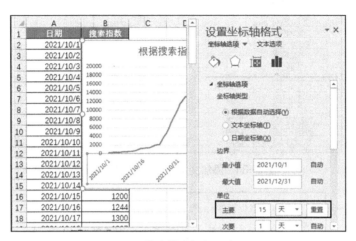

图 8-32　修改横坐标间隔为 15 天

③ 插入直线形状以划分不同的生命周期阶段。单击"插入"选项卡"插图"选项组中的"形状"按钮，在弹出的下拉列表中选择"直线"形状，在数据线与横坐标轴之间适当的位置绘制 3 条直线，将数据线划分为 4 个部分，每个部分对应商品生命周期的一个阶段，如图 8-33 所示。

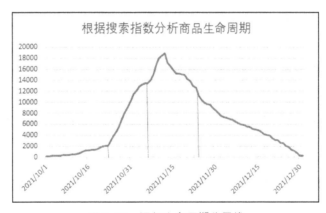

图 8-33　添加生命周期分界线

④ 添加文本框，以标识不同的阶段。单击"插入"选项卡"文本"选项组中的"文本框"按钮，在弹出的下拉列表中选择"横排文本框"命令，在适当的位置绘制一个文本框；在文本框中输入"导入期"，然后在该文本框上单击鼠标右键，在弹出的快捷菜单中选择"设置对象格式"命令，打开"设置形状格式"窗格，选择"无填充"和"无线条"单选按钮，如图 8-34 所示。

⑤ 采用同样的方法，添加另外 3 个阶段的文本框，并删除折线图中的网格线。根据搜索指数分析商品生命周期折线图最终效果如图 8-35 所示。

通过图 8-35 所示的折线图直观地将商品生命周期进行了划分，可以确定在导入期只需少量采购该商品，在成长期可以增加采购数量，在成熟期可以大量采购，在衰退期减少采购数量或者不采购。

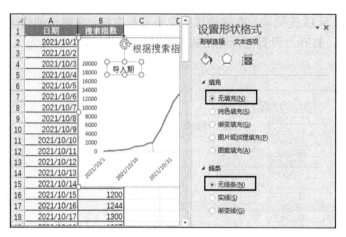

图 8-34　添加文本框标识不同的阶段

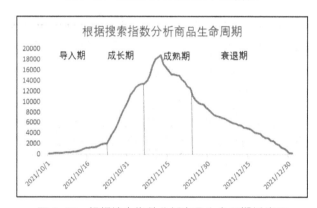

图 8-35　根据搜索指数分析商品生命周期折线图

8.4　商品采购金额和平均价格统计分析

采购商品时，一般会按照商品类别或商品名称进行采购，对同一种商品或同一个供货商的数量、采购金额和单价进行统计分析，可以了解采购金额总计和平均价格的总体情况。

8.4.1　商品采购金额和平均价格分类汇总

对同一种商品的数量、采购金额总计和平均价格（单价平均值）进行统计分析，可以采用分类汇总功能实现。

在"素材文件\第 8 章\商品采购明细表 1.xlsx"文件中包含"采购明细"工作表，该表中按顺序记录了商品采购数据，包括"日期""商品名称""供应商""数量""单价"和"采购金额"6列数据，如图 8-36 所示。

日期	商品名称	供应商	数量	单价	采购金额
2021/10/1	迷你电饭煲	天天小家电有限公司	15	66.00	
2021/10/1	平底煎锅	天天小家电有限公司	50	158.00	
2021/10/1	双层蒸锅	竹园小家电有限公司	60	185.00	
2021/10/1	智能电饭煲	竹园小家电有限公司	40	278.00	
2021/10/8	迷你电饭煲	乐盟小家电有限公司	20	99.00	
2021/10/8	平底煎锅	天天小家电有限公司	10	158.00	
2021/10/8	智能电饭煲	竹园小家电有限公司	30	278.00	
2021/10/15	迷你电饭煲	天天小家电有限公司	50	66.00	
2021/10/15	平底煎锅	天天小家电有限公司	80	158.00	

图 8-36　"采购明细"工作表

要了解商品数量和采购金额的总体情况，需要计算"采购金额"列，然后按照商品名称对数量和采购金额进行分类汇总；同样，要了解商品采购平均价格，也需要按照商品名称对单价进行分类汇总。操作步骤如下。

8-4　商品采购金额和平均价格统计分析

（1）计算采购金额

① 选择 F2 单元格，输入采购金额计算公式"=D2*E2"，即"采购金额=数量×单价"，然后按【Enter】键确认。

② 将鼠标指针置于 F2 单元格右下角，双击填充柄，系统自动将公式复制到 F 列的其他单元格。采购金额计算结果如图 8-37 所示。

	A	B	C	D	E	F
					fx	=D2*E2
1	日期	商品名称	供应商	数量	单价	采购金额
2	2021/10/1	迷你电饭煲	天天小家电有限公司	15	66.00	990.00
3	2021/10/1	平底煎锅	天天小家电有限公司	50	158.00	7900.00
4	2021/10/1	双层蒸锅	竹园小家电有限公司	60	185.00	11100.00
5	2021/10/1	智能电饭煲	竹园小家电有限公司	40	278.00	11120.00
6	2021/10/8	迷你电饭煲	乐盟小家电有限公司	20	99.00	1980.00
7	2021/10/8	平底煎锅	天天小家电有限公司	10	158.00	1580.00
8	2021/10/8	智能电饭煲	竹园小家电有限公司	30	278.00	8340.00
9	2021/10/15	迷你电饭煲	天天小家电有限公司	50	66.00	3300.00
10	2021/10/15	平底煎锅	天天小家电有限公司	80	158.00	12640.00

采购明细

图 8-37　采购金额计算结果

（2）按商品名称和采购金额进行排序

① 选择数据区域内任意一个单元格，单击"数据"选项卡"排序和筛选"选项组中的"排序"按钮，打开"排序"对话框。

② 在主要关键字右侧的下拉列表框中选择"商品名称"，然后单击"添加条件"按钮，在次要关键字右侧的下拉列表框中选择"采购金额"，如图 8-38 所示。

图 8-38　按商品名称和采购金额进行排序

③ 单击"确定"按钮，在工作表中可以看到排序结果

（3）按商品名称对数量和采购金额进行求和汇总。

① 选择数据区域内任意一个单元格，单击"数据"选项卡"分级显示"选项组中的"分类汇总"按钮，打开"分类汇总"对话框。

② 在"分类字段"下拉列表框中选择"商品名称"，在"选定汇总项"列表框中勾选"数量"和"采购金额"复选框，如图 8-39 所示。

③ 单击"确定"按钮，完成按商品名称对数量和采购金额的求和汇总，结果如图 8-40 所示。

图 8-39　设置求和汇总

图 8-40　对数量和采购金额求和汇总结果

（4）按商品名称对单价进行平均值汇总

① 选择数据区域内任意一个单元格，单击"数据"选项卡"分级显示"选项组中的"分类汇总"按钮，打开"分类汇总"对话框。

② 在"汇总方式"下拉列表框中选择"平均值"，在"选定汇总项"列表框中勾选"单价"复选框，取消勾选"替换当前分类汇总"复选框，如图 8-41 所示。

③ 单击"确定"按钮。按商品名称对单价进行平均值汇总结果如图 8-42 所示。

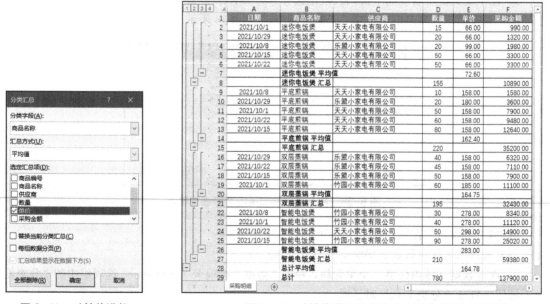

图 8-41　对单价进行
平均值汇总设置

图 8-42　对单价进行平均值汇总后的多级汇总结果

④ 单击分类汇总 3 级显示按钮，隐藏商品采购明细数据。商品数量、采购金额和单价分类汇总结果如图 8-43 所示。

1 2 3 4		A	B	C	D	E	F
	1	日期	商品名称	供应商	数量	单价	采购金额
	7		迷你电饭煲 平均值			72.60	
	8		迷你电饭煲 汇总		155		10890.00
	14		平底煎锅 平均值			162.40	
	15		平底煎锅 汇总		220		35200.00
	20		双层蒸锅 平均值			164.75	
	21		双层蒸锅 汇总		195		32430.00
	26		智能电饭煲 平均值			283.00	
	27		智能电饭煲 汇总		210		59380.00
	28		总计平均值			164.78	
	29		总计		780		137900.00

采购明细

图 8-43 商品数量、采购金额和单价分类汇总结果

通过图 8-43 所示的分类汇总结果可以直接对不同商品的采购数量、采购金额总计和平均价格进行分析。

8.4.2 商品采购金额占比计算及分析

除了用分类汇总方式计算各种商品的数量、采购金额和平均价格，还可以使用函数进行计算。

"素材文件\第 8 章\商品采购明细表 2.xlsx"文件与"商品采购明细表 1.xlsx"的初始内容完全相同，在这个文件中将采用函数计算各种商品的数量、采购金额总计和平均价格，然后用饼图显示不同商品采购金额的百分比。操作步骤如下。

（1）创建图表数据区域

① 将 B1:B19 单元格区域（"商品名称"列）的数据复制到 A21:A39 单元格区域，然后单击"数据"选项卡"数据工具"选项组中的"删除重复项"按钮，打开"删除重复项"对话框，如图 8-44 所示。

② 单击"确定"按钮，系统给出提示信息"发现了 14 个重复值，已将其删除；保留了 4 个唯一值。"如图 8-45 所示，单击"确定"按钮。

图 8-44 删除重复的商品名称　　　　　图 8-45 删除重复项提示信息

③ 在 B21:E21 单元格区域中分别输入文本"采购数量""采购金额""平均价格"和"采购金额占比"。

④ 选择 A21 单元格，单击"开始"选项卡"剪贴板"选项组中的"格式刷"按钮，然后利用格式刷将 B21:E21 单元格区域的格式设置为与 A21 单元格一致。

⑤ 采用同样的方法，选择 A22 单元格，然后利用格式刷将 A22:E25 单元格区域的格式设置为与 A22 单元格一致。创建图表数据区域的结果如图 8-46 所示。

	A	B	C	D	E
21	商品名称	采购数量	采购金额	平均价格	采购金额占比
22	迷你电饭煲				
23	平底煎锅				
24	双层蒸锅				
25	智能电饭煲				

图 8-46　创建图表数据区域结果

（2）计算各种商品的采购数量

① 选择 B22 单元格，输入计算公式"=SUMIF(B2:B19,A22,D2:D19)"，然后按【Enter】键。公式的含义是如果 B2:B19 单元格区域中有 A22 单元格中指定的商品名称，则对其数量进行求和，即计算迷你电饭煲的采购数量总计，如图 8-47 所示。

B22	▼	×	✓	fx	=SUMIF(B2:B19,A22,D2:D19)		

	A	B	C	D	E	F
1	日期	商品名称	供应商	数量	单价	采购金额
2	2021/10/1	迷你电饭煲	天天小家电有限公司	15	66.00	990.00
3	2021/10/1	平底煎锅	天天小家电有限公司	50	158.00	7900.00
4	2021/10/1	双层蒸锅	竹园小家电有限公司	60	185.00	11100.00
5	2021/10/1	智能电饭煲	竹园小家电有限公司	40	278.00	11120.00
6	2021/10/8	迷你电饭煲	乐盟小家电有限公司	20	99.00	1980.00
7	2021/10/8	平底煎锅	天天小家电有限公司	10	158.00	1580.00
8	2021/10/8	智能电饭煲	竹园小家电有限公司	30	278.00	8340.00
9	2021/10/15	迷你电饭煲	天天小家电有限公司	50	66.00	3300.00
10	2021/10/15	平底煎锅	天天小家电有限公司	80	158.00	12640.00
11	2021/10/15	双层蒸锅	乐盟小家电有限公司	50	158.00	7900.00
12	2021/10/15	智能电饭煲	竹园小家电有限公司	90	278.00	25020.00
13	2021/10/22	迷你电饭煲	天天小家电有限公司	50	66.00	3300.00
14	2021/10/22	平底煎锅	天天小家电有限公司	60	158.00	9480.00
15	2021/10/22	双层蒸锅	乐盟小家电有限公司	45	158.00	7110.00
16	2021/10/22	智能电饭煲	天天小家电有限公司	50	298.00	14900.00
17	2021/10/29	迷你电饭煲	天天小家电有限公司	20	66.00	1320.00
18	2021/10/29	平底煎锅	乐盟小家电有限公司	20	180.00	3600.00
19	2021/10/29	双层蒸锅	乐盟小家电有限公司	40	158.00	6320.00
20						
21	商品名称	采购数量	采购金额	平均价格	采购金额占比	
22	迷你电饭煲	155				
23	平底煎锅					
24	双层蒸锅					
25	智能电饭煲					

图 8-47　迷你电饭煲的采购数量计算结果

② 采用同样的方法，在 B23 单元格输入平底煎锅的计算公式"=SUMIF(B2:B19,A23,D2:D19)"，然后按【Enter】键；在 B24 单元格输入双层蒸锅的计算公式"=SUMIF(B2:B19,A24,D2:D19)"，然后按【Enter】键；在 B25 单元格输入智能电饭煲的计算公式"=SUMIF(B2:B19,A25,D2:D19)"，然后按【Enter】键。各种商品采购数量的计算结果如图 8-48 所示。

	A	B	C	D	E
21	商品名称	采购数量	采购金额	平均价格	采购金额占比
22	迷你电饭煲	155			
23	平底煎锅	220			
24	双层蒸锅	195			
25	智能电饭煲	210			

图 8-48　各种商品采购数量的计算结果

（3）计算各种商品的采购金额

① 选择 C22 单元格，输入计算公式"=SUMIF($B$2:$B$19,A22,$F$2:$F$19)"，然后按【Enter】键。公式的含义是如果$B$2:$B$19 单元格区域中有 A22 单元格中指定的商品名称，则对其采购金额进行求和，即迷你电饭煲的采购金额总计。

② 将鼠标指针置于 C22 单元格右下角，双击填充柄，系统自动将公式复制到 C 列的其他单元格。

③ 选择 C22:C25 单元格区域，单击"开始"选项卡"数字"选项组中的"常规"右侧的下拉按钮，选择"数字"。各种商品采购金额的计算结果如图 8-49 所示。

	A	B	C	D	E
21	商品名称	采购数量	采购金额	平均价格	采购金额占比
22	迷你电饭煲	155	10890.00		
23	平底煎锅	220	35200.00		
24	双层蒸锅	195	32430.00		
25	智能电饭煲	210	59380.00		

图 8-49　各种商品采购金额的计算结果

复制公式时，绝对地址不会发生变化，但是相对地址会发生变化。

（4）计算各种商品的平均价格

① 选择 D22 单元格，输入公式"=AVERAGEIF($B$2:$B$19,A22,$E$2:$E$19)"，然后按【Enter】键。公式的含义是如果$B$2:$B$19 单元格区域中有 A22 单元格中指定的商品名称，则对其单价求平均，即迷你电饭煲的平均价格。

② 将鼠标指针置于 D22 单元格右下角，双击填充柄，系统自动将公式复制到 D 列的其他单元格。

③ 选择 D22:D25 单元格区域，单击"开始"选项卡"数字"选项组中的"常规"右侧的下拉按钮，选择"货币"，结果如图 8-50 所示。

	A	B	C	D	E
21	商品名称	采购数量	采购金额	平均价格	采购金额占比
22	迷你电饭煲	155	10890.00	¥72.60	
23	平底煎锅	220	35200.00	¥162.40	
24	双层蒸锅	195	32430.00	¥164.75	
25	智能电饭煲	210	59380.00	¥283.00	

图 8-50　各种商品平均价格的计算结果

（5）计算各种商品的采购金额占比

① 选择 E22 单元格，输入公式 "=C22/SUM($C$22:$C$25)"，然后按【Enter】键。公式的含义是用 C22 单元格中的值除以$C$22:$C$25 单元格区域的累加和，即迷你电饭煲的采购金额占比。

② 选择 E22 单元格，将其单元格数字格式设置为"百分比"且小数位数为 0。

③ 将鼠标指针置于 E22 单元格右下角，双击填充柄，系统自动将公式复制到 E 列的其他单元格。各种商品采购金额占比的计算结果如图 8-51 所示。

	A	B	C	D	E
21	商品名称	采购数量	采购金额	平均价格	采购金额占比
22	迷你电饭煲	155	10890.00	¥72.60	8%
23	平底煎锅	220	35200.00	¥162.40	26%
24	双层蒸锅	195	32430.00	¥164.75	24%
25	智能电饭煲	210	59380.00	¥283.00	43%

图 8-51　各种商品采购金额占比的计算结果

（6）利用饼图对采购金额占比进行分析

① 按住【Ctrl】键，同时选择图表数据区域中的"商品名称"列和"采购金额占比"列对应的 A21:A25 及 E21:E25 单元格区域，然后单击"插入"选项卡"图表"选项组中的"插入饼图或圆环图"按钮，在弹出的下拉列表中选择"三维饼图"命令，系统自动创建一个三维饼图。

② 将三维饼图移动到合适的位置，修改图表标题为"各种商品采购金额占比"。

③ 在饼图扇区上单击鼠标右键，在弹出的快捷菜单中选择"添加数据标签"下的"添加数据标签"命令，在每个扇区中显示数值。

④ 选择饼图，单击图表工具"设计"选项卡"图表样式"选项组中的"样式 8"，然后调整饼图大小适中。各种商品采购金额占比三维饼图最终结果如图 8-52 所示。

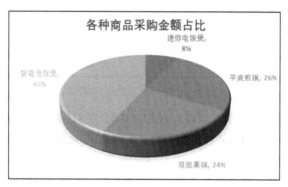

图 8-52　各种商品采购金额占比三维饼图最终结果

从图 8-52 所示的三维饼图可以直接对不同商品的采购金额占比进行分析，智能电饭煲的采购金额占比最大，迷你电饭煲占比最小。

8.5　商品采购金额预测

利用已有的商品采购金额统计数据，可以预测下一个时段的商品采购金额，以便进行采购资金的准备和规划。

移动平均法是用一组最近的实际数据值来预测未来一期或几期内的未来数据值的一种常用方法。移动平均值可以有效地消除实际数据值的随机波动，从而得到较为平滑的数据变动趋势图表。这里通过 Excel 自带的数据分析工具来实现移动平均法预测商品采购金额。

在"素材文件\第 8 章\商品采购金额预测表.xlsx"文件中包含"采购金额预测"工作表，该表中按顺序记录了某年 1 月～12 月的商品采购金额，包括"月份""采购金额""递增/递减率"和"移动平均值"4 列数据，如图 8-53 所示，其中"采购金额"采用货币格式且只保留整数部分。要求采用移动平均法预测下一年度 1 月的商品采购金额。

	A	B	C	D
1	月份	采购金额	递增/递减率	移动平均值
2	1月	¥125,000		
3	2月	¥96,800		
4	3月	¥149,000		
5	4月	¥165,000		
6	5月	¥253,000		
7	6月	¥196,000		
8	7月	¥214,200		
9	8月	¥412,300		
10	9月	¥354,000		
11	10月	¥263,200		
12	11月	¥534,500		
13	12月	¥492,500		
14				
15	预测下一年度1月的商品采购金额			

采购金额预测

图 8-53　"采购金额预测"工作表

操作步骤如下。

（1）计算每个月的递增/递减率

① 在 C2 单元格输入 "3%"。

② 在 C3 单元格中输入递增/递减率的计算公式 "=(B3-B2)/B2"，然后按

【Enter】键。公式的含义是用本月数据减上月数据然后除以上月数据。

8-5　商品采购
金额预测

③ 将鼠标指针置于 C3 单元格右下角，双击填充柄，系统自动将公式复制到 C 列其他单元格。每个月的递增/递减率计算结果如图 8-54 所示。

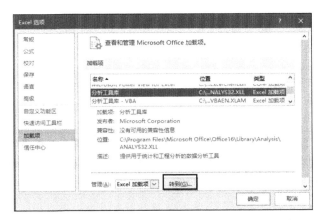

图 8-54　每个月的递增/递减率计算结果

提示　　在 C2 单元格输入 3%，是因为 C2 之前没有数据可以进行计算，所以必须手动输入数据。这里假设为 3%。

（2）加载 Excel 分析工具库

① 选择 "文件" 选项卡左侧的 "选项" 命令，打开 "Excel 选项" 对话框。在左侧选择 "加载项"，在右侧列表框中选择 "分析工具库"，然后单击下方的 "转到" 按钮，如图 8-55 所示。

② 在打开的 "加载宏" 对话框中，勾选 "分析工具库" 复选框，如图 8-56 所示。然后单击 "确定" 按钮，即可在 Excel 的 "数据" 选项卡 "分析" 选项组中增加 "数据分析" 按钮。

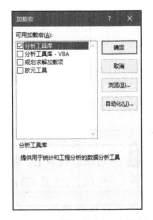

图 8-55　在 "Excel 选项" 对话框中加载分析工具库　　　图 8-56　"加载宏" 对话框

（3）利用数据分析工具计算移动平均值

① 单击"数据"选项卡"分析"选项组中的"数据分析"按钮，打开"数据分析"对话框，在"分析工具"列表中选择"移动平均"，单击"确定"按钮，如图 8-57 所示。

图 8-57　"数据分析"对话框

② 打开"移动平均"对话框，分别设置"输入区域"为"$C$2:$C$13"，"间隔"为"3"，"输出区域"为"$D$2:$D$13"，即依据每月的递增/递减率和间隔为 3 来计算移动平均值。最后勾选"图表输出"复选框，如图 8-58 所示。

图 8-58　"移动平均"对话框

③ 单击"确定"按钮，此时可以看到生成的图表和计算的移动平均值结果，如图 8-59 所示。

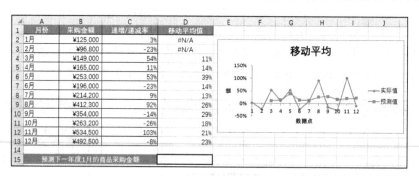

图 8-59　移动平均值计算结果

这里移动平均值计算采用了间隔为 3，即每个移动平均值都是针对前 3 个数据的平均值，所以 D2 和 D3 单元格没有计算结果；也就是说，D4 是 C2、C3、C4 单元格的平均值，D5 是 C3、C4、C5 单元格的平均值，依此类推。

（4）计算预测值

在 D15 单元格中输入计算公式"=B13*D13+B13"，然后按【Enter】键。公式的含义是以 12

月采购金额和移动平均值来进行预测。预测值计算结果如图 8-60 所示。

D15　=B13*D13+B13

	A	B	C	D
1	月份	采购金额	递增/递减率	移动平均值
2	1月	¥125,000	3%	#N/A
3	2月	¥96,800	-23%	#N/A
4	3月	¥149,000	54%	11%
5	4月	¥165,000	11%	14%
6	5月	¥253,000	53%	39%
7	6月	¥196,000	-23%	14%
8	7月	¥214,200	9%	13%
9	8月	¥412,300	92%	26%
10	9月	¥354,000	-14%	29%
11	10月	¥263,200	-26%	18%
12	11月	¥534,500	103%	21%
13	12月	¥492,500	-8%	23%
14				
15	预测下一年度1月的商品采购金额			¥606,710.72

图 8-60　预测值计算结果

预测的商品采购金额，可为企业进行采购资金的准备和规划提供依据。

实　　验

在实验素材“实验 8.xlsx”文件中包含“本年采购明细”工作表，该工作表中按顺序记录了商品采购数据，包括“采购日期”“商品名称”“供应商”“数量”“单价”和“采购金额”6 列数据。请在该工作表中对商品的数量、采购金额和平均价格进行统计分析。要求完成下列操作。

（1）计算“采购金额”列，采购金额=数量×单价。

（2）完成多级分类汇总，首先按商品名称对数量和采购金额进行求和汇总，然后按商品名称对单价进行平均值汇总。

样张：

	A	B	C	D	E	F
1	采购日期	商品名称	供应商	数量	单价	采购金额
2	1/15	迷你电饭煲	天天小家电有限公司	50	66.00	
3	1/20	平底煎锅	天天小家电有限公司	30	328.00	
4	1/25	双层蒸锅	乐盟小家电有限公司	60	158.00	
5	2/5	智能电饭煲	竹园小家电有限公司	30	268.00	
6	2/17	迷你电饭煲	天天小家电有限公司	80	66.00	
7	3/2	平底煎锅	乐盟小家电有限公司	40	180.00	
8	3/22	双层蒸锅	竹园小家电有限公司	20	185.00	
9	4/5	迷你电饭煲	乐盟小家电有限公司	100	99.00	
10	4/15	双层蒸锅	乐盟小家电有限公司	80	158.00	

本年采购明细

第 **9** 章 商品销售情况分析

通过对商品销售数据定期进行统计分析，可以了解各类商品的销售情况，为制定销售策略提供数据支持。

9.1 商品月度销售数据统计分析

通过对商品月度销售数据进行分析，发现销售中存在的问题，找到相应的销售增长点，从而提高销售量。

在"素材文件\第 9 章\商品月度销售表.xlsx"文件中包含"1 月"工作表，表中按顺序记录了 2021 年 1 月的销售清单，包括"日期""商品名称""商品价格""销售价格""销售数量""折扣率"和"商品总价"7 列数据，如图 9-1 所示。要对该月的商品销售数据进行统计分析，首先完成工作表中数据的计算。

	A	B	C	D	E	F	G
1	日期	商品名称	商品价格	销售价格	销售数量	折扣率	商品总价
2	2021/1/1	女士单肩包	209.00	188.00	5		
3	2021/1/1	女士斜挎包	328.00	256.00	3		
4	2021/1/1	女士手拎包	99.00	68.00	6		
5	2021/1/1	女士水桶包	189.00	142.00	3		
6	2021/1/2	女士单肩包	209.00	188.00	8		
7	2021/1/2	女士斜挎包	328.00	256.00	4		
8	2021/1/2	女士手拎包	99.00	68.00	10		
9	2021/1/3	女士单肩包	209.00	188.00	10		
10	2021/1/3	女士手拎包	99.00	68.00	12		

图 9-1 "1 月"工作表

9.1.1 月度销售表中数据的计算

对表格格式进行设置并计算折扣率和商品总价的具体操作步骤如下。

（1）冻结首行

单击"视图"选项卡"窗口"选项组中的"冻结窗格"按钮，在弹出的下拉列表中选择"冻结首行"命令，以保证任何情况下第一行（标题行）都显示在屏幕上，方便查看数据

（2）设置表格框线

选择 A1:G36 单元格区域，单击"开始"选项卡"字体"选项组中"田 ·"

9-1 月度销售表中数据的计算

下拉按钮，在弹出的下拉列表中选择"所有框线"命令，给表格加上框线，效果如图 9-2 所示。

图 9-2 添加表格框线的效果

（3）计算折扣率

① 选择 F2 单元格，输入折扣率计算公式"=D2/C2"，即"折扣率=销售价格÷商品价格"，然后按【Enter】键，即可得到第一条记录的折扣率，如图 9-3 所示。

图 9-3 计算第一条记录的折扣率

② 将 F2 单元格的格式设置为"百分比"，并保留 1 位小数。

③ 将鼠标指针置于 F2 单元格右下角，双击填充柄，系统自动将公式复制到 F 列的其他单元格。折扣率计算结果如图 9-4 所示。

图 9-4 折扣率计算结果

（4）计算商品总价

① 选择 G2 单元格，输入商品总价的计算公式"=D2*E2"，即"商品总价=销售价格×销售数量"，然后按【Enter】键，即可得到第一条记录的商品总价。

② 将 G2 单元格的格式设置为"会计专用"并保留 2 位小数。

③ 将鼠标指针置于 G2 单元格右下角，双击填充柄，系统自动将公式复制到 G 列的其他单元格。月度销售表的最终结果如图 9-5 所示。

图 9-5 月度销售表的最终结果

在图 9-5 所示的月度销售表的最终结果中，可以直接分析商品每一次销售的折扣率、销售数量和商品总价。

9.1.2　商品月度销售总数量排名

利用前面完成的"1 月"工作表，通过对商品销售总数量排名，可以更直观地展现商品的销售情况。操作步骤如下。

（1）创建销售总数量排名数据区域

① 将"1 月"工作表中的"商品名称"列复制到一个新工作表中，并将新工作表命名为"1月销量统计"，然后单击"数据"选项卡"数据工具"选项组中的"删除重复项"按钮，打开"删除重复项"对话框，如图 9-6 所示。

② 在"删除重复项"对话框中单击"确定"按钮，系统给出提示信息"发现了 31 个重复值，已将其删除；保留了 4 个唯一值。"，如图 9-7 所示。然后单击"确定"按钮。

图 9-6　"删除重复项"对话框　　　　　　　　图 9-7　提示信息

③ 在新工作表的 B1 单元格中输入表头标题文本"销售总数量"，在 C1 单元格输入表头标题文本"排名"，并按自己的喜好调整列宽。

④ 选择 A1 单元格，利用格式刷将 B1:C1 单元格区域的格式设置为与 A1 单元格一致。选择 A2 单元格，利用格式刷将 B2:C5 单元格区域的格式设置为与 A2 单元格一致。销售总数量排名数据区域创建结果如图 9-8 所示。

（2）计算销售总数量

① 选择 B2 单元格，输入销售总数量的计算公式"=SUMIF(1 月!$B$2:$B$36,A2,1 月!$E$2:$E$36)"，然后按【Enter】键。公式的含义是如果"1 月"工作表中$B$2:$B$36 单元格区域的商品名称中有 A2 中指定的商品名称，则对其"销售数量"进行求和。

② 将鼠标指针置于 B2 单元格右下角，双击填充柄，系统自动将公式复制到 B 列的其他单元格。销售总数量的计算结果如图 9-9 所示。由于"1 月"工作表名称以数字开头，所以系统自动在销售总数量计算公式中添加了单引号。

图 9-8　销售总数量排名数据区域创建结果　　　　图 9-9　销售总数量的计算结果

（3）计算排名

① 选择 C2 单元格，输入公式"=RANK(B2,$B$2:$B$5)"，然后按【Enter】键。公式的含义是计算 B2 单元格中的值$B$2:$B$5 单元格区域中的排位顺序。

② 将鼠标指针置于 C2 单元格右下角，双击填充柄，系统自动将公式复制到 C 列的其他单元格。销售总数量排名的计算结果如图 9-10 所示。

图 9-10　销售总数量排名的计算结果

（4）利用条形图对销售总数量进行分析

① 选择"商品名称"列和"销售总数量"列，即 A1:B5 单元格区域，然后单击"插入"选项卡"图表"选项组中的"插入柱形图或条形图"按钮，在弹出的下拉列表中选择"三维簇状条形图"命令，系统自动创建一个三维簇状条形图。

② 将三维簇状条形图移动到合适的位置，销售总数量排名最终结果如图 9-11 所示。

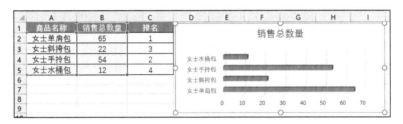

图 9-11　商品月度销售总数量排名最终结果

从图 9-11 所示的三维簇状条形图中可以明显看出，女士水桶包的销量最低，女士单肩包的销量最高。

9.1.3　月度畅销商品分析

通过月度畅销商品分析，可以更直观地展现商品的销售情况。计算畅销率的方法有很多，这里主要考虑两个因素，商品的销售数量和销售金额，并且分别赋予权重系数 0.8 和 0.2。畅销率的计算公式为"畅销率=商品的销售数量÷销售数量总计×0.8+商品的销售金额÷销售金额总计×0.2"。最终通过畅销率来评定该商品是畅销的（畅销率大于或等于18%）、一般的（畅销率大于或等于10%且小于18%），还是滞销的（畅销率小于10%）。

利用前面完成的"1 月销量统计"工作表进一步进行月度畅销商品分析，具体操作步骤如下。

（1）创建月度畅销商品分析数据区域

① 将"1 月销量统计"工作表中的"商品名称"和"销售总数量"列数据复制到一张新工作表中，并将新工作表命名为"畅滞销商品分析"。

② 在"畅滞销商品分析"工作表中，在 C1:E1 单元格区域输入表头标题文本"销售总金额""畅销率"和"畅滞销状态"。

③ 选择 A1 单元格，利用格式刷将 B1:E1 单元格区域的格式设置为与 A1 单元格一致。

④ 选择 C2:E5 单元格区域，单击"开始"选项卡"字体"选项组中的"田 ·"下拉按钮，在弹出的下拉列表中选择"所有框线"命令。创建的月度畅销商品分析数据区域如图 9-12 所示。

（2）计算每种商品的销售总金额

① 选择 C2 单元格，输入销售总金额计算公式"=SUMIF(1 月!$B$2:$B$36,A2,1 月!$G$2:$G$36)"，然后按【Enter】键。公式的含义是如果工作表"1 月"中$B$2:$B$36 单元格区域的商品名称中有 A2 中指定的商品名称，则对其商品总价进行求和。

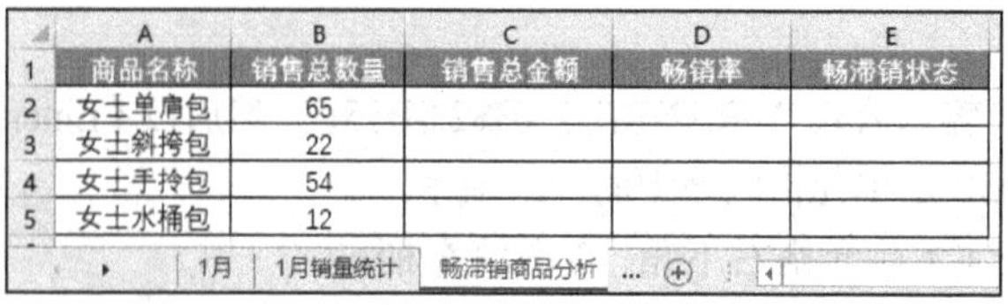

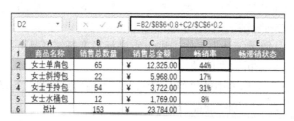

图 9-12　创建的月度畅销商品分析数据区域

② 选择 C2 单元格，单击"开始"选项卡"数字"选项组中的"常规"右侧的下拉按钮，选择"会计专用"。

③ 将鼠标指针置于 C2 单元格右下角，双击填充柄，系统自动将公式复制到 C 列的其他单元格。销售总金额计算结果如图 9-13 所示。由于"1月"工作表名称以数字开头，所以系统自动在销售总金额计算公式中添加了单引号。

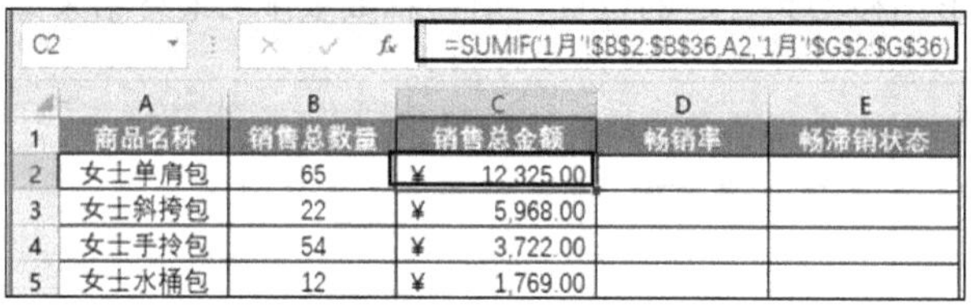

图 9-13　销售总金额计算结果

（3）计算每种商品的畅销率

① 在 A6 单元格中输入文本"总计"，选择 B2:C5 单元格区域，单击"开始"选项卡"编辑"选项组中的"自动求和"按钮分别计算"销售总数量"和"销售总金额"总计。

② 选择 D2 单元格，输入畅销率计算公式"=B2/$B$6*0.8+C2/$C$6*0.2"，即"畅销率=商品的销售数量÷销售数量总计×0.8+商品的销售金额÷销售金额总计×0.2"，然后按【Enter】键。

③ 将 D2 单元格的格式设置为"百分比"，并且不保留小数。

④ 将鼠标指针置于 D2 单元格右下角，双击填充柄，系统自动将公式复制到 D 列的其他单元格。畅销率计算结果如图 9-14 所示。

图 9-14　畅销率计算结果

（4）确定每种商品的畅滞销状态

① 选择 E2 单元格，输入畅滞销状态计算公式"=IF(D2>=18%,"畅销",IF(D2>=10%,"一般","滞销"))"，然后按【Enter】键。公式的含义是如果畅销率大于或等于 18%，则该商品是畅销的；如果畅销率在 10%（含 10%）～18%（不含 18%），则该商品是一般的；如果畅销率小于 10%，则该商品是滞销的。

② 将鼠标指针置于 E2 单元格右下角，双击填充柄，系统自动将公式复制到 E 列的其他单元格。月度畅销商品分析的最终结果如图 9-15 所示。

	A	B	C	D	E
E2				=IF(D2>=18%,"畅销",IF(D2>=10%,"一般","滞销"))	
1	商品名称	销售总数量	销售总金额	畅销率	畅滞销状态
2	女士单肩包	65	¥ 12,325.00	44%	畅销
3	女士斜挎包	22	¥ 5,968.00	17%	一般
4	女士手拎包	54	¥ 3,722.00	31%	畅销
5	女士水桶包	12	¥ 1,769.00	8%	滞销
6	总计	153	¥ 23,784.00		

图 9-15 月度畅销商品分析的最终结果

从图 9-15 所示表格中的数据可以看出，女士水桶包是滞销商品，女士单肩包和女士手拎包是畅销商品。

9.2 商品销售数据同比与环比分析

同比反映的是当期与历史同期之间的增长或减少幅度，而环比反映的是数据在一段期间的增减幅度趋势。

9.2.1 商品销售数据同比分析

同比是指当期与历史同期比较，如今年 1 月的数据比去年 1 月的数据增长多少。同比的计算公式为"同比＝(本期数−同期数)÷同期数"。

在"素材文件\第 9 章\商品销售对比表.xlsx"文件中包含"同比分析"工作表，该表中按顺序记录了今年和去年各月销售金额数据，包括"月份""销售金额""去年同期数据""同比""销售任务"和"达成率"6 列数据，如图 9-16 所示，其中"销售金额""去年同期数据"和"销售任务"均采用会计专用格式且只保留整数部分。

	A	B	C	D	E	F
1	月份	销售金额	去年同期数据	同比	销售任务	达成率
2	20XX年01月	¥ 8,200	¥ 8,689		¥ 10,000	
3	20XX年02月	¥ 12,000	¥ 10,690		¥ 10,000	
4	20XX年03月	¥ 8,700	¥ 9,100		¥ 10,000	
5	20XX年04月	¥ 3,291	¥ 3,061		¥ 12,000	
6	20XX年05月	¥ 10,387	¥ 9,712		¥ 12,000	
7	20XX年06月	¥ 2,076	¥ 2,898		¥ 15,000	
8	20XX年07月	¥ 6,500	¥ 7,866		¥ 15,000	
9	20XX年08月	¥ 2,250	¥ 2,526		¥ 16,000	
10	20XX年09月	¥ 31,420	¥ 38,008		¥ 16,000	
11	20XX年10月	¥ 6,583	¥ 6,953		¥ 18,000	
12	20XX年11月	¥ 3,895	¥ 4,475		¥ 20,000	
13	20XX年12月	¥ 20,870	¥ 25,209		¥ 20,000	
14	合计					

同比分析 　环比分析

图 9-16 "同比分析"工作表

利用"同比分析"工作表中的数据进行同比分析，具体操作步骤如下。

（1）计算合计行

按住【Ctrl】键，同时选择 B14、C14 和 E14 单元格，单击"开始"选项卡"编辑"选项组中的"自动求和"按钮分别计算销售金额、去年同期数据和销售任务的合计。

（2）计算同比列

① 选择 D2 单元格，输入同比的计算公式"=(B2−C2)/C2"，然后按【Enter】键，即可得到 1 月的同比。

② 将 D2 单元格的格式设置为"百分比"，并且不保留小数。

③ 将鼠标指针置于 D2 单元格右下角，双击填充柄，系统自动将公式复制到 D 列的其他单元

9-2 商品销售
数据同比分析

格。同比计算结果如图 9-17 所示。

图 9-17　同比计算结果

④ 选择 D2:D14 单元格区域，单击"开始"选项卡"样式"选项组中的"条件格式"按钮，在弹出的下拉列表中选择"图标集"下"方向"中的"三向箭头(彩色)"命令，为同比添加箭头指示。

⑤ 选择 D2:D14 单元格区域，单击"开始"选项卡"样式"选项组中的"条件格式"按钮，在弹出的下拉列表中选择"管理规则"命令，打开"条件格式规则管理器"对话框，如图 9-18 所示。

图 9-18　"条件格式规则管理器"对话框

⑥ 单击"编辑规则"按钮，打开"编辑格式规则"对话框。把"图标"规则中的最右侧的"类型"都修改为"数字"，把"当值是"的规则修改为"＞0"，如图 9-19 所示。

图 9-19　编辑图标的格式规则

⑦ 单击"确定"按钮。同比的最终效果如图 9-20 所示。

	A	B	C	D	E	F
1	月份	销售金额	去年同期数据	同比	销售任务	达成率
2	20XX年01月	¥ 8,200	¥ 8,689	⬇ -6%	¥ 10,000	
3	20XX年02月	¥ 12,000	¥ 10,690	⬆ 12%	¥ 10,000	
4	20XX年03月	¥ 8,700	¥ 9,100	⬇ -4%	¥ 10,000	
5	20XX年04月	¥ 3,291	¥ 3,061	⬆ 8%	¥ 12,000	
6	20XX年05月	¥ 10,387	¥ 9,712	⬆ 7%	¥ 12,000	
7	20XX年06月	¥ 2,076	¥ 2,898	⬇ -28%	¥ 15,000	
8	20XX年07月	¥ 6,500	¥ 7,866	⬇ -17%	¥ 15,000	
9	20XX年08月	¥ 2,250	¥ 2,526	⬇ -11%	¥ 16,000	
10	20XX年09月	¥ 31,420	¥ 38,008	⬇ -17%	¥ 16,000	
11	20XX年10月	¥ 6,583	¥ 6,953	⬇ -5%	¥ 18,000	
12	20XX年11月	¥ 3,895	¥ 4,475	⬇ -13%	¥ 20,000	
13	20XX年12月	¥ 20,870	¥ 25,209	⬇ -17%	¥ 20,000	
14	合计	¥ 116,172	¥ 129,187	⬇ -10%	¥ 174,000	

图 9-20　同比的最终效果

（3）计算达成率

① 选择 F2 单元格，输入达成率的计算公式"=B2/E2"，即"达成率=销售金额÷销售任务"，然后按【Enter】键。

② 将 F2 单元格的格式设置为"百分比"，并且不保留小数。

③ 将鼠标指针置于 F2 单元格右下角，双击填充柄，系统自动将公式复制到 F 列的其他单元格。达成率计算结果如图 9-21 所示。

F2			fx	=B2/E2		
	A	B	C	D	E	F
1	月份	销售金额	去年同期数据	同比	销售任务	达成率
2	20XX年01月	¥ 8,200	¥ 8,689	⬇ -6%	¥ 10,000	82%
3	20XX年02月	¥ 12,000	¥ 10,690	⬆ 12%	¥ 10,000	120%
4	20XX年03月	¥ 8,700	¥ 9,100	⬇ -4%	¥ 10,000	87%
5	20XX年04月	¥ 3,291	¥ 3,061	⬆ 8%	¥ 12,000	27%
6	20XX年05月	¥ 10,387	¥ 9,712	⬆ 7%	¥ 12,000	87%
7	20XX年06月	¥ 2,076	¥ 2,898	⬇ -28%	¥ 15,000	14%
8	20XX年07月	¥ 6,500	¥ 7,866	⬇ -17%	¥ 15,000	43%
9	20XX年08月	¥ 2,250	¥ 2,526	⬇ -11%	¥ 16,000	14%
10	20XX年09月	¥ 31,420	¥ 38,008	⬇ -17%	¥ 16,000	196%
11	20XX年10月	¥ 6,583	¥ 6,953	⬇ -5%	¥ 18,000	37%
12	20XX年11月	¥ 3,895	¥ 4,475	⬇ -13%	¥ 20,000	19%
13	20XX年12月	¥ 20,870	¥ 25,209	⬇ -17%	¥ 20,000	104%
14	合计	¥ 116,172	¥ 129,187	⬇ -10%	¥ 174,000	67%

图 9-21　达成率计算结果

④ 选择 F2:F14 单元格区域，单击"开始"选项卡"样式"选项组中的"条件格式"按钮，在弹出的下拉列表中选择"数据条"下"实心填充"中的"蓝色数据条"命令，为达成率添加数据条指示。达成率的最终效果如图 9-22 所示。

	A	B	C	D	E	F
1	月份	销售金额	去年同期数据	同比	销售任务	达成率
2	20XX年01月	¥ 8,200	¥ 8,689	⬇ -6%	¥ 10,000	82%
3	20XX年02月	¥ 12,000	¥ 10,690	⬆ 12%	¥ 10,000	120%
4	20XX年03月	¥ 8,700	¥ 9,100	⬇ -4%	¥ 10,000	87%
5	20XX年04月	¥ 3,291	¥ 3,061	⬆ 8%	¥ 12,000	27%
6	20XX年05月	¥ 10,387	¥ 9,712	⬆ 7%	¥ 12,000	87%
7	20XX年06月	¥ 2,076	¥ 2,898	⬇ -28%	¥ 15,000	14%
8	20XX年07月	¥ 6,500	¥ 7,866	⬇ -17%	¥ 15,000	43%
9	20XX年08月	¥ 2,250	¥ 2,526	⬇ -11%	¥ 16,000	14%
10	20XX年09月	¥ 31,420	¥ 38,008	⬇ -17%	¥ 16,000	196%
11	20XX年10月	¥ 6,583	¥ 6,953	⬇ -5%	¥ 18,000	37%
12	20XX年11月	¥ 3,895	¥ 4,475	⬇ -13%	¥ 20,000	19%
13	20XX年12月	¥ 20,870	¥ 25,209	⬇ -17%	¥ 20,000	104%
14	合计	¥ 116,172	¥ 129,187	⬇ -10%	¥ 174,000	67%

图 9-22　达成率的最终效果

（4）利用组合图表对销售金额、去年同期数据和销售任务进行分析

① 按住【Ctrl】键，同时选择"销售金额""去年同期数据"和"销售任务"列，即 B1:C13 以及 E1:E13 单元格区域，然后单击"插入"选项卡"图表"选项组中的"插入组合图"按钮，在弹出的下拉列表中选择"簇状柱形图-折线图"命令，系统自动创建一个组合图，修改图表标题为"同比分析"，如图 9-23 所示。

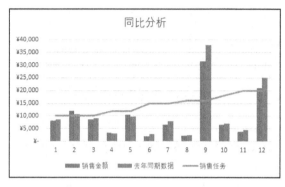

图 9-23　系统自动创建的组合图

② 在组合图上单击鼠标右键，在弹出的快捷菜单中选择"更改图表类型"命令，打开"更改图表类型"对话框，将"销售金额"和"去年同期数据"的图表类型修改为"折线图"，将"销售任务"的图表类型修改为"簇状柱形图"，如图 9-24 所示。

图 9-24　更改图表类型

③ 单击"确定"按钮。商品销售数据同比分析组合图最终效果如图 9-25 所示。

通过图 9-25 所示的同比分析组合图可以看出，去年和今年的销售金额同比曲线基本相似，但是销售任务完成情况不太理想。

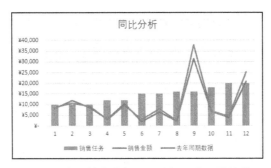

图 9-25　商品销售数据同比分析组合图最终效果

9.2.2　商品销售数据环比分析

环比是指当期与上一个统计期之间的比较，如今年 2 月的数据比今年 1 月的数据增长多少。环比的计算公式为"环比＝（本期数−上期数）÷上期数"。

在"素材文件\第 9 章\商品销售对比表.xlsx"文件中包含"环比分析"工作表，该表中按顺序记录了各种商品本月与上月的销售数量，如图 9-26 所示。

图 9-26　"环比分析"工作表

利用"环比分析"工作表中的数据进行环比分析，具体操作步骤如下。

（1）计算总计列

选择 F2 和 F3 单元格，单击"开始"选项卡"编辑"选项组中的"自动求和"按钮分别计算上月销售数量和本月销售数量的总计。

（2）计算环比行

① 选择 B4 单元格，输入环比计算公式"=(B3−B2)/B2"，然后按【Enter】键。

② 将 B4 单元格的格式设置为"百分比"，并且不保留小数。

③ 选择 B4 单元格，拖曳 B4 单元格右下角填充柄至 F4 单元格，计算其他商品的环比。环比计算结果如图 9-27 所示。

B4		✕ ✓ f_x	=(B3−B2)/B2		
	A	B	C	D	E	F
1	商品名称	女士单肩包	女士斜挎包	女士手拎包	女士水桶包	总计
2	上月销售数量	65	22	54	12	153
3	本月销售数量	58	28	52	25	163
4	环比	-11%	27%	-4%	108%	7%

图 9-27　环比计算结果

④ 选择 B4:F4 单元格区域，单击"开始"选项卡"样式"选项组中的"条件格式"按钮，在弹出的下拉列表中选择"突出显示单元格规则"下的"小于"命令，打开"小于"对话框。设置小于 0%的单元格格式为"浅红填充色深红色文本"，如图 9-28 所示。

图 9-28　设置条件格式

155

⑤ 单击"确定"按钮。环比行的最终效果如图 9-29 所示。

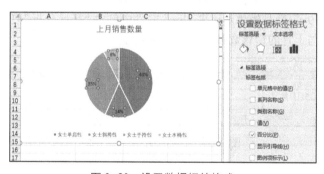

	商品名称	女士单肩包	女士斜挎包	女士手拎包	女士水桶包	总计
2	上月销售数量	65	22	54	12	153
3	本月销售数量	58	28	52	25	163
4	环比	-11%	27%	-4%	108%	7%

图 9-29　环比行的最终效果

（3）利用饼图对上月销售数量进行分析

① 选择 A1:E2 单元格区域，单击"插入"选项卡"图表"选项组中的"插入饼图或圆环图"按钮，在弹出的下拉列表中选择"饼图"命令，系统自动创建一个饼图。

② 在饼图扇区单击鼠标右键，在弹出的快捷菜单中选择"添加数据标签"下的"添加数据标签"命令，在每个扇区中显示数值。然后再次在饼图扇区单击鼠标右键，在弹出的快捷菜单中选择"设置数据标签格式"命令，打开"设置数据标签格式"窗格，只勾选"百分比"复选框，如图 9-30 所示。

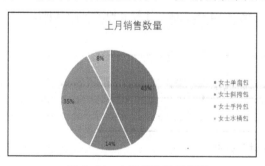

图 9-30　设置数据标签格式

③ 选择饼图，单击图表工具"设计"选项卡"图表布局"选项组中的"添加图表元素"按钮，在弹出的下拉列表中选择"图例"下的"右侧"命令。上月销售数量饼图最终效果如图 9-31 所示。

（4）利用饼图对本月销售数量进行分析

按住【Ctrl】键，同时选择 A1:E1 以及 A3:E3 单元格区域，按照创建上月销售数量饼图的步骤，创建本月销售数量饼图。最终效果如图 9-32 所示。

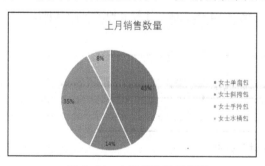
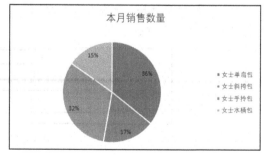

图 9-31　上月销售数量饼图　　　　　图 9-32　本月销售数量饼图

（5）利用组合图对上月销售数量与本月销售数量进行对比分析

① 选择 A1:E3 单元格区域，单击"插入"选项卡"图表"选项组中的"插入组合图"按钮，在弹出的下拉列表中选择"簇状柱形图-折线图"命令，系统自动创建一个组合图，修改图标标题为"上月销售数量 VS 本月销售数量"。

② 在图表中的折线上单击鼠标右键，在弹出的快捷菜单中选择"设置数据系列格式"命令，打开"设置数据系列格式"窗格，勾选"平滑线"复选框，使折线变得平滑。上月销售数量与本月销售数量对比图最终效果如图 9-33 所示。

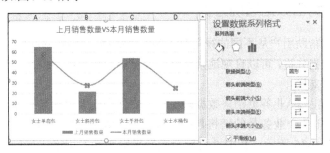

图 9-33 上月销售数量与本月销售数量对比图

（6）利用折线图对环比进行分析

① 按住【Ctrl】键，同时选择 A1:E1 和 A4:E4 单元格区域，单击"插入"选项卡"图表"选项组中的"插入折线图或面积图"按钮，在弹出的下拉列表中选择"折线图"命令，系统自动创建一个折线图。

② 在图表中的折线上单击鼠标右键，在弹出的快捷菜单中选择"设置数据系列格式"命令，打开"设置数据系列格式"窗格，勾选"平滑线"复选框，使折线变得平滑。环比折线图最终效果如图 9-34 所示。

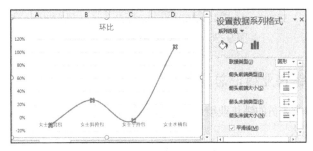

图 9-34 环比折线图

（7）调整各个图表的位置和大小

商品销售数据环比分析的最终效果如图 9-35 所示。

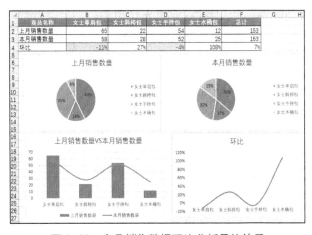

图 9-35 商品销售数据环比分析最终效果

从图9-35中可以看出，上月和本月都是女士单肩包销量最大，但从环比来看，女士单肩包的销量有所下降；环比最高的是女士水桶包。

9.3 不同区域的销售数据透视分析

数据透视表可以帮助用户从不同的视角分析和汇总数据。针对不同区域、不同业务员的商品销售数据进行数据透视分析，可以直观地判定哪些业务员业绩突出，哪些区域商品销售情况较好，为企业决策提供数据支持。

在"素材文件\第9章\业务员销售数据表.xlsx"文件中包含"销售业绩清单"工作表，表中按顺序记录了2021年各个业务员的销售数据，包括"区域""订单日期""业务员"和"销售金额"4列数据，如图9-36所示，其中"销售金额"采用会计专用格式且只保留整数部分。利用"销售业绩清单"工作表可以实现多角度的销售数据透视分析。

	A	B	C	D	E
1	区域	订单日期	业务员	销售金额	
2	华北区	2021/01/01	李明	¥ 3,356	
3	华东区	2021/01/01	宋洪博	¥ 654	
4	华东区	2021/01/01	唐明卿	¥ 1,057	
5	西南区	2021/01/02	高原	¥ 2,389	
6	华东区	2021/01/03	李淑子	¥ 1,105	
7	西南区	2021/01/04	刘向志	¥ 1,258	
8	华北区	2021/01/05	李明	¥ 2,389	
9	西南区	2021/01/06	明宇	¥ 4,469	
10	华北区	2021/01/08	王晓红	¥ 1,258	
11	西南区	2021/01/10	李蕾	¥ 321	

图9-36 "销售业绩清单"工作表

9.3.1 业务员销售业绩汇总排名

利用数据透视表对业务员的销售业绩进行汇总和排名，具体操作步骤如下。

（1）创建数据透视表

① 在"销售业绩清单"工作表中选择数据区域的任意一个单元格。在"插入"选项卡的"表格"选项组中，单击"数据透视表"按钮，打开"创建数据透视表"对话框。

9-3 利用数据透视表对业务员销售业绩汇总排名

② 在"创建数据透视表"对话框中，默认选定整个数据区域作为数据透视表的数据源，不用修改，如图9-37所示。单击"确定"按钮，在新工作表中创建数据透视表框架，将新工作表命名为"业绩排名"。

③ 在"数据透视表字段"窗格中，将"业务员"添加到"行"，将"销售金额"添加到"值"两次。字段布局和生成的数据透视表如图9-38所示。

④ 在"销售金额2"列的任一数据上单击鼠标右键，在弹出的快捷菜单中选择"值显示方式"下的"降序排列"命令，打开"值显示方式（求和项：销售金额2）"对话框，在"基本字段"下拉列表中默认选择了"业务员"，如图9-39所示。

⑤ 单击"确定"按钮，该列数据显示的值自动修改为降序排列后的结果，如图9-40所示。

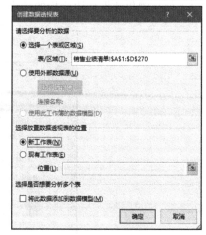

图9-37 "创建数据透视表"对话框

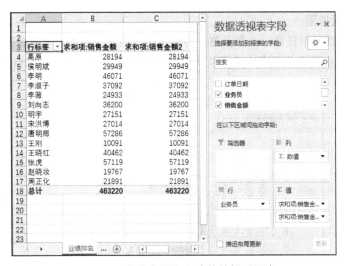

图 9-38　字段布局和生成的数据透视表

图 9-40　降序排列后的结果

图 9-39　值显示方式对话框

⑥ 在"销售金额 2"列的任一数据上单击鼠标右键，在弹出的快捷菜单中选择"值字段设置"命令，打开"值字段设置"对话框，在"自定义名称"文本框中输入"排名"，如图 9-41 所示。

⑦ 单击"确定"按钮，该列名称显示为"排名"。业务员销售业绩汇总排名的数据透视表最终结果如图 9-42 所示。

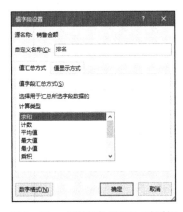

图 9-41　"值字段设置"对话框

行标签 ▼	求和项:销售金额	排名
高原	28194	8
侯明斌	29949	7
李明	46071	3
李淑子	37092	5
李薇	24933	11
刘向志	36200	6
明宇	27151	9
宋洪博	27014	10
唐明卿	57286	1
王刚	10091	14
王晓红	40462	4
张虎	57119	2
赵晓妆	19767	13
周正化	21891	12
总计	463220	

图 9-42　业务员销售业绩汇总排名的结果

（2）创建数据透视图

① 选择数据透视表中任意一个单元格，然后单击"插入"选项卡"图表"选项组中的"插入组合图"按钮，在弹出的下拉列表中选择"簇状柱形图-折线图"命令，系统自动创建一个组合图，如图 9-43 所示。

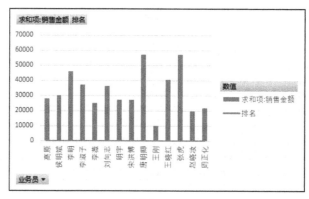

图 9-43　系统自动生成的组合图

② 在图表中的排名数据系列上单击鼠标右键，在弹出的快捷菜单中选择"设置数据系列格式"命令，打开"设置数据系列格式"窗格，选择"次坐标轴"单选按钮，如图 9-44 所示。

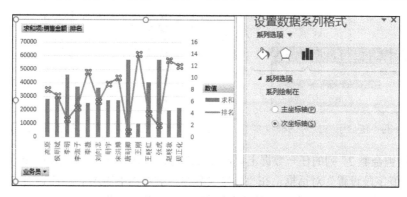

图 9-44　设置次坐标轴

③ 关闭"设置数据系列格式"窗格。数据透视图和数据透视表的最终效果如图 9-45 所示。

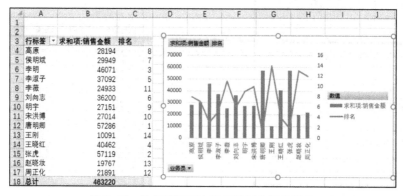

图 9-45　数据透视图和数据透视表最终效果

从图 9-45 所示的数据透视图和数据透视表可以看出，唐明卿和张虎两个业务员销售金额较高，王刚最低；销售金额越高，排名越靠前。

9.3.2 提取各区域销售业绩前两名的业务员

利用数据透视表提取各区域销售业绩前两名的业务员，具体操作步骤如下。

（1）创建数据透视表

① 在"销售业绩清单"工作表中选择数据区域的任意一个单元格。

② 在"插入"选项卡的"表格"选项组中，单击"数据透视表"按钮，打开"创建数据透视表"对话框。

③ 在"创建数据透视表"对话框中，默认选定整个数据区域作为数据透视表的数据源，不用修改，直接单击"确定"按钮，在新工作表中创建数据透视表框架，将新工作表命名为"业绩前两名"。

④ 在"业绩前两名"工作表的"数据透视表字段"窗格中，将"区域"和"业务员"添加到"行"，"销售金额"添加到"值"。字段布局和生成的数据透视表如图 9-46 所示。

⑤ 在数据透视表工具"设计"选项卡的"布局"选项组中，单击"分类汇总"按钮，在弹出的下拉列表中选择"不显示分类汇总"命令。

⑥ 在任意一个业务员姓名上单击鼠标右键，在弹出的快捷菜单中选择"筛选"下的"前 10 个"命令，打开"前 10 个筛选(业务员)"对话框，将"显示"设置为"最大""2""项"，如图 9-47 所示。

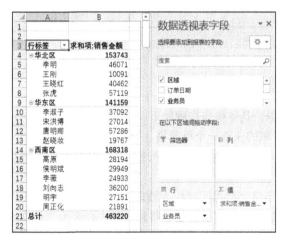

图 9-46　字段布局和生成的数据透视表

图 9-47　筛选前 2 项

⑦ 单击"确定"按钮。提取各区域销售业绩前两名的业务员最终结果如图 9-48 所示。

（2）创建数据透视图

① 选择数据透视表中任意一个单元格，单击"插入"选项卡"图表"选项组中的"插入柱形图或条形图"按钮，在弹出的下拉列表中选择"三维簇状柱形图"命令，系统自动创建一个三维簇状柱形图，如图 9-49 所示。

② 修改图表标题为"各区域销售业绩前二的业务员"。提取各区域销售业绩前两名业务员的最终结果如图 9-50 所示。

从图 9-50 所示的数据透视图表中可以直接看到华北区、华东区、西南区销售业绩前两名的业务员姓名，同时也可以看出这些业务员的业绩之间存在一定差距。

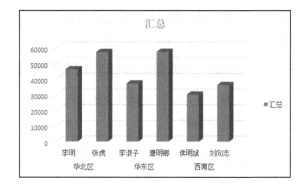

图 9-48　前两名的最终结果　　　　图 9-49　系统自动生成的三维簇状柱形图

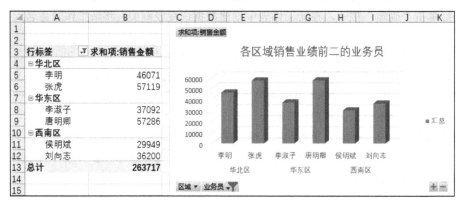

图 9-50　提取各区域销售业绩前两名业务员的最终结果

9.3.3　按季度汇总各业务员销售数据

利用数据透视表按季度汇总各业务员销售数据，具体操作步骤如下。

① 在"销售业绩清单"工作表中选择数据区域的任意一个单元格。

② 在"插入"选项卡的"表格"选项组中，单击"数据透视表"按钮，打开"创建数据透视表"对话框。

③ 在"创建数据透视表"对话框中，默认选定整个数据区域作为数据透视表的数据源，不用修改，直接单击"确定"按钮，在新工作表中创建数据透视表框架，将新工作表命名为"按季度汇总"。

④ 在"按季度汇总"工作表的"数据透视表字段"窗格中，将"区域"添加到"筛选器"，"订单日期"添加到"行"，"业务员"添加到"列"，"销售金额"添加到"值"。

⑤ 在数据透视表中的任意一个日期上单击鼠标右键，在弹出的快捷菜单中选择"创建组"命令，打开"组合"对话框，"步长"选择"月"和"季度"，如图 9-51 所示。

⑥ 单击"确定"按钮。数据透视表及字段布局如图 9-52 所示。

⑦ 在数据透视表工具"设计"选项卡的"布局"选项组中，单击"分类汇总"按钮，在弹出的下拉列表中选择"在组的底部显示所有分类汇总"命令。

⑧ 在数据透视表工具"分析"选项卡的"筛选"选项组中，单击"插入切片器"按钮，打开"插入切片器"对话框，勾选"区域"复选框，如图 9-53 所示。

⑨ 单击"确定"按钮。按季度汇总业务员销售数据的最终结果如图 9-54 所示。

图 9-51 创建日期组合

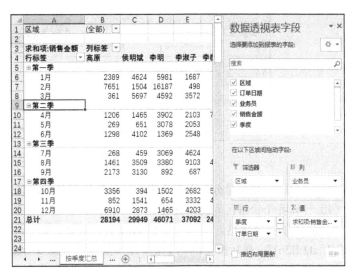

图 9-52 数据透视表及字段布局

图 9-53 "插入切片器"对话框

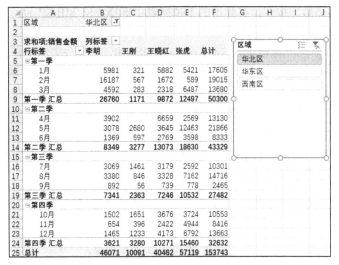

图 9-54 按季度汇总业务员销售数据的最终结果

在图 9-54 所示的按季度汇总业务员销售数据的最终结果中，用户可以看到"华北区"每个业务员每个季度以及每个月的销售业绩情况，而且可以通过切片器筛选查看其他区域数据。

9.4 商品价格分析

商品价格通常是影响交易的重要因素，通过对商品价格进行分析，可以辅助决策者确定合理的价格。

9.4.1 商品价格与成交量分析

在"素材文件\第 9 章\商品价格分析表.xlsx"文件中包含"价格与成交量分析"工作表，该表中按顺序记录了某种商品的报价和成交量数据，包括"报价"和"成交量"两列数据，如图 9-55 所示。

图 9-55 "价格与成交量分析"工作表

利用"价格与成交量分析"工作表中的数据进行分析，具体操作步骤如下。

（1）计算各个价格区间的成交量

① 选择 D3 单元格，输入价格区间成交量计算公式"=SUMIF(A2:A26, "<=30", B2:B26)"，然后按【Enter】键。公式的含义是如果 A2:A26 单元格区域的报价满足小于或等于 30 的条件，则对其成交量进行求和。

② 选择 E3 单元格，单击"公式"选项卡"函数库"选项组中的"数学和三角函数"按钮，在弹出的下拉列表中选择"SUMIFS"命令，打开"函数参数"对话框。

③ 将光标定位到 Sum_range 文本框中，在工作表中选择 B2:B26 单元格区域；将光标定位到 Criteria_range1 文本框中，在工作表中选择 A2:A26 单元格区域，将光标定位到 Criteria1 文本框中，输入条件">=31"；将光标定位到 Criteria_range2 文本框中，在工作表中选择 A2:A26 单元格区域，将光标定位到 Criteria2 文本框中，输入条件"<=60"，如图 9-56 所示。公式的含义是如果 A2:A26 的报价满足大于或等于 31 且小于或等于 60 的条件，则对其成交量进行求和。然后单击"确定"按钮。

④ 采用同样的方法，设置不同的条件计算 F3:H3 单元格区域的值。各个价格区间的成交量计算结果如图 9-57 所示。

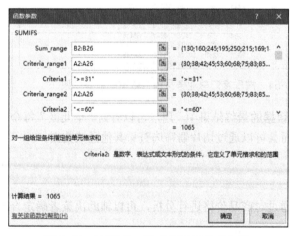

图 9-56 计算 31~60 价格区间的成交量

图 9-57 各个价格区间的成交量计算结果

（2）创建不同价格区间的成交量对比图

① 选择 D2:H3 单元格区域，单击"插入"选项卡"图表"选项组中的"插入折线图或面积图"按钮，在弹出的下拉列表中选择"二维面积图"下的"面积图"命令，创建一个面积图。

② 调整图表大小和位置，删除图表中的网格线，修改图表标题为"价格与成交量分析"。

③ 单击图表工具"设计"选项卡"图表布局"选项组中的"添加图表元素"按钮，在弹出的下拉列表中选择"网格线"下的"主轴主要垂直网格线"命令。

④ 双击插入的垂直网格线，打开"设置主要网格线格式"窗格，在"短划线类型"右侧的下拉列表框中选择"短划线"。各个价格区间的成交量图表最终效果如图 9-58 所示。

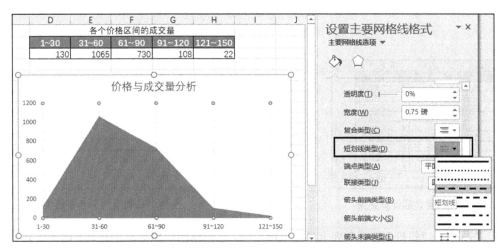

图 9-58　各个价格区间的成交量图表最终效果

从图 9-58 所示的各个价格区间的成交量可以看出，价格范围在 31～60 的成交量最高，可以认为这是比较合理的价格区间。

9.4.2　商品价格与销售金额分析

在"素材文件\第 9 章\商品价格分析表.xlsx"文件中包含"价格与销售金额分析"工作表，该表中按顺序记录了某种商品的报价和成交量数据，包括"报价""成交量"和"销售金额"3 列数据，如图 9-59 所示。

图 9-59　"价格与销售金额分析"工作表

利用"价格与销售金额分析"工作表中的数据进行分析，具体操作步骤如下。

（1）计算销售金额

① 选择 C2 单元格，输入销售金额计算公式"=A2*B2"，即"销售金额=报价×成交量"，然后按【Enter】键。

② 将 C2 单元格的格式设置为"会计专用"。

③ 双击 C2 单元格右下角的填充柄，系统自动将公式复制到 C 列的其他单元格。销售金额计算结果如图 9-60 所示。

（2）创建折线图

① 按住【Ctrl】键，同时选择 A1:A26 和 C1:C26 单元格区域，单击"插入"选项卡"图表"选项组中的"插入折线图或面积图"按钮，在弹出的下拉列表中选择"带数据标记的折线图"命令，自动创建一个带数据标记的折线图，修改图表标题为"价格与销售金额分析"，如图 9-61 所示。

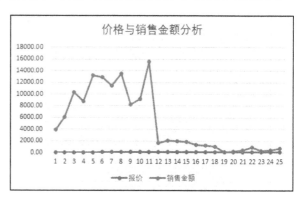

图 9-60　销售金额计算结果 　　　图 9-61　价格与销售金额分析折线图

② 在图表中"报价"数据系列上单击鼠标右键，在弹出的快捷菜单中选择"设置数据系列格式"命令，打开"设置数据系列格式"窗格，选择"次坐标轴"单选按钮，如图 9-62 所示。

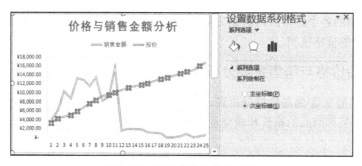

图 9-62　设置报价为次坐标轴

③ 单击图表工具"设计"选项卡"图表布局"选项组中的"添加图表元素"按钮，在弹出的下拉列表中选择"轴标题"下的"主要纵坐标轴"命令。然后将图表中添加的坐标轴标题修改为"销售金额"。

④ 在"销售金额"上单击鼠标右键，在弹出的快捷菜单中选择"设置坐标轴标题格式"命令，打开"设置坐标轴标题格式"窗格，设置"文字方向"为"竖排"，如图 9-63 所示。

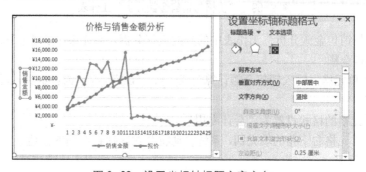

图 9-63　设置坐标轴标题文字方向

⑤ 采用同样的方法，添加并设置次要纵坐标轴标题"商品价格"。商品价格与销售金额分析最终效果如图 9-64 所示。

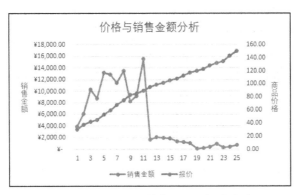

图 9-64　商品价格与销售金额分析最终效果

从图 9-64 中可以看出，商品价格与销售金额没有绝对的联系，商品定价高，销售金额不一定高；商品定价低，销售金额也不一定低。

9.5　商品盈利情况统计分析

商品盈利情况能够反映企业一定时期内赚取利润的情况，可以统计哪些商品是盈利的，哪些商品是不盈利的，为企业经营决策提供数据支持。

在"素材文件\第 9 章\商品盈利情况分析表.xlsx"文件中包含"商品销售清单"工作表，该表中按顺序记录了某年 11 月份的商品销售数据，包括"日期""商品名称""成本价""销售价""销售数量""销售收入"和"销售成本"7 列数据，如图 9-65 所示。其中销售收入的计算公式为"销售收入=销售价×销售数量"，销售成本的计算公式为"销售成本=成本价×销售数量"，"销售收入"和"销售成本"均采用会计专用格式。

	A	B	C	D	E	F	G
1	日期	商品名称	成本价	销售价	销售数量	销售收入	销售成本
2	20XX年11月	女士单肩包	110.00	188.00	60	¥ 11,280.00	¥ 6,600.00
3	20XX年11月	女士单肩包	110.00	209.00	5	¥ 1,045.00	¥ 550.00
4	20XX年11月	女士手拎包	50.00	63.00	21	¥ 1,323.00	¥ 1,050.00
5	20XX年11月	女士手拎包	50.00	68.00	28	¥ 1,904.00	¥ 1,400.00
6	20XX年11月	女士手拎包	50.00	99.00	5	¥ 495.00	¥ 250.00
7	20XX年11月	女士水桶包	102.00	142.00	5	¥ 710.00	¥ 510.00
8	20XX年11月	女士水桶包	102.00	148.00	6	¥ 888.00	¥ 612.00
9	20XX年11月	女士水桶包	102.00	189.00	2	¥ 378.00	¥ 204.00
10	20XX年11月	女士斜挎包	180.00	256.00	7	¥ 1,792.00	¥ 1,260.00
11	20XX年11月	女士斜挎包	180.00	266.00	12	¥ 3,192.00	¥ 2,160.00
12	20XX年11月	女士斜挎包	180.00	328.00	?	¥ 98. 0	¥ 540.00

商品销售清单

图 9-65　"商品销售清单"工作表

利用"商品销售清单"工作表中的数据进行商品盈利情况分析，具体操作步骤如下。

（1）创建数据分析区域

① 将"商品销售清单"工作表中的"商品名称"列复制到一个新工作表的 A 列中，并将新工作表命名为"商品盈利情况"。

② 在"商品盈利情况"工作表中选择"商品名称"列，单击"数据"选项卡"数据工具"选项组中的"删除重复项"按钮，删除重复的商品名称。

③ 在 B1:E1 单元格区域输入表头标题文本"总销售收入""总销售成本"

9-5　商品盈利情况统计分析

"毛利"和"毛利率"。

④ 选择 A1 单元格，利用格式刷将 B1:E1 单元格区域的格式设置为与 A1 单元格一致。

⑤ 选择 A2 单元格，利用格式刷将 B2:E5 单元格区域的格式设置为与 A2 单元格一致。创建完成的数据分析区域如图 9-66 所示。

图 9-66　创建的数据分析区域

（2）计算总销售收入

① 选择 B2 单元格，输入总销售收入计算公式"=SUMIF(商品销售清单!$B$2:$B$12,A2,商品销售清单!$F$2:$F$12)"，然后按【Enter】键，如图 9-67 所示。公式的含义是如果"商品销售清单"工作表中$B$2:$B$12 单元格区域的商品名称中有 A2 中指定的商品名称，则对其销售收入进行求和（只保留整数部分）。

图 9-67　计算第一条记录的总销售收入

② 将鼠标指针置于 B2 单元格右下角，双击填充柄，系统自动将公式复制到 B 列的其他单元格，完成总销售收入的计算。

（3）计算总销售成本

① 选择 C2 单元格，输入总销售成本计算公式"=SUMIF(商品销售清单!$B$2:$B$12,A2,商品销售清单!$G$2:$G$12)"，然后按【Enter】键，如图 9-68 所示。公式的含义是如果"商品销售清单"工作表中$B$2:$B$12 单元格区域的商品名称中有 A2 中指定的商品名称，则对其销售成本进行求和（只保留整数部分）。

图 9-68　计算第一条记录的总销售成本

② 将鼠标指针置于 C2 单元格右下角，双击填充柄，系统自动将公式复制到 C 列的其他单元格，完成总销售成本的计算。

（4）计算毛利

① 选择 D2 单元格，输入毛利计算公式"=B2-C2"，即"毛利=总销售收入-总销售成本"，然后按【Enter】键。

② 将鼠标指针置于 D2 单元格右下角，双击填充柄，系统自动将公式复制到 D 列的其他单元格，完成毛利的计算。

（5）计算毛利率

① 选择 E2 单元格，输入毛利率计算公式"=D2/B2"，即"毛利率=毛利÷总销售收入"，然后按【Enter】键。

② 将 E2 单元格数字格式设置为"百分比"。

③ 将鼠标指针置于 E2 单元格右下角，双击填充柄，系统自动将公式复制到 E 列的其他单元格，完成毛利率的计算。最终计算结果如图 9-69 所示。

	A	B	C	D	E
1	商品名称	总销售收入	总销售成本	毛利	毛利率
2	女士单肩包	12325	7150	5175	41.99%
3	女士手拎包	3722	2700	1022	27.46%
4	女士水桶包	1976	1326	650	32.89%
5	女士斜挎包	5968	3960	2008	33.65%

图 9-69 最终计算结果

（6）利用折线图对总销售收入与毛利进行对比分析

① 按住【Ctrl】键，同时选择 A1:B5 和 D1:D5 单元格区域，单击"插入"选项卡"图表"选项组中的"插入折线图或面积图"按钮，在弹出的下拉列表中选择"带数据标记的折线图"命令，自动创建一个带数据标记的折线图。

② 在图表中"毛利"数据系列上单击鼠标右键，在弹出的快捷菜单中选择"设置数据系列格式"命令，打开"设置数据系列格式"窗格。在"短划线类型"右侧的下拉列表框中选择"短划线"，如图 9-70 所示。

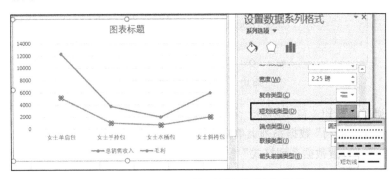

图 9-70 设置"毛利"数据系列为短划线

③ 修改图表标题为"销售收入与毛利对比分析"。销售收入与毛利对比分析折线图最终效果如图 9-71 所示。

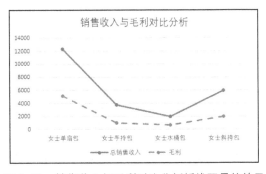

图 9-71 销售收入与毛利对比分析折线图最终效果

从图 9-71 所示的销售收入与毛利对比分析折线图中可以看出，销售收入与毛利有一定的关系，销售收入越高，毛利越高，要获得高利润，必须提高销售收入。

（7）利用组合图对毛利与毛利率进行对比分析

① 按住【Ctrl】键，同时选择 A1:A5 和 D1:E5 单元格区域，单击"插入"选项卡"图表"选项组中的"插入组合图"按钮，在弹出的下拉列表中选择"创建自定义组合图"命令，打开"插入图表"对话框。其中，"毛利"采用"折线图"，"毛利率"采用"簇状柱形图"，如图 9-72 所示。

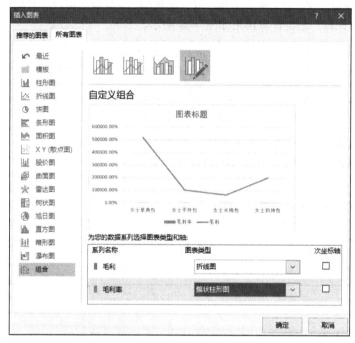

图 9-72　设置组合图类型

② 单击"确定"按钮，自动创建一个组合图。

③ 在组合图中"毛利"数据系列上单击鼠标右键，在弹出的快捷菜单中选择"设置数据系列格式"命令，打开"设置数据系列格式"窗格，选择"次坐标轴"单选按钮，如图 9-73 所示。

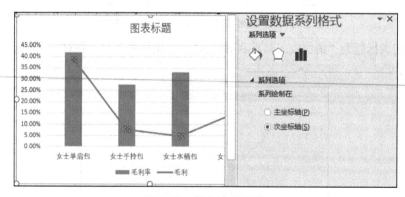

图 9-73　添加次坐标轴

④ 修改图表标题为"毛利与毛利率对比分析"。毛利与毛利率对比分析图最终效果如图 9-74 所示。

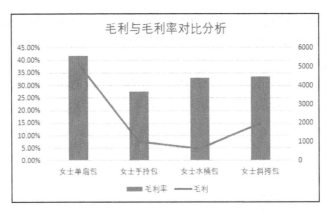

图 9-74　毛利与毛利率对比分析图最终效果

从图 9-74 所示的毛利与毛利率对比分析图中可以看出，毛利与毛利率没有绝对的关系，毛利高，毛利率不一定高。

9.6　商品退款原因统计分析

对于商家来说，退款是最不希望看到的，因为退款不仅增加时间成本，而且会直接造成收益损失。通过对商品退款情况进行统计分析，可以进一步减少退款数量、提高管理水平。

在"素材文件\第 9 章\商品退款分析表.xlsx"文件中包含"退款清单"工作表，该表中按顺序记录了 2021 年的商品退款数据，包括"日期""商品名称""付款金额""退款类型""退款原因"和"退款金额"6 列数据，如图 9-75 所示。利用"退款清单"工作表完成商品退款原因统计分析。

日期	商品名称	付款金额	退款类型	退款原因	退款金额
2021/01/11	女士单肩包	209.00	全额退款	7天无理由退换	209.00
2021/01/11	女士斜挎包	328.00	部分退款	质量问题	20.00
2021/03/01	女士手持包	99.00	全额退款	配送超时	99.00
2021/03/01	女士水桶包	189.00	全额退款	7天无理由退换	189.00
2021/03/02	女士单肩包	209.00	全额退款	商品破损	209.00
2021/02/02	女士斜挎包	328.00	全额退款	质量问题	328.00
2021/05/02	女士手持包	99.00	全额退款	7天无理由退换	99.00
2021/08/03	女士单肩包	209.00	部分退款	退运费	10.00
2021/06/03	女士手持包	99.00	全额退款	7天无理由退换	99.00

退款清单

图 9-75　"退款清单"工作表

9.6.1　商品退款原因占比分析

利用"退款清单"工作表中的数据进行分析，具体操作步骤如下。

（1）创建退款原因数据分析区域

① 将"退款清单"工作表中的"退款原因"列复制到一个新工作表的 A 列中，并将新工作表命名为"退款原因占比"。

② 在"退款原因占比"工作表中选择"退款原因"列，单击"数据"选项卡"数据工具"选项组中的"删除重复项"按钮，删除重复的退款原因。

③ 在 B1 单元格输入表头标题文本"退款次数"，然后选择 A1 单元格，利用格式刷将 B1 单元格格式设置为与 A1 单元格一致。

9-6　商品退款原因占比分析

④ 选择 A2 单元格，利用格式刷将 B2:B7 单元格区域的格式设置为与 A2 单元格一致。创建完成的数据分析区域如图 9-76 所示。

（2）计算退款次数

① 选择 B2 单元格，输入退款次数计算公式 "=COUNTIF(退款清单!$E$2:$E$27,A2)"，然后按【Enter】键。公式的含义是统计 "退款清单" 工作表中$E$2:$E$27 单元格区域的退款原因中与 A2 相同的个数。

② 将鼠标指针置于 B2 单元格右下角，双击填充柄，系统自动将公式复制到 B 列的其他单元格，完成退款次数的计算。退款次数计算结果如图 9-77 所示。

图 9-76　退款原因数据分析区域

图 9-77　退款次数计算结果

（3）利用饼图对退款原因进行占比分析

① 选择 A1:B7 单元格区域，单击 "插入" 选项卡 "图表" 选项组中的 "插入饼图或圆环图" 按钮，在弹出的下拉列表中选择 "三维饼图" 命令，系统自动创建一个三维饼图。

② 在饼图扇区上单击鼠标右键，在弹出的快捷菜单中选择 "添加数据标签" 下的 "添加数据标签" 命令，在每个扇区中显示数值。然后在饼图扇区上单击鼠标右键，在弹出的快捷菜单中选择 "设置数据标签格式" 命令，打开 "设置数据标签格式" 窗格，只勾选 "百分比" 复选框，如图 9-78 所示。

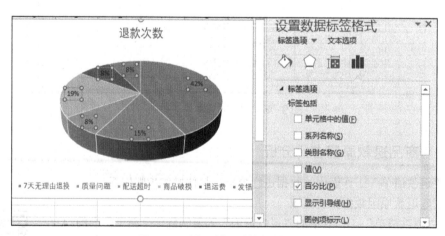

图 9-78　设置饼图数据标签格式

③ 修改图表标题为 "退款原因占比分析"。退款原因占比分析最终结果如图 9-79 所示。

从图 9-79 所示的商品退款原因占比分析图可知，在 2021 年的退款原因中，7 天无理由退换占比最多，其次是商品破损，因此，可以考虑快递发货的包装问题。

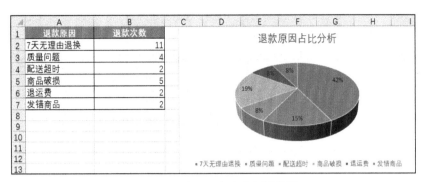

图 9-79 退款原因占比分析最终结果

9.6.2 商品退款金额占比分析

利用数据透视表对"退款清单"工作表中的数据进行退款金额占比分析,具体操作步骤如下。

① 在"退款清单"工作表中选择数据区域的任意一个单元格。在"插入"选项卡的"表格"选项组中,单击"数据透视表"按钮,打开"创建数据透视表"对话框。

② 在"创建数据透视表"对话框中,默认选定整个数据区域作为数据透视表的数据源,不用修改。单击"确定"按钮,在新工作表中创建数据透视表框架,将新工作表命名为"退款金额占比"。

③ 在"数据透视表字段"窗格中,将"退款类型"和"退款原因"添加到"行","退款金额"添加到"值"。字段布局和生成的数据透视表如图 9-80 所示。

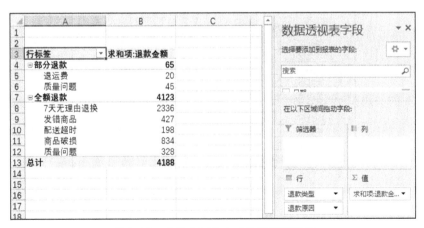

图 9-80 字段布局和生成的数据透视表

④ 在"求和项:退货金额"列任意一个单元格上单击鼠标右键,在弹出的快捷菜单中选择"值显示方式"下的"父行汇总的百分比"命令,数据按照退款类别显示百分比。商品退款金额占比分析最终效果如图 9-81 所示。

从图 9-81 所示的商品退款金额占比分析结果可知,在 2021 年的退款中,部分退款中质量问题占比较大;全额退款中 7 天无理由退换占比较大,其次是商品破损问题,因此,可以考虑快递发货的包装问题。

图 9-81　商品退款金额占比分析最终效果

实　　验

在实验素材"实验 9.xlsx"文件中包含"本月销售明细"工作表，该表中按顺序记录了本月销售数据明细，包括"销售地区""商品名称""数量""单价""销售金额"5 列数据。请在该文件中创建数据透视表和数据透视图，对"女士单肩包"在不同地区的销售金额进行分析。要求完成下列操作。

（1）计算"销售金额"列，销售金额=数量×单价。

（2）创建数据透视表，商品名称作为行，销售地区作为列，数量作为值。

（3）基于上面创建的数据透视表创建数据透视图。

（4）插入切片器，只查看"女士单肩包"的销售情况。

样张：

	A	B	C	D	E
1	销售地区	商品名称	数量	单价	销售金额
2	华北区	女士单肩包	5	209.00	
3	华北区	女士斜挎包	3	328.00	
4	西南区	女士手拎包	6	99.00	
5	华北区	女士水桶包	3	189.00	
6	华东区	女士单肩包	8	209.00	
7	西南区	女士斜挎包	4	328.00	
8	华北区	女士手拎包	10	99.00	
9	华北区	女士单肩包	10	209.00	
10	华东区	女士手拎包	12	99.00	

本月销售明细

第**10**章 商品库存数据分析

库存管理是商家高效的运行和盈利的关键环节，如果库存太多，出现商品积压，可能会造成商家资金不能正常周转。如果库存过少，可能因为缺货影响日常的销售。

10.1 商品库存数据和资金分析

商家需要定期对库存情况进行统计分析，掌握各类商品的库存数量和所占用资金的情况，便于制定进货和营销方案。

10.1.1 库存商品数量统计

在"素材文件\第 10 章\商品库存表.xlsx"文件中包含"商品库存"工作表，该表中包括"商品名称""原库存数量""入库数量""出库数量"和"现库存数量"5 列数据。

（1）计算现库存数量

现库存数量可以通过计算得到，其计算公式为"现库存数量=原库存数量+入库数量-出库数量"。操作步骤如下。

① 在 E2 单元格中输入公式"=B2+C2-D2"。

② 将鼠标指针置于 E2 单元格右下角，双击填充柄，系统自动将公式复制到 E 列的其他单元格。现库存数量计算结果如图 10-1 所示。

（2）用饼图展示各种商品现库存数量占比情况

饼图可以显示不同商品库存所占百分比的情况。操作步骤如下。

① 按住【Ctrl】键，同时选择图表数据区域中的"商品名称"列和"现库存数量"列，即 A1:A6 和 E1:E6 单元格区域。

	A	B	C	D	E
1	商品名称	原库存数量	入库数量	出库数量	现库存数量
2	台式机	120	50	35	135
3	笔记本电脑	110	70	95	85
4	平板电脑	130	60	65	125
5	打印机	50	20	5	65
6	投影仪	30	15	10	35

图 10-1　现库存数量计算结果

② 单击"插入"选项卡"图表"选项组中的"插入饼图或圆环图"按钮，在弹出的下拉列表中选择"饼图"命令，系统自动创建一个饼图。

③ 将饼图移动到合适的位置，修改图表标题为"现库存数量百分比图"。

④ 在饼图扇区上单击鼠标右键，在弹出的快捷菜单中选择"添加数据标签"下的"添加数据标签"命令，将在每个扇区中显示出数值。

现库存数量占比饼图效果如图 10-2 所示。

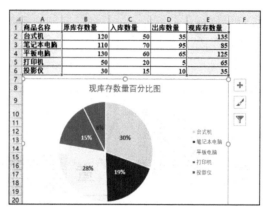

图 10-2　现库存数量百分比饼图效果

（3）查询指定商品的现库存数量

当商品数目太多时，找到某种特定商品的现库存数量是一件麻烦的事情，可以通过设置查找功能，在输入商品名称后，自动显示出该商品的现库存数量。操作步骤如下。

① 在 B9、C9 单元格中分别输入文本"商品名称"和"现库存数量"。

② 在 B10 单元格中输入想要查询的商品名称，如这里输入"笔记本电脑"。

10-1　查询指定
商品的现库存
数量

③ 在 C10 单元格中输入公式"=VLOOKUP (B10,A1:E6,5,FALSE)"，其含义是在 A1:E6 单元格区域中查找等于 B10 单元格的值，找到则返回第 5 列（"现库存数量"列）对应的值，FALSE 表示精确匹配查找。

查询指定商品的现库存数量结果如图 10-3 所示。其中，C10 单元格的现库存数量值会随着 B10 单元格的商品名称而改变，从而实现动态查询。

10.1.2　库存商品资金统计

库存问题实际上是商家的部分资金占用问题，及时掌握库存占用的资金可以帮助商家更好地统筹管理资金的使用。

图 10-3　查找指定商品的现库存数量结果

在"素材文件\第 10 章\库存金额表.xlsx"文件中包含"库存金额"工作表和"商品单价"工作表。其中，"库存金额"工作表包括"商品名称""原库存数量""入库数量""出库数量""现库存数量"和"单价"6 列数据；"商品单价"工作表包括"商品名称"和"单价"2 列数据。

（1）从其他表中提取商品的单价

计算库存商品的总资金需要用到每种商品的单价。用户可以直接在"库存金额"表中输入每种商品的单价，这样操作一方面容易录入错误值，另一方面当单价调整后会造成单价在多个数据表中不一致的现象。所以我们采用将"商品单价"表中的单价提取到"库存金额"表中的方法，如图 10-4 所示。该方法的优点是不用输入大量的数据，并且能保证单价在多个表中的一致性，即实现当"商品单价"表中的价格发生变化时，"库存金额"表中对应的单价也会相应改变。

在图 10-4 所示的提取单价过程中，由于"商品单价"表中的商品名称顺序与"库存金额"表中的商品名称顺序不一致，不能通过简单的复制粘贴方法来完成，需要使用 VLOOKUP 函数来实现。操作步骤如下。

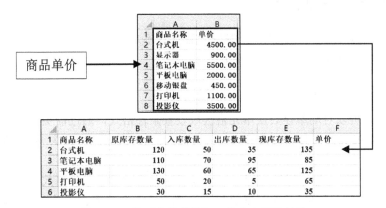

图 10-4　从"商品单价"工作表中提取单价

① 在 F2 单元格中输入公式"=VLOOKUP(A2,商品单价!A1:B8,2,FALSE)",其含义是在"商品单价"表的 A1:B8 单元格区域中查找等于 A2 单元格的值,找到则返回第 2 列("单价"列)对应的值,FALSE 表示精确匹配查找。

② 将鼠标指针置于 F2 单元格右下角,双击填充柄,系统自动将公式复制到 F 列的其他单元格。提取结果如图 10-5 所示。

图 10-5　从"商品单价"表中提取单价到"库存金额"表的"单价"字段的结果

（2）计算现库存总资金

现库存总资金是每种商品的现库存数量乘对应单价的总和。可以使用 SUMPRODUCT 函数来实现。

① 在 C9 单元格中输入公式"=SUMPRODUCT(E2:E6,F2:F6)",即计算出 E2×F2+E3×F3+ E4×F4+ E5×F5+E6×F6 的结果。

② 设置 C9 单元格的数字格式为"货币"。

10-2　计算
现库存总资金

现库存总资金结果如图 10-6 所示。现库存总资金为 1519000.00 元。

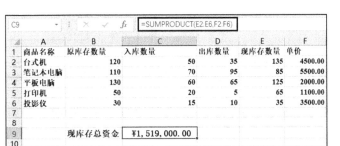

图 10-6　现库存总资金计算结果

10.2 商品库存积压情况分析

通过关注库存的情况，商家可以确定哪些商品库存不足，需要补货；哪些商品是滞销产品，需要采用促销手段来销售，以减少库存积压。

10.2.1 分析库存情况

管理库存时，可以对现库存数量单元格区域设置条件格式，通过箭头指示的方式表示商品库存的状态：当库存充足时显示向上箭头⇧；当库存正常时显示水平箭头⇨；当库存不足时显示向下箭头⇩。

在"素材文件\第 10 章\库存状态表.xlsx"文件中包含"库存条件格式"工作表，该表中包括"商品名称""原库存数量""入库数量""出库数量"和"现库存数量"5 列数据。假设某种商品的现库存数量大于或等于 100 时，是库存充足状态；现库存数量大于或等于 70 时，是库存正常状态；现库存数量小于 70 时，是库存不足状态。对"现库存数量"列设置条件格式的操作步骤如下。

① 选中 E2:E6 单元格区域，在"开始"选项卡"样式"选项组中单击"条件格式"按钮，在弹出的下拉列表中选择"图标集"下"方向"中的"三向箭头(彩色)"命令，为现库存数量添加箭头指示。

② 选中 E2:E6 单元格区域，在"开始"选项卡"样式"选项组中单击"条件格式"按钮，在弹出的下拉列表中选择"管理规则"命令，打开"条件格式规则管理器"对话框，如图 10-7 所示。

③ 单击"编辑规则"按钮，打开"编辑格式规则"对话框。在图标规则中，把最右侧的"类型"都修改为"数字"，把向上箭头的"当值是"的规则修改为">=100"；把水平箭头的"当值是"的规则修改为">=70"，如图 10-8 所示。

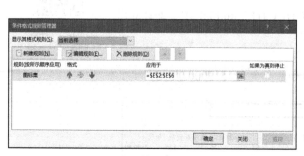

图 10-7 "条件格式规则管理器"对话框

图 10-8 编辑图标的条件格式规则

④ 依次单击"确定"按钮。为"现库存数量"列添加箭头图标集效果如图 10-9 所示。从图 10-9 可以看出，台式机和平板电脑这两种商品现库存数量充足，笔记本电脑现库存数量正常，打印机和投影仪这两种商品现库存数量不足。

	A	B	C	D	E
1	商品名称	原库存数量	入库数量	出库数量	现库存数量
2	台式机	120	50	35	⬆ 135
3	笔记本电脑	110	70	95	➡ 85
4	平板电脑	130	60	65	⬆ 125
5	打印机	50	20	5	⬇ 65
6	投影仪	30	15	10	⬇ 35

图 10-9 为"现库存数量"列添加箭头图标集效果

10.2.2 库存情况分析图表

商家不仅要关注当前的库存情况,还要通过历史数据找出库存的规律,从而预测未来的库存情况。

在"素材文件\第 10 章\笔记本电脑 12 个月库存表.xlsx"文件中包含"一年库存"工作表,该表中列出了一年中每个月的笔记本电脑的库存情况,包括"日期""商品入库""商品出库"和"商品库存"4 列数据,其中,"日期""商品入库""商品出库"列已经录入了每个月笔记本电脑的入库数量和出库数量,如图 10-10 所示。

(1)计算商品库存

假设 1 月前商品库存是 0,那么 1 月的商品库存为"商品入库–商品出库";2~12 月的商品库存为"上个月的商品库存+商品入库–商品出库"。操作步骤如下。

① 在 D2 单元格中输入公式"=B2–C2",计算出 1 月的商品库存。

② 在 D3 单元格中输入公式"=D2+B3–C3",即 2 月的商品库存为"1 月的商品库存(D2)+商品入库(B3)–商品出库(C3)"。将鼠标指针置于 D3 单元格右下角,双击填充柄,系统自动将公式复制到 D 列的其他单元格,计算出 3~12 月的商品库存。

商品库存计算结果如图 10-11 所示。

	A	B	C	D
1	日期	商品入库	商品出库	商品库存
2	1月	30	13	
3	2月	25	5	
4	3月	10	31	
5	4月	23	18	
6	5月	28	28	
7	6月	15	10	
8	7月	35	25	
9	8月	22	16	
10	9月	18	41	
11	10月	20	16	
12	11月	30	30	
13	12月	25	18	

图 10-10 计算前的 12 个月库存表

	A	B	C	D
1	日期	商品入库	商品出库	商品库存
2	1月	30	13	17
3	2月	25	5	37
4	3月	10	31	16
5	4月	23	18	21
6	5月	28	28	21
7	6月	15	10	26
8	7月	35	25	36
9	8月	22	16	42
10	9月	18	41	19
11	10月	20	16	23
12	11月	30	30	23
13	12月	25	18	30

图 10-11 计算后的 12 个月库存表

(2)用图表展示 12 个月笔记本电脑的库存情况

用户可以选择组合图中的"簇状柱形图-折线图"展示库存情况,组合图中的折线可反映 12 个月的商品库存的波动情况。

① 选中 A1: D13 单元格区域为数据源。

② 单击"插入"选项卡"图表"选项组中的"插入组合图"按钮,在弹出的下拉列表中选择"簇状柱形图-折线图"命令,自动创建一个组合图。

③ 将组合图移动到合适的位置,修改图表标题为"笔记本电脑 12 个月库存图"。

④ 在折线上单击鼠标右键,在弹出的快捷菜单中选择"添加数据标签"下的"添加数据标签"

命令，为折线添加数据标签。

笔记本电脑 12 个月库存组合图效果如图 10-12 所示。

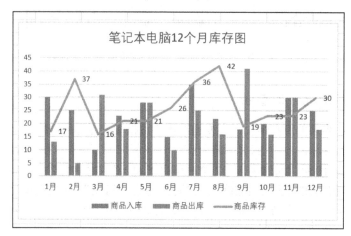

图 10-12　笔记本电脑 12 个月库存组合图效果

10.2.3　商品库龄分析

库龄是商品从入库到出库的时间间隔。通过分析库龄可以了解哪些商品是滞销的，以帮助商家调整商品结构，缩短商品的库存周期。

在"素材文件\第 10 章\商品库龄表.xlsx"文件中包含"库龄"工作表，该表中列出了商品入库、出库情况，包括"商品名称""入库数量""入库日期""出库日期"和"库龄"5 列数据，其中，"出库日期"为空表示此种商品到目前为止未售出过，如图 10-13 所示。

10-3　计算商品的库龄

（1）计算商品的库龄

① 在 E2 单元格中输入公式"=IF(D2="",TODAY()−C2,D2−C2)"，其含义是如果 D2 单元格的内容为空，则取系统当前日期值 TODAY()，假设系统取得当前日期为"2021/10/20"，计算 TODAY()−C2 的结果是当前日期与 C2 日期的差值天数；否则直接计算 D2（出库日期）与 C2（入库日期）的差值天数。

② 将鼠标指针置于 E2 单元格右下角，双击填充柄，系统自动将公式复制到 E 列的其他单元格。商品库龄的计算结果如图 10-14 所示，其中的库龄天数随着系统当前日期的变化而变化。

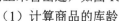

图 10-13　计算库龄前

图 10-14　计算库龄后

（2）突出显示库龄为一年以上的商品

突出显示一年以上库龄的商品，可以使用条件格式来实现。一年有 365 天（不考虑闰年），所以数据值设置为 365。

① 选择 E2:E8 单元格区域。

② 在"开始"选项卡的"样式"选项组中，单击"条件格式"按钮。

③ 在"条件格式"的下拉列表中，选择"突出单元格规则"中的"大于"命令。在打开的"大于"对话框中，输入"365"，设置为"自定义"格式，"红色""加粗倾斜"字体，带"外边框"。

库龄突出显示设置后的效果如图 10-15 所示。从图 10-15 可以看出，电饭锅、咖啡机和烤箱这 3 种商品库存积压了一年以上。

	A	B	C	D	E
1	商品名称	入库数量	入库日期	出库日期	库龄
2	电水壶	20	2020/2/3	2020/3/8	34
3	电饭锅	15	2019/8/9		*803*
4	微波炉	5	2021/7/1	2021/8/29	59
5	咖啡机	10	2019/5/1		*903*
6	面包机	5	2020/12/1	2021/5/1	151
7	豆浆机	8	2021/1/2	2021/3/2	59
8	烤箱	10	2020/6/15	2021/7/30	*410*

图 10-15　突出显示库龄为 365 天以上的商品

10.3　商品库存数据指标的计算

在库存分析中通常需要计算商品的动销率、滞销率和库存周转率，这些指标是衡量库存是否合理的重要数据指标。

10.3.1　计算库存动销率和滞销率

1．动销率

库存动销率是已销售商品的品种数占商品的总品种数的百分比。

动销率的计算公式如下：

$$库存动销率=已销售商品的品种数÷商品总的品种数×100\%$$

2．滞销率

库存滞销率是指长期未销售商品的品种数占商品的总品种数的百分比。

滞销率的计算公式如下：

$$库存滞销率=未销售商品的品种数÷商品总的品种数×100\%$$

库存动销率、滞销率这两个指标反映了库存的状态，动销率越大，表明库存周转越快；滞销率越大，表明库存周转越慢，库存积压风险越大。

在"素材文件\第 10 章\商品库龄表.xlsx"文件中包含"动销率滞销率计算"工作表，该表中列出了商品入库、出库情况，包括"商品名称""入库日期""出库日期"和"库龄"4 列数据，其中，出库日期为空表示此种商品到目前为止未售出过。

10-4　计算库存动销率和滞销率

① 计算动销率。在 G3 单元格中输入公式"=COUNTA(C2:C8)/COUNT(B2:B8)"，COUNTA 是求出 C2:C8 单元格区域中内容非空的单元格个数，即已销售商品的品种数，COUNT 是求出 B2:B8 单元格区域的非空单元格个数，即商品总的品种数。这两个函数的比值就是动销率。

② 计算滞销率。在 G4 单元格中输入公式"=COUNTBLANK(C2:C8)/COUNT(B2:B8)"，COUNTBLANK 是求出 C2:C8 单元格区域中内容为空的单元格个数，即未销售商品的品种数，COUNT 是求出 B2:B8 单元格区域的非空单元格个数，即商品总的品种数。这两个函数的比值就是滞销率。

③ 设置 G3 和 G4 单元格的数字格式为"百分比"，保留 1 位小数位数。

库存动销率和滞销率计算结果如图 10-16 所示。

	A	B	C	D	E	F	G
1	商品名称	入库日期	出库日期	库龄			
2	电水壶	2020/2/3	2020/3/8	34			
3	电饭锅	2019/8/9		803		动销率	71.4%
4	微波炉	2021/7/1	2021/8/29	59		滞销率	28.6%
5	咖啡机	2019/5/1		903			
6	面包机	2020/12/1	2021/5/1	151			
7	豆浆机	2021/1/2	2021/3/2	59			
8	烤箱	2020/6/15	2021/7/30	410			

图 10-16　库存动销率和滞销率计算结果

10.3.2　计算库存周转率

库存周转率，也称为存货周转率，是指在某一时间段内库存货物周转的次数，是反映库存周转快慢程度的指标。库存周转率越大，表明销售情况越好。

库存周转率的计算公式为：

库存周转率=期间出库总金额÷[（期初库存金额+期末库存金额）÷2]×100%

（1）计算库存周转率

在"素材文件\第 10 章\库存周转率表.xlsx"文件中包含"库存周转率"工作表，该表中列出了商品入库、出库金额情况，包括"日期""入库金额""出库金额""月初库存金额""月末库存金额""平均库存金额"和"库存周转率"7 列数据，如图 10-17 所示，其中填写的数据都只保留整数部分。

	A	B	C	D	E	F	G
1	日期	入库金额	出库金额	月初库存金额	月末库存金额	平均库存金额	库存周转率
2	1月	25000	10000	2000			
3	2月	38000	25000				
4	3月	20000	20000				
5	4月	22000	30000				
6	5月	30000	40000				
7	6月	21000	21000				
8	7月	25000	28900				
9	8月	30000	25060				
10	9月	22000	26000				
11	10月	30000	35000				
12	11月	21000	21150				
13	12月	30000	28000				

图 10-17　"库存周转率"工作表

分析：前一个月的"月末库存金额"是本月的"月初库存金额"。2 月的"月初库存金额"等于 1 月的"月末库存金额"，依此类推。每个月的"月末库存金额"等于本月的"月初库存金额+入库金额−出库金额"。

① 计算 1 月的"月末库存金额"。假设 D2（1 月的"月初库存金额"）单元格的值为 2000，在 E2 单元格中输入公式"= D2+B2−C2"。

② 取得 2 月的"月初库存金额"。在 D3 单元格中输入公式"=E2"。

③ 复制公式得到其他月份的"月末库存金额"和"月初库存金额"。将 D3 单元格的公式复制到 D 列其他单元格中，将 E2 单元格的公式复制到 E 列其他单元格中。月末和月初库存金额计算结果如图 10-18 所示。

④ 计算"平均库存金额"。平均库存金额=（月初库存金额+月末库存金额）÷2，所以在 F2 单元格中输入公式"=AVERAGE(D2:E2)"，将鼠标指针置于 F2 单元格右下角，双击填充柄，系

统自动将公式复制到 F 列的其他单元格。平均库存金额计算结果如图 10-19 所示。

	A	B	C	D	E	F	G
1	日期	入库金额	出库金额	月初库存金额	月末库存金额	平均库存金额	库存周转率
2	1月	25000	10000	2000	17000		
3	2月	38000	25000	17000	30000		
4	3月	20000	20000	30000	30000		
5	4月	22000	30000	30000	22000		
6	5月	30000	40000	22000	12000		
7	6月	22000	21000	12000	13000		
8	7月	25000	28900	13000	9100		
9	8月	30000	25060	9100	14040		
10	9月	22000	26000	14040	10040		
11	10月	30000	35000	10040	5040		
12	11月	21000	21150	5040	4890		
13	12月	30000	28000	4890	6890		

图 10-18　月末和月初库存金额计算结果

	A	B	C	D	E	F	G
1	日期	入库金额	出库金额	月初库存金额	月末库存金额	平均库存金额	库存周转率
2	1月	25000	10000	2000	17000	9500	
3	2月	38000	25000	17000	30000	23500	
4	3月	20000	20000	30000	30000	30000	
5	4月	22000	30000	30000	22000	26000	
6	5月	30000	40000	22000	12000	17000	
7	6月	22000	21000	12000	13000	12500	
8	7月	25000	28900	13000	9100	11050	
9	8月	30000	25060	9100	14040	11570	
10	9月	22000	26000	14040	10040	12040	
11	10月	30000	35000	10040	5040	7540	
12	11月	21000	21150	5040	4890	4965	
13	12月	30000	28000	4890	6890	5890	

图 10-19　平均库存金额计算结果

⑤ 计算"库存周转率"。库存周转率=出库金额÷平均库存金额，所以在 G2 单元格中输入公式"=C2/F2"，将鼠标指针置于 G2 单元格右下角，双击填充柄，系统自动将公式复制到 G 列的其他单元格，设置格式为百分比形式。库存周转率计算结果如图 10-20 所示，可以看出 10 月、11 月、12 月的库存周转率比较高，说明这几个月销售比较好；3 月的库存周转率最低，说明 3 月销售比较差，需要进一步分析销售差的原因。

	A	B	C	D	E	F	G
1	日期	入库金额	出库金额	月初库存金额	月末库存金额	平均库存金额	库存周转率
2	1月	25000	10000	2000	17000	9500	105%
3	2月	38000	25000	17000	30000	23500	106%
4	3月	20000	20000	30000	30000	30000	67%
5	4月	22000	30000	30000	22000	26000	115%
6	5月	30000	40000	22000	12000	17000	235%
7	6月	22000	21000	12000	13000	12500	168%
8	7月	25000	28900	13000	9100	11050	262%
9	8月	30000	25060	9100	14040	11570	217%
10	9月	22000	26000	14040	10040	12040	216%
11	10月	30000	35000	10040	5040	7540	464%
12	11月	21000	21150	5040	4890	4965	426%
13	12月	30000	28000	4890	6890	5890	475%

图 10-20　库存周转率计算结果

（2）绘制折线图分析库存周转率

① 按住【Ctrl】键，同时选择数据区域中的"日期"列和"库存周转率"列对应的单元格区域为数据源，即 A1：A13 和 G1：G13 单元格区域。

② 单击"插入"选项卡"图表"选项组中的"插入折线图或面积图"按钮，在弹出的下拉列表中选择"折线图"命令，系统自动创建一个折线图。

③ 将折线图移动到合适的位置，修改图表标题为"库存周转率"。

库存周转率折线图效果如图 10-21 所示，可以看出库存周期率呈现上升的趋势。其中，3 月库存周期率处于最低点，说明 3 月的销售情况不理想。

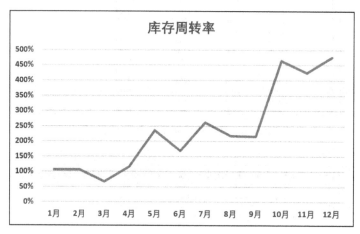

图 10-21　库存周转率折线图效果

实　验

在实验素材的"实验 10.xlsx"文件中包含"商品库存"工作表，该表中包括"商品名称""销售数量"和"库存数量"3 列数据。要求完成下列操作。

（1）增加"库销比"列和"是否滞销"列。

（2）计算"库销比"。库销比是指库存数量与销售数量的比值，计算公式为：库销比=库存数量÷销售数量。计算结果保留 2 位小数位数。

（3）使用函数计算"是否滞销"。当"库销比"大于或等于 1 时，"是否滞销"单元格为"是"；否则为"否"。

（4）为"库销比"列设置条件格式，当"库销比"大于或等于 1 时，突出显示对应单元格自定义格式。

（5）创建饼图，显示各商品的库存数量所占的百分比，并且独立存放在一个工作表中。

样张：

	A	B	C	D	E
1	商品名称	销售数量	库存数量	库销比	是否滞销
2	台式机	50	120	2.40	是
3	笔记本电脑	70	50	0.71	否
4	平板电脑	60	40	0.67	否
5	打印机	20	28	1.40	是
6	投影仪	15	10	0.67	否

第11章 商品营销决策分析

通过商品营销决策分析，使决策人员对商品的营销情况有一定深度的把握，从而在制定营销决策时更有针对性，有利于在竞争日益激烈的市场中取胜。

11.1 市场销售量预测分析

销售量预测，即对未来市场销售量的预估。利用已有的商品销售量统计数据，预测下一个时段的商品销售量，有助于企业进行采购的准备和规划，以应对客户的需求变化。

11.1.1 同季平均法预测市场销售量

同季平均法是分析、预测季节性波动的一种比较常用、简单的方法，主要适用于受季节波动影响，但无明显的趋势变动规律的市场需求预测。同季平均法预测市场销售量的基本过程如下。

① 计算各年的同季平均值。

② 计算各年的各季度平均值。

③ 计算季节指数，季节指数计算公式为"季节指数=同季平均值÷总平均值"。

④ 以季节指数为依据预测商品销售量，预测公式为"实际最后一年的季度值×季节指数"。

在"素材文件\第11章\同季平均法预测市场销售量.xlsx"文件中包含"同季平均法"工作表，该表中记录了某商品2018—2021年各个季度市场销售量，如图11-1所示。

	A	B	C	D	E	F
1	年度	第一季度	第二季度	第三季度	第四季度	各季度平均值
2	2018	172	405	429	352	
3	2019	148	463	569	387	
4	2020	168	428	554	385	
5	2021	239	431	511	312	
6	同季平均值					
7	季节指数					
8	2022年预测值					

图11-1 "同季平均法"工作表

利用"同季平均法"工作表中的数据预测2022年的销售量，具体操作步骤如下。

（1）计算各季度平均值

① 选择F2单元格，输入各季度平均值计算公式"=AVERAGE(B2:E2)"，然后按【Enter】键，如图11-2所示。

11-1 同季平均法
预测市场销售量

185

图 11-2　计算各季度平均值

② 设置 F2 单元格数字格式为"数值"，并保留 2 位小数。

③ 将鼠标指针置于 F2 单元格右下角，拖曳填充柄将公式复制到 F3～F5 单元格，计算其他年度的各季度平均值。

（2）计算同季平均值

① 选择 B6 单元格，输入同季平均值计算公式"=AVERAGE(B2:B5)"，然后按【Enter】键，如图 11-3 所示。

图 11-3　计算同季平均值

② 设置 B6 单元格数字格式为"数值"，并保留 2 位小数。

③ 将鼠标指针置于 B6 单元格右下角，拖曳填充柄将公式复制到 C6～F6 单元格，计算其他季度的同季平均值和总平均值。

（3）计算季节指数

① 选择 B7 单元格，输入季节指数计算公式"=B6/$F$6"，即用第一季度的同季平均值除以总平均值，然后按【Enter】键，如图 11-4 所示。

图 11-4　计算季节指数

② 设置 B7 单元格数字格式为"数值"，并保留 2 位小数。

③ 将鼠标指针置于 B7 单元格右下角，拖曳填充柄将公式复制到 C7～E7 单元格，计算其他季度的季节指数。

（4）计算 2022 年预测值

① 选择 B8 单元格，输入预测值计算公式"=B5*B7"，即 2021 年第一季度的数据与第一季度的季节指数的乘积，然后按【Enter】键。

② 设置 B8 单元格数字格式为"数值"，不保留小数。

③ 将鼠标指针置于 B8 单元格右下角，拖曳填充柄将公式复制到 C8～E8 单元格，计算 2022 年其他季度的预测值。同季平均法预测市场销售量最终结果如图 11-5 所示。

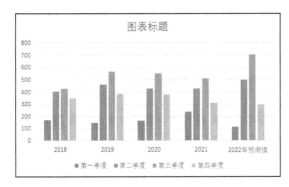

图 11-5　同季平均法预测市场销售量最终结果

（5）利用簇状柱形图对预测结果进行分析

① 按住【Ctrl】键，同时选择 A1:E5 和 A8:E8 单元格区域，单击"插入"选项卡"图表"选项组中的"插入柱形图或条形图"按钮，在弹出的下拉列表中选择"簇状柱形图"命令，系统自动创建一个簇状柱形图，如图 11-6 所示。

② 修改图表标题为"同季平均法预测市场销售量"。

③ 选择图表，单击图表工具"设计"选项卡"数据"选项组中的"切换行/列"命令。同季平均法预测市场销售量最终效果如图 11-7 所示。

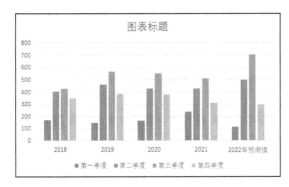
图 11-6　系统生成的簇状柱形图

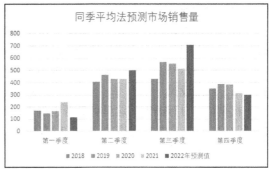
图 11-7　同季平均法预测市场销售量最终效果

从图 11-5 和图 11-7 可以看出，2022 年各季度商品销售量的预测值分别为 117、500、708 和 301，且第三季度的需求最高。

11.1.2　德尔菲法预测新产品的市场销售量

德尔菲法预测的大致流程：将所要预测的问题发给若干名专家，让专家以匿名的方式进行反馈；然后将专家的意见进行整理、归纳、统计，再将结果反馈给各专家，请他们重新预测；继续收集专家的意见……反馈次数视具体情况而定。

某企业研制出一种新产品，目前在市场上还没有相似的产品出现，因此没有历史数据可以获得。但公司需要对可能的销售量进行预测，以决定产量。于是该公司聘请了 8 位专家组成专家小组，根据各位专家的个人判断，经过 3 次反馈，反馈结果保存在"素材文件\第 11 章\德尔菲法预测市场销售量.xlsx"文件中的"德尔菲法"工作表中，如图 11-8 所示。

图 11-8　"德尔菲法"工作表

利用德尔菲法进行预测时，最后一次反馈值是综合前几次的反馈做出的，因此一般取最后一次反馈值作为预测依据。然后采用简单平均法、加权平均法或中位数法预测最终销售量。

（1）简单平均法

将 8 位专家的第 3 次反馈值直接求平均值作为预测值。

（2）加权平均法

给第 3 次专家反馈的最低销售量、最可能销售量和最高销售量的平均值指定不同的权重进行加权平均，作为预测值。

（3）中位数法

根据中位数计算公式分别计算第 3 次反馈的最低销售量、最可能销售量和最高销售量的中位数，再指定不同的权重进行加权平均，作为预测值。

利用"德尔菲法"工作表中的数据预测新产品的销售量，具体操作步骤如下。

（1）权重设置

权重可以自行确定，这里将最低销售量、最可能销售量和最高销售量的权重分别设置为 0.2、0.5 和 0.3，即在 H12 单元格中输入"0.2"，在 I12 单元格中输入"0.5"，在 J12 单元格中输入"0.3"。

（2）计算平均值

① 选择 H13 单元格，输入最低销售量平均值的计算公式"=AVERAGE(H3:H10)"，然后按【Enter】键，如图 11-9 所示。

图 11-9　计算最低销售量平均值

② 设置 H13 单元格数字格式为"数值",不保留小数。

③ 将鼠标指针置于 H13 单元格右下角,拖曳填充柄将公式复制到 I13~J13 单元格,计算最可能销售量和最高销售量的平均值。

(3)计算中位数

① 与计算平均值类似。选择 H14 单元格,输入最低销售量中位数的计算公式"=MEDIAN (H3:H10)",然后按【Enter】键。公式的含义是计算 H3:H10 单元格区域的中位数。

② 设置 H14 单元格数字格式为"数值",不保留小数。

③ 将鼠标指针置于 H14 单元格右下角,拖曳填充柄将公式复制到 I14~J14 单元格,计算最可能销售量和最高销售量的中位数。

(4)计算销售量预测值

① 选择 H17 单元格,输入简单平均法预测销售量的计算公式"=AVERAGE(H13:J13)",然后按【Enter】键。

② 选择 H18 单元格,输入加权平均法预测销售量的计算公式"=SUMPRODUCT (H12:J12,H13:J13)",然后按【Enter】键。公式的含义是将 H12:J12 与 H13:J13 单元格区域对应的数值相乘,最终得到的是各个乘积之和。

③ 选择 H19 单元格,输入中位数法预测销售量的计算公式"=SUMPRODUCT (H12:J12,H14:J14)",然后按【Enter】键。公式的含义是将 H12:J12 与 H14:J14 单元格区域对应的数值相乘,最终得到的是各个乘积之和。

德尔菲法预测新产品的市场销售量的最终结果如图 11-10 所示。

	A	B	C	D	E	F	G	H	I	J
1	专家编号	第1次反馈			第2次反馈			第3次反馈		
2		最低销售量	最可能销售量	最高销售量	最低销售量	最可能销售量	最高销售量	最低销售量	最可能销售量	最高销售量
3	1	500	750	900	600	750	900	550	750	900
4	2	200	450	600	300	500	650	400	500	650
5	3	400	600	800	500	700	800	500	700	800
6	4	750	900	1500	600	750	1500	500	600	1250
7	5	100	200	350	220	400	500	300	500	600
8	6	300	500	750	300	500	750	300	600	750
9	7	250	300	400	250	400	500	400	500	600
10	8	260	300	500	350	400	600	370	410	610
11										
12							权重设置	0.2	0.5	0.3
13							平均值	415	570	770
14							中位数	400	550	700
15										
16							不同方法的销售量预测值			
17							简单平均法	585		
18							加权平均法	599		
19							中位数法	565		

图 11-10　德尔菲法预测新产品的市场销售量的最终结果

(5)利用三维簇状柱形图对不同方法的预测结果进行分析

① 选择 G17:H19 单元格区域,单击"插入"选项卡"图表"选项组中的"插入柱形图或条形图"按钮,在弹出的下拉列表中选择"三维簇状柱形图"命令,系统自动创建一个三维簇状柱形图。

② 修改图表标题为"德尔菲法预测新产品的市场销售量"。三维簇状柱形图最终效果如图 11-11 所示。

从图 11-10 和图 11-11 可以看出,该新产品的市场销售量在 565~599 之间,加权平均法的预测值最高,中位数法的预测值最低。

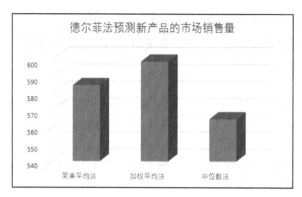

图 11-11　三维簇状柱形图最终效果

11.1.3　利用数据分析工具预测市场销售量

Excel 的数据分析工具包括"方差分析""相关系数""协方差""指数平滑""傅里叶分析""直方图""移动平均""随机数发生器""排位和百分比排位""回归""抽样""t 检验"等。这里以"移动平均"分析工具为例，介绍利用 Excel 的数据分析工具预测商品市场销售量的过程。

在"素材文件\第 11 章\移动平均值法预测市场销售量.xlsx"文件中包含"移动平均"工作表，该表中记录了某商品前 11 个月的市场销售量，如图 11-12 所示。

利用移动平均数据分析工具，根据工作表中前 11 个月的实际销售量数据，预测第 12 月的销售量，具体操作步骤如下。

（1）计算前 11 个月的递增/递减率

计算公式为：递增/递减率=（本月数–上月数）÷上月数。

① 在 C2 单元格中输入"3%"。

　　　　在 C2 单元格中输入"3%"，因为 C2 之前没有数据可以进行计算，所以必须手动输入数据。这里假设为 3%。

---

② 在 C3 单元格中输入递增/递减率计算公式"=(B3-B2)/B2"，然后按【Enter】键。

③ 设置 C3 单元格数字格式为"百分比"，不保留小数。

④ 选择 C3 单元格，拖曳填充柄将公式复制到 C4～C12 单元格，计算其他月份的递增/递减率。前 11 个月的递增/递减率计算结果如图 11-13 所示。

	A	B	C	D
1	月份	销售量	递增/递减率	移动平均值
2	1月	1500		
3	2月	1790		
4	3月	1610		
5	4月	1650		
6	5月	2132		
7	6月	2017		
8	7月	2258		
9	8月	2452		
10	9月	2512		
11	10月	2510		
12	11月	2689		
13	预测12月			

图 11-12　"移动平均"工作表

	A	B	C	D
1	月份	销售量	递增/递减率	移动平均值
2	1月	1500	3%	
3	2月	1790	19%	
4	3月	1610	-10%	
5	4月	1650	2%	
6	5月	2132	29%	
7	6月	2017	-5%	
8	7月	2258	12%	
9	8月	2452	9%	
10	9月	2512	2%	
11	10月	2510	0%	
12	11月	2689	7%	
13	预测12月			

图 11-13　前 11 个月的递增/递减率计算结果

（2）加载 Excel 数据分析工具库

① 选择"文件"选项卡左侧的"选项"命令，打开"Excel 选项"对话框。在左侧选择"加载项"，在右侧列表框中选择"分析工具库"，然后单击下方的"转到"按钮，如图 11-14 所示。

② 在打开的"加载宏"对话框中，勾选"分析工具库"复选框，如图 11-15 所示。然后单击"确定"按钮，即可在 Excel 的"数据"选项卡"分析"选项组中增加"数据分析"按钮。

图 11-14　"Excel 选项"对话框

图 11-15　"加载宏"对话框

（3）计算移动平均值

① 选择 D2 单元格，单击"数据"选项卡"分析"选项组中的"数据分析"按钮，打开"数据分析"对话框，选择"移动平均"，如图 11-16 所示。

② 单击"确定"按钮，打开"移动平均"对话框，分别设置"输入区域"为"$C$2:$C$12"、"间隔"为"3"和"输出区域"为"$D$2:$D$12"，并勾选"图表输出"复选框，如图 11-17 所示。

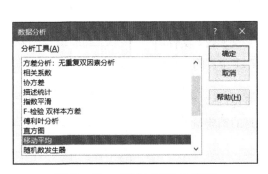

图 11-16　"数据分析"对话框

图 11-17　"移动平均"对话框

③ 单击"确定"按钮，此时可以看到生成的图表和计算的移动平均值结果，如图 11-18 所示。

　　　　这里移动平均值计算采用的间隔为"3"，即每个移动平均值都是针对前 3 个数据的平均值，所以 D2 和 D3 单元格没有计算结果；也就是说，D4 是 C2、C3、C4 单元格的平均值，D5 是 C3、C4、C5 单元格的平均值，依此类推。

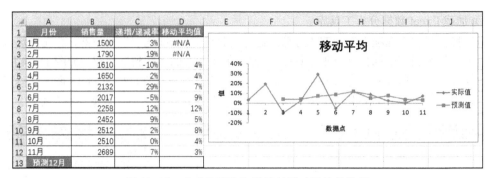

图 11-18　生成的图表和计算的移动平均值结果

（4）计算预测值

在 B13 单元格中输入计算公式"=B12*(1+D12)"，即基于第 11 月的销售量和移动平均值进行预测，然后按【Enter】键。第 12 月销售量预测值计算结果如图 11-19 所示。

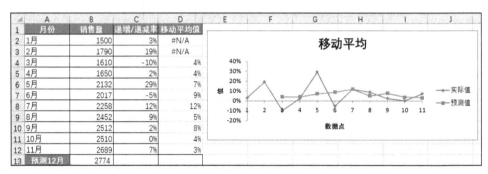

图 11-19　第 12 月销售量预测值计算结果

从图 11-9 可以看出，在已知前 11 个月销售数据的基础上，预测第 12 月的销售量为 2774。

11.1.4　利用图表趋势线预测市场销售量

图表趋势线预测法的基本流程：首先根据给出的数据制作散点图或折线图，然后添加趋势线，最后利用趋势线外推计算预测值。

在"素材文件\第 11 章\图表趋势线预测市场销售量.xlsx"文件中包含"图表趋势线"工作表，该表中记录了某商品前 11 个月的市场销售量，如图 11-20 所示。

Excel 的趋势线有"指数""线性""对数""多项式""幂""移动平均"等，这里以"线性"趋势线为例，预测第 12 月的销售量，具体操作步骤如下。

（1）创建散点图

① 选择 A1:B12 单元格区域，单击"插入"选项卡"图表"选项组中的"插入散点图或气泡图"按钮，在弹出的下拉列表中选择"散点图"命令，系统自动创建一个散点图。

② 在横坐标轴上单击鼠标右键，在弹出的快捷菜单中选择"设置坐标轴格式"命令，打开"设置坐标轴格式"窗格，将主要刻度单位设置为"1.0"，如图 11-21 所示。

	A	B
1	月份	销售量
2	1月	1500
3	2月	1790
4	3月	1610
5	4月	1650
6	5月	2132
7	6月	2017
8	7月	2258
9	8月	2452
10	9月	2512
11	10月	2510
12	11月	2689
13	预测12月	
14		

图 11-20　"图表趋势线"工作表

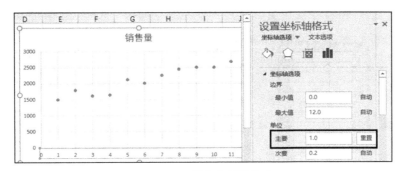

图 11-21　设置坐标轴格式

（2）添加线性趋势线

① 在任意一个散点上单击鼠标右键，在弹出的快捷菜单中选择"添加趋势线"命令，系统自动在图中增加一条趋势线，并打开"设置趋势线格式"窗格，选择"线性"单选按钮，并勾选"显示公式"和"显示 R 平方值"复选框，如图 11-22 所示。

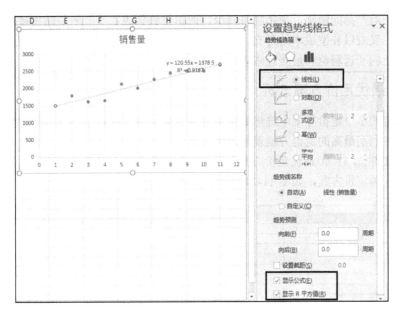

图 11-22　设置趋势线格式

提示

趋势线的 R 平方值是介于 0 和 1 之间的值，R 平方值越接近 1，表明趋势线越可靠。

② 调整公式和 R 平方值的字体大小和位置。

（3）根据线性趋势线公式预测第 12 月的销售量

在 B13 单元格输入计算公式"=120.55*12+1378.5"，即根据趋势线函数进行预测，然后按【Enter】键。线性趋势线预测结果如图 11-23 所示。

从图 11-23 可以看出，在已知前 11 个月销售量的基础上，预测第 12 月的销售量为 2825，预测函数的 R 平方值为 0.9187，接近 1，表明该预测值是比较可靠的。

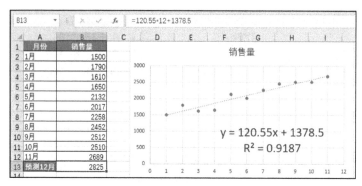

图 11-23　线性趋势线预测结果

11.2　商品定价策略分析

在市场经济中，价格机制是市场机制的核心，一切生产经营活动都会直接或间接受到价格的影响。一般情况下，产品的销售价格直接影响着产品的销售量、单位销售成本和销售利润。价格定得太高，会影响产品的销路，使销售量减少，而单位销售成本又会随着销售量的下降而提高；价格定得太低、又难以补偿成本的开支，当然也就无法保证目标利润的实现。因此，必须合理定价，以保证企业的长远利益和最佳经济效益的实现。

11.2.1　最优定价方案分析

要想在给定的多个定价方案中选出最优的定价方案，首先计算出不同定价方案下能够获得的销售利润，销售利润最高的定价方案就是最优方案。

在"素材文件\第 11 章\最优定价方案分析.xlsx"文件中包含"最优定价"工作表，该表中记录了某商品的 5 种定价方案，如图 11-24 所示。

定价方案	售价（元/件）	单位成本（元/件）	预计销售量	总成本	销售收入	销售利润
方案1	70.00	25.00	1800			
方案2	80.00	25.00	1500			
方案3	90.00	28.00	1300			
方案4	100.00	28.00	1200			
方案5	110.00	30.00	1000			
最大销售利润						
最大利润方案						
最优定价						

图 11-24　"最优定价"工作表

要从这 5 种定价方案中找出最优方案，具体操作步骤如下。

（1）计算总成本

总成本计算公式为：总成本=单位成本×预计销售量

① 选择 E2 单元格，输入总成本的计算公式 "=C2*D2"，然后按【Enter】键。

② 设置 E2 单元格数字格式为"数值"，并保留 2 位小数。

③ 选择 E2 单元格，拖曳填充柄将公式复制到 E3～E6 单元格，计算其他方案的总成本。

（2）计算销售收入

销售收入计算公式为：销售收入=售价×预计销售量

11-2　最优定价
方案分析

① 选择 F2 单元格，输入销售收入的计算公式 "=B2*D2"，然后按【Enter】键。

② 设置 F2 单元格数字格式为 "数值"，并保留 2 位小数。

③ 选择 F2 单元格，拖曳填充柄将公式复制到 F3～F6 单元格，计算其他方案的销售收入。

（3）计算销售利润

销售利润计算公式为：销售利润=销售收入–总成本。

① 选择 G2 单元格，输入销售利润的计算公式 "=F2–E2"，然后按【Enter】键。

② 设置 G2 单元格数字格式为 "会计专用"，并保留 2 位小数。

③ 选择 G2 单元格，拖曳填充柄将公式复制到 G3～G6 单元格，计算其他方案的销售利润。

总成本、销售收入和销售利润计算结果如图 11-25 所示。

	A	B	C	D	E	F	G
1	定价方案	售价（元/件）	单位成本（元/件）	预计销售量	总成本	销售收入	销售利润
2	方案1	70.00	25.00	1800	45000.00	126000.00	¥ 81,000.00
3	方案2	80.00	25.00	1500	37500.00	120000.00	¥ 82,500.00
4	方案3	90.00	28.00	1300	36400.00	117000.00	¥ 80,600.00
5	方案4	100.00	28.00	1200	33600.00	120000.00	¥ 86,400.00
6	方案5	110.00	30.00	1000	30000.00	110000.00	¥ 80,000.00

图 11-25　总成本、销售收入和销售利润计算结果

（4）确定最大销售利润

① 选择 B8 单元格，输入计算公式 "=MAX(G2:G6)"，然后按【Enter】键。公式的含义是计算 G2:G6 单元格区域中的最大值。

② 设置 B8 单元格数字格式为 "会计专用"，并保留 2 位小数。

（5）确定最大利润的方案名称

选择 B9 单元格，输入计算公式 "=INDEX(A1:A6,MATCH(B8,G1:G6,0))"，然后按【Enter】键。其中，MATCH(B8,G1:G6,0)返回 G1:G6 单元格区域中等于 B8 单元格值（¥86400.00）的行号（5），INDEX(A1:A6,5)返回 A1:A6 单元格区域中第 5 行的单元格内容（方案4）；0 表示无序数据。

（6）确定最优定价

选择 B10 单元格，输入计算公式 "=VLOOKUP(B9,A1:B6,2)"，然后按【Enter】键。公式的含义是在 A1:A6 单元格区域中查找等于 B9 中的值，找到则返回第 2 列对应的值。最优定价最终计算结果如图 11-26 所示。

	A	B	C	D	E	F	G
1	定价方案	售价（元/件）	单位成本（元/件）	预计销售量	总成本	销售收入	销售利润
2	方案1	70.00	25.00	1800	45000.00	126000.00	¥ 81,000.00
3	方案2	80.00	25.00	1500	37500.00	120000.00	¥ 82,500.00
4	方案3	90.00	28.00	1300	36400.00	117000.00	¥ 80,600.00
5	方案4	100.00	28.00	1200	33600.00	120000.00	¥ 86,400.00
6	方案5	110.00	30.00	1000	30000.00	110000.00	¥ 80,000.00
7							
8	最大销售利润	¥ 86,400.00					
9	最大利润方案	方案4					
10	最优定价	100					

图 11-26　最优定价最终计算结果

从图 11-26 所示的计算结果可以看出，方案 4 的定价虽然偏高，但根据预测销售量，其销售利润是最大的，因此是最优方案。在该工作表中，任意修改各个方案的售价、单位成本和预计销售量，都能立即在其下方的 B8～B10 单元格区域中获得 5 个方案中的最优者。

11.2.2　利润最大化调价分析

根据当前的市场行情，企业想要调整某商品的价格，该商品现在的售价为每件 60 元，每周最

多可卖出 300 件。经过市场调研，每涨价 1 元，每周要少卖出 10 件；每降价 1 元，每周可多卖出 20 元。已知该商品的成本价为每件 40 元，如何调整价格才能使利润最大？

利用规划求解可以解决这个问题，这里需要进行两次规划求解，分别求出涨价能够获得的最大利润和降价能够获得的最大利润，以及具体涨价或降价多少元，然后根据规划求解结果最终确定调价方案。

利用规划求解来解决这个问题，首先建立规划求解模型，即根据实际问题确定决策变量、约束条件和目标函数。涨价方案和降价方案的规划求解模型如表 11-1 所示。

表 11-1　　　　　　　　　　　调价方案规划求解模型

项目	涨价方案	降价方案
决策变量	涨价 X_1 元	降价 X_2 元
约束条件	无约束条件，销售量越多越好 销售量=300−10×X_1	不能低于成本价，销售量越多越好 销售量=300+20×X_2
目标函数	利润最大： P_{max}=(60+X_1−40)×销售量	利润最大： P_{max}=(60−X_2−40)×销售量

根据建立的规划模型，利用规划求解来解决这个问题，具体操作步骤如下。

（1）涨价方案规划求解

① 根据商品的涨价方案编制数据计算工作表，如图 11-27 所示。当前无法预知具体涨价多少元，先随意填写（这里填为 1 元）；在 B3 单元格输入涨价后计算销售量的公式"=300−10*B2"；在 B4 单元格输入涨价后计算利润的公式"=(60+B2−40)*B3"。

从工作表中可以看出如下对应关系。

	A	B
1	涨价方案规划求解	
2	涨价	1
3	销售量	=300−10*B2
4	利润	=(60+B2−40)*B3

图 11-27　涨价方案计算工作表

- 决策变量 X_1：对应 B2 单元格。
- 约束条件：无。
- 目标函数：对应 B4 单元格。

② 在"数据"选项卡的"分析"选项组中单击"规划求解"按钮，打开"规划求解参数"对话框。设置"设置目标"为"$B$4"单元格，也就是利润，并选择"最大值"单选按钮；在"通过更改可变单元格"文本框中指定与决策变量对应的"$B$2"单元格，即涨价的金额是可变的，如图 11-28 所示。

③ 单击"求解"按钮，系统给出规划求解结果。涨价方案规划求解结果如图 11-29 所示。从图 11-29 可以看出，最大利润可以达到 6250 元，涨价 4.999999972 元，约等于 5 元，可销售约 250 件。

（2）降价方案规划求解

① 根据商品的降价方案编制数据计算工作表，如图 11-30 所示。当前无法预知具体降价多少元，先随意填写（这里填为 1 元）；在 E3 单元

图 11-28　设置涨价方案的规划求解参数

格输入降价后计算销售量的公式"=300+20*E2"；在 E4 单元格输入降价后计算利润的公式"=(60−E2−40)*E3"。

▲	A	B
1	涨价方案规划求解	
2	涨价	4.999999972
3	销售量	250.0000003
4	利润	6250

图 11-29　涨价方案规划求解结果

▲	D	E
1	降价方案规划求解	
2	降价	1
3	销售量	=300+20*E2
4	利润	=(60-E2-40)*E3

图 11-30　降价方案计算工作表

从工作表中可以看出如下对应关系。

- 决策变量 X_2：对应 E2 单元格。
- 约束条件：不能低于成本价，售价必须大于或等于 40，即 E2≤20。
- 目标函数：对应 E4 单元格。

② 在"数据"选项卡的"分析"选项组中单击"规划求解"按钮，打开"规划求解参数"对话框。设置"设置目标"为"$E$4"单元格，也就是利润，并选择"最大值"单选按钮；在"通过更改可变单元格"文本框中指定与决策变量对应的"$E$2"单元格，即降价的金额是可变的；在"遵守约束"列表框右侧单击"添加"按钮，添加约束条件，如图 11-31 所示。

③ 单击"求解"按钮，系统给出规划求解结果。降价方案规划求解结果如图 11-32 所示。从图 11-32 可以看出，最大利润可以达到 6125 元，降价 2.499999871 元，约等于 2.5 元，可销售约 350 件。

图 11-31　设置降价方案规划求解参数

▲	D	E
1	降价方案规划求解	
2	降价	2.499999871
3	销售量	349.9999974
4	利润	6125

图 11-32　降价方案规划求解结果

根据涨价方案和降价方案的规划求解结果对比，涨价方案获得的利润较高，应该采用涨价方案，即涨价约 5 元。

11.3　影响商品利润的因素分析

商品的利润与单位售价、单位变动成本、销售量和固定成本之间的关系可以用公式"利润=

销售量×（单位售价-单位变动成本）-固定成本"来描述，其中，任意一个因素发生变化，都会影响最终获得的利润，因此有必要对影响利润的这些因素进行分析。

11.3.1　单一因素变动对利润的影响分析

单一因素变动是指单位售价、单位变动成本、销售量和固定成本这些影响利润的因素中只有1个可以变化，其他因素保持不变。这里以单位售价的变动为例，使用单变量模拟运算表来分析单一因素变动对利润的影响。

如图 11-33 所示，在 B2 单元格中输入单位售价；B3 单元格中输入固定成本；B4 单元格中输入单位变动成本；B5 单元格中输入销售量，B6 单元格是利润的计算公式"=B5*(B2-B4)-B3"。当前 B2 单元格值为 300.00，B3 单元格值为 15400.00，B4 单元格值为 126.00，B5 单元格值为 1000，B6 单元格会自动计算结果为¥158600.00（会计专用格式，默认显示千位分隔符）。使用单变量模拟运算表可以很直观地以表格的形式，将利润与单位售价变动的关系在工作表上列出来，方便对比不同单位售价下的利润情况。

11-3　用单变量模拟运算表分析单一因素变动对利润的影响

用单变量模拟运算表解决此问题的步骤如下。

① 选择一个单元格区域作为模拟运算表存放区域，本例选择 D3:E13 单元格区域。其中 D4:D13 单元格区域列出了单位售价的所有取值，本例为 120.00、150.00、…、450.00。在 E3 单元格输入利润的计算公式"=B5*(B2-B4)-B3"，如图 11-33 所示。

② 选定整个模拟运算表存放区域（即 D3:E13 单元格区域），单击"数据"选项卡"预测"选项组中的"模拟分析"按钮，在弹出的下拉列表中选择"模拟运算表"命令，打开"模拟运算表"对话框。

③ 在"模拟运算表"对话框的"输入引用列的单元格"文本框中输入"$B$2"，即变量数据值是"单位售价"，如图 11-34 所示。

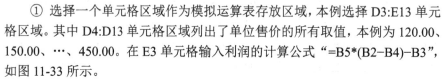

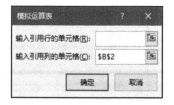

图 11-33　建立单变量模拟运算表存放区域　　　　图 11-34　设置单变量

④ 单击"确定"按钮，完成单变量模拟运算表的计算。单位售价单一因素变动的计算结果如图 11-35 所示（保留 2 位小数）。

从图 11-35 所示的计算结果可以看出，单位售价为 120.00 元时利润值为负数，单位售价大于或等于 150.00 元时利润值都是正数。可以得出结论，单位售价和利润成正向关系，在其他 3 个影响因素不变的情况下，单位售价越高则利润越大。该计算结果可以辅助决策者根据利润目标来确定单位售价。

	A	B	C	D	E
1	单一因素变动对利润的影响分析			单位售价变动对利润的影响	
2	单位售价	300.00		单位售价	利润
3	固定成本	15400.00			¥ 158,600.00
4	单位变动成本	126.00		120.00	-21400.00
5	销售量	1000		150.00	8600.00
6	利润	¥ 158,600.00		180.00	38600.00
7				210.00	68600.00
8				240.00	98600.00
9				270.00	128600.00
10				300.00	158600.00
11				350.00	208600.00
12				400.00	258600.00
13				450.00	308600.00

图 11-35　单位售价单一因素变动的计算结果

11.3.2　双因素变动对利润的影响分析

决策者在确定利润目标时除了考虑单位售价的变化，还需要考虑销售量对利润的影响。这里涉及两个因素，需要使用双变量模拟运算表进行计算，将利润与单位售价及销售量的关系在工作表中列出来，方便对比分析。

用双变量模拟运算表解决此问题的步骤如下。

① 选择一个单元格区域作为模拟运算表存放区域。本例选择 A9:I19 单元格区域，其中 B9:I9 单元格区域列出销售量的所有取值，分别为 100、200、…、2000；A10:A19 单元格区域列出单位售价的所有取值，分别为 120.00、150.00、…、450.00。在 A9 单元格输入利润的计算公式"=B5*(B2-B4)-B3"，如图 11-36 所示。

	A	B	C	D	E	F	G	H	I
1	双因素变动对利润的影响分析								
2	单位售价	300.00							
3	固定成本	15400.00							
4	单位变动成本	126.00							
5	销售量	1000							
6	利润	¥ 158,600.00							
7					单位售价和销售量变动对利润的影响				
8	单位售价				销售量				
9	¥ 158,600.00	100	200	500	800	1000	1200	1500	2000
10	120.00								
11	150.00								
12	180.00								
13	210.00								
14	240.00								
15	270.00								
16	300.00								
17	350.00								
18	400.00								
19	450.00								

图 11-36　建立双变量模拟运算表存放区域

② 选定整个模拟运算表区域（即 A9:I19 单元格区域），单击"数据"选项卡"预测"选项组中的"模拟分析"按钮，在弹出的下拉列表中选择"模拟运算表"命令，打开"模拟运算表"对话框。

③ 在"模拟运算表"对话框的"输入引用行的单元格"文本框中输入"$B$5"，在"输入引用列的单元格"文本框中输入"$B$2"，即行变量是销售量，列变量是单位售价，如图 11-37 所示。

图 11-37　设置双变量

④ 单击"确定"按钮，完成双变量模拟运算表的计算。单位售价和销售量双因素变动的计算结果如图 11-38 所示（保留 2 位小数）。

单位售价	销售量							
¥ 158,600.00	100	200	500	800	1000	1200	1500	2000
120.00	-16000.00	-16600.00	-18400.00	-20200.00	-21400.00	-22600.00	-24400.00	-27400.00
150.00	-13000.00	-10600.00	-3400.00	3800.00	8600.00	13400.00	20600.00	32600.00
180.00	-10000.00	-4600.00	11600.00	27800.00	38600.00	49400.00	65600.00	92600.00
210.00	-7000.00	1400.00	26600.00	51800.00	68600.00	85400.00	110600.00	152600.00
240.00	-4000.00	7400.00	41600.00	75800.00	98600.00	121400.00	155600.00	212600.00
270.00	-1000.00	13400.00	56600.00	99800.00	128600.00	157400.00	200600.00	272600.00
300.00	2000.00	19400.00	71600.00	123800.00	158600.00	193400.00	245600.00	332600.00
350.00	7000.00	29400.00	96600.00	163800.00	208600.00	253400.00	320600.00	432600.00
400.00	12000.00	39400.00	121600.00	203800.00	258600.00	313400.00	395600.00	532600.00
450.00	17000.00	49400.00	146600.00	243800.00	308600.00	373400.00	470600.00	632600.00

图 11-38　单位售价和销售量双因素变动的计算结果

从图 11-38 所示的计算结果可以看出，在单位售价固定为 300.00 元的情况下，销售量为 100 就有利润；在销售量固定为 500 的情况下，单位售价为 180.00 元才有盈利。不同单位售价和销售量对利润的影响结果可以辅助决策者确定单位售价。

11.3.3　多因素变动对利润的影响分析

除了考虑单位售价和销售量，决策者还要考虑单位变动成本对利润的影响。这里涉及 3 个因素，需要使用方案管理器。

在使用方案管理器之前，首先建立一个双变量模拟运算表来分析不同单位售价和销售量对利润的影响；然后按照单位变动成本分别为 80.00 元、90.00 元、100.00 元、110.00 元、126.00 元创建多个方案。在 11.3.2 节创建的单位售价和销售量双变量模拟运算表基础上，用方案管理器解决此问题的步骤如下。

（1）分别为单位变动成本为 80.00 元、90.00 元、100.00 元、110.00 元、126.00 元创建方案

创建方案的具体操作过程如下。

① 单击"数据"选项卡"预测"选项组中的"模拟分析"按钮，在弹出的下拉列表中选择"方案管理器"命令，打开"方案管理器"对话框，如图 11-39 所示。

② 单击"添加"按钮，打开"添加方案"对话框。在"方案名"文本框中输入"单位变动成本-80"，然后在"可变单元格"文本框中，为指定单位变动成本所在的"$B$4"单元格，如图 11-40 所示。

图 11-39　"方案管理器"对话框

图 11-40　添加方案

③ 单击"确定"按钮，打开"方案变量值"对话框，将文本框中显示的可变单元格原始数据修改为方案模拟数值"80"，如图 11-41 所示。

④ 单击"确定"按钮，"单位变动成本-80"方案创建完毕，相应的方案自动添加到"方案管理器"的"方案"列表框中。

⑤ 按照上述步骤依次建立"单位变动成本-90""单位变动成本-100""单位变动成本-110"和"单位变动成本-126"4 个方案。创建完成后的"方案管理器"对话框如图 11-42 所示。

图 11-41 设置方案变量值　　　　图 11-42 创建完成后的"方案管理器"对话框

（2）查看方案

4 个方案创建完成后，可以在"方案管理器"对话框中选定某一方案，单击"显示"按钮来查看该方案。查看方案时，在该方案中保存的变量值将会替换可变单元格中的数据值。例如，查看方案"单位变动成本-80"的计算结果，如图 11-43 所示；查看方案"单位变动成本-110"的计算结果，如图 11-44 所示。对比这两个方案可以看到，所有与可变单元格相关的计算结果都是重新计算的，计算结果与方案设计一致。

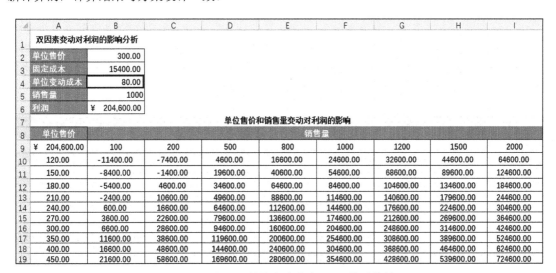

	A	B	C	D	E	F	G	H	I
1	双因素变动对利润的影响分析								
2	单位售价	300.00							
3	固定成本	15400.00							
4	单位变动成本	80.00							
5	销售量	1000							
6	利润	¥ 204,600.00							
7				单位售价和销售量变动对利润的影响					
8	单位售价				销售量				
9	¥ 204,600.00	100	200	500	1000	1200	1500	2000
10	120.00	-11400.00	-7400.00	4600.00	16600.00	24600.00	32600.00	44600.00	64600.00
11	150.00	-8400.00	-1400.00	19600.00	40600.00	54600.00	68600.00	89600.00	124600.00
12	180.00	-5400.00	4600.00	34600.00	64600.00	84600.00	104600.00	134600.00	184600.00
13	210.00	-2400.00	10600.00	49600.00	88600.00	114600.00	140600.00	179600.00	244600.00
14	240.00	600.00	16600.00	64600.00	112600.00	144600.00	176600.00	224600.00	304600.00
15	270.00	3600.00	22600.00	79600.00	136600.00	174600.00	212600.00	269600.00	364600.00
16	300.00	6600.00	28600.00	94600.00	160600.00	204600.00	248600.00	314600.00	424600.00
17	350.00	11600.00	38600.00	119600.00	200600.00	254600.00	308600.00	389600.00	524600.00
18	400.00	16600.00	48600.00	144600.00	240600.00	304600.00	368600.00	464600.00	624600.00
19	450.00	21600.00	58600.00	169600.00	280600.00	354600.00	428600.00	539600.00	724600.00

图 11-43 方案"单位变动成本-80"的计算结果

双因素变动对利润的影响分析								
单位售价	300.00							
固定成本	15400.00							
单位变动成本	110.00							
销售量	1000							
利润	¥ 174,600.00							
			单位售价和销售量变动对利润的影响					
单位售价				销售量				
¥ 174,600.00	100	200	500	800	1000	1200	1500	2000
120.00	-14400.00	-13400.00	-10400.00	-7400.00	-5400.00	-3400.00	-400.00	4600.00
150.00	-11400.00	-7400.00	4600.00	16600.00	24600.00	32600.00	44600.00	64600.00
180.00	-8400.00	-1400.00	19600.00	40600.00	54600.00	68600.00	89600.00	124600.00
210.00	-5400.00	4600.00	34600.00	64600.00	84600.00	104600.00	134600.00	184600.00
240.00	-2400.00	10600.00	49600.00	88600.00	114600.00	140600.00	179600.00	244600.00
270.00	600.00	16600.00	64600.00	112600.00	144600.00	176600.00	224600.00	304600.00
300.00	3600.00	22600.00	79600.00	136600.00	174600.00	212600.00	269600.00	364600.00
350.00	8600.00	32600.00	104600.00	176600.00	224600.00	272600.00	344600.00	464600.00
400.00	13600.00	42600.00	129600.00	216600.00	274600.00	332600.00	419600.00	564600.00
450.00	18600.00	52600.00	154600.00	256600.00	324600.00	392600.00	494600.00	664600.00

图 11-44　方案"单位变动成本-110"的计算结果

（3）生成方案摘要，形成方案报告

① 单击"方案管理器"对话框中的"摘要"按钮，打开"方案摘要"对话框，指定"报表类型"为"方案摘要"，在"结果单元格"文本框中指定"利润"所在的"B6"单元格，如图 11-45 所示。

② 单击"确定"按钮，系统自动创建一个新的名为"方案摘要"的工作表，给出在单位售价为 300.00 元且销售量为 1000 的条件下，不同单位变动成本下的利润情况，如图 11-46 所示，其中利润值格式与 B6 单元格保持一致。

图 11-45　设置方案摘要

方案摘要						
		当前值	单位变动成本-80	单位变动成本-90	单位变动成本-100	单位变动成本-110	单位变动成本-126
可变单元格:						
$B$4		126.00	80.00	90.00	100.00	110.00	126.00
结果单元格:						
$B$6	¥	158,600.00	¥ 204,600.00	¥ 194,600.00	¥ 184,600.00	¥ 174,600.00	¥ 158,600.00

图 11-46　单位售价为 300.00 元且销售量为 1000 条件下的方案摘要

③ 按照上述步骤，将"方案摘要"对话框的"结果单元格"文本框指定为"H13"单元格，生成方案摘要，即在单位售价为 210.00 元且销售量为 1500 的条件下，不同单位变动成本下的利润情况，如图 11-47 所示，其中利润值格式与 H13 单元格保持一致。

方案摘要						
	当前值	单位变动成本-80	单位变动成本-90	单位变动成本-100	单位变动成本-110	单位变动成本-126
可变单元格:						
$B$4	126.00	80.00	90.00	100.00	110.00	126.00
结果单元格:						
$H$13	110600.00	179600.00	164600.00	149600.00	134600.00	110600.00

图 11-47　单位售价为 210.00 元且销售量为 1500 条件下的方案摘要

④ 按照上述步骤，将"方案摘要"对话框的"结果单元格"文本框指定为"E17"，生成方案摘要，即在单位售价为 350.00 元且销售量为 800 的条件下，不同单位变动成本下的利润情况，如图 11-48 所示。

方案摘要						
	当前值	单位变动成本-80	单位变动成本-90	单位变动成本-100	单位变动成本-110	单位变动成本-126
可变单元格：						
$B$4	126.00	80.00	90.00	100.00	110.00	126.00
结果单元格：						
$E$17	163800.00	200600.00	192600.00	184600.00	176600.00	163800.00

图 11-48　单位售价为 350.00 元且销售量为 800 条件下的方案摘要

结合多个方案摘要，决策者可以综合考查各种方案的效果，对不同方案下利润的影响进行比较分析，将更有助于确定最终的单位售价。

实　　验

为了获得最大销售利润，企业计划对 3 种商品实行组合营销策略，已知每种商品的单位成本和单位利润。要求产品 A 的最低销售量为 200，产品 B 的最低销售量为 180，产品 C 的最低销售量为 150，那么在最高成本为 100000.00 元的情况下，如何分配销售数量以达到最大销售利润？

商品单位成本与利润对照表

商品名称	单位成本（元/件）	单位利润（元/件）
A	250.00	103.00
B	128.00	65.00
C	148.00	75.00

在实验素材的"实验 11.xlsx"文件中包含"规划求解"工作表，请使用规划求解工具对商品的销售数量进行合理分配，以获得最大利润。

样张（"公式"选项卡"公式审核"选项组"显示公式"模式下）：

	A	B	C	D
1	商品名称	单位成本（元/件）	单位利润（元/件）	销售数量
2	A	250	103	
3	B	128	65	
4	C	148	75	
5				
6	A最低销量	200		
7	B最低销量	180		
8	C最低销量	150		
9	成本限制	100000		
10				
11	实际成本	=B2·D2+B3·D3+B4·D4		
12	最高利润	=C2·D2+C3·D3+C4·D4		

第 **12** 章　商务客户信息分析

"客户至上"是商家的经营理念，做好客户的数据分析可以充分挖掘客户的潜在价值，培养忠实客户，提高商家的销售额。

12.1　客户基本信息管理

客户是最重要的资源之一，客户信息的管理是核心任务。通过分析客户年龄、性别等特征数据对客户进行画像，可以更好地挖掘客户资源。

12.1.1　客户信息数据的导入

12-1　客户信息数据的导入

如果原始的客户信息存储在文本文件中，用户可以使用 Excel 的数据导入功能将数据直接导入，不必重新输入。

在"素材文件\第 12 章\客户信息表.txt"文件中已经保存了客户的基本信息，包括"姓名""性别""出生日期"和"联系电话"4 列数据，如图 12-1 所示。

图 12-1　文本文件"客户信息表"

将该文本文件数据导入 Excel 的操作步骤如下。

① 新建一个名为"客户信息表"的 Excel 工作簿，在图 12-2 所示的"数据"选项卡的"获取外部数据"选项组中，单击"自文本"按钮，打开"导入文本文件"对话框。

图 12-2　"数据"选项卡

② 选定该文本文件，单击"导入"按钮。

③ 在打开的"文本导入向导-第 1 步，共 3 步"对话框中，选择"分隔符号"单选按钮；"文件原始格式"选择"10008:简体中文(Mac)"；勾选"数据包含标题"复选框，如图 12-3 所示。单击"下一步"按钮。

④ 在打开的"文本导入向导-第 2 步，共 3 步"对话框中，"分隔符号"勾选"Tab 键"复选框，如图 12-4 所示。单击"下一步"按钮。

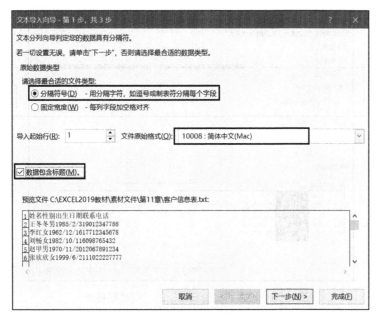

图 12-3　"文本导入向导-第 1 步，共 3 步"对话框

图 12-4　"文本导入向导-第 2 步，共 3 步"对话框

⑤ 在打开的"文本导入向导-第 3 步，共 3 步"对话框中，将"出生日期"的"列数据格式"选择为"日期"，如图 12-5 所示；将"联系电话"的"列数据格式"选择为"文本"，如图 12-6 示。单击"完成"按钮。

⑥ 在打开的"导入数据"对话框中，选择数据放置在"现有工作表"A1 单元格开始的位置，如图 12-7 所示。单击"确定"按钮，导入数据。文本文件数据导入结果如图 12-8 所示。

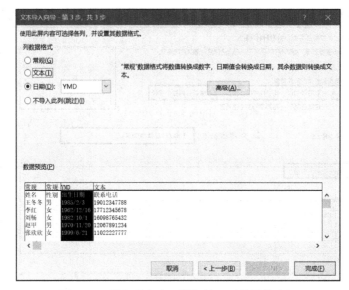

图 12-5　设置"出生日期"的"列数据格式"

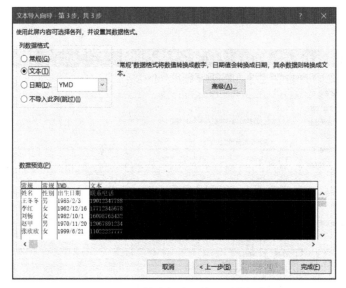

图 12-6　设置"联系电话"的"列数据格式"

图 12-7　"导入数据"对话框

图 12-8　文本文件数据导入结果

12.1.2 客户信息补充整理

在"素材文件\第 12 章\客户信息表.xlsx"文件中包含导入的"客户信息"工作表，该表中是用户注册时填写的基本信息，包括"姓名""性别""出生日期"和"联系电话"4 列数据，通常需要补充一些字段方便管理和统计。

（1）增加"序号"列

① 在最左侧插入一列，在 A1 单元格输入"序号"，在 A2 单元格输入"1"。

② 选定 A2 单元格，按住鼠标左键拖曳填充柄至 A7 单元格，然后释放鼠标左键。如果"序号"均为"1"，则单击"自动填充选项"按钮，在弹出的快捷菜单中选择"填充序列"单选按钮来实现数据按照序列自动填充，如图 12-9 所示。

图 12-9　自动填充序列

（2）利用固定内容的下拉列表输入"会员等级"

在客户表中需要录入会员等级，设定的会员等级有"普通会员""银牌会员""金牌会员"和"钻石会员"4 个级别，逐条输入不仅费时还可能输入错误，可以采用固定内容的下拉列表来实现。操作步骤如下。

12-2　利用固定内容的下拉列表输入"会员等级"

① 添加"会员等级"列，在 F1 单元格输入"会员等级"。在"会员等级"列中选中需要使用下拉列表的单元格区域。

② 在"数据"选项卡的"数据工具"选项组中，单击"数据验证"下拉按钮，选择"数据验证"命令，打开"数据验证"对话框。

③ 在"设置"选项卡中，将"允许"下拉列表框中的数据类型指定为"序列"；在"来源"文本框中直接输入列表内容"普通会员,银牌会员,金牌会员,钻石会员"（注意其中的逗号必须是英文逗号），如图 12-10 所示。

④ 单击"确定"按钮，完成会员等级的下拉列表设置，录入时使用鼠标选择即可。会员等级输入示例如图 12-11 所示。

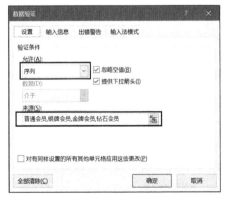

图 12-10　设置"会员等级"列

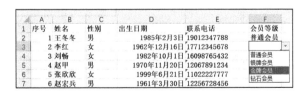

图 12-11　会员等级输入示例

（3）遮蔽客户联系电话的中间 5 位

为了保护客户的隐私，可以遮蔽客户联系电话中的部分数字。操作步骤如下。

① 插入一个 F 列。在 F2 单元格中输入公式“=REPLACE(E2,4,5,"*****")”，其中，4 是起始位置；5 是要替换的字符个数；“*****”是替换的新文本字符串。公式的含义是将 E2 单元格中的值从第 4 位开始的 5 位数字串替换为 5 个“*”。

② 将 F2 单元格中的公式复制到 F3～F7 单元格中。

③ 选中 E 列，单击鼠标右键，在弹出的快捷菜单中选择“隐藏”命令，将 E 列隐藏起来不显示完整的联系电话。

遮蔽联系电话部分数字结果如图 12-12 所示。

（4）添加批注信息

可以在一些特殊的客户信息中添加批注，方便商家了解哪些客户是需要特别关注的对象，从而提高服务质量。例如，对客户“赵甲”添加批注的操作步骤如下。

① 选中 B5 单元格，单击鼠标右键，在弹出的快捷菜单中选择“插入批注”命令。

② 在弹出的批注框中输入图 12-13 所示的内容，设置了批注的单元格右上角会显示红色三角形的批注标识符。当鼠标指针指向设置了批注的单元格时就可以看到批注的内容。

F2 =REPLACE(E2,4,5,"*****")

	A	B	C	D	F
1	序号	姓名	性别	出生日期	联系电话
2	1	王冬冬	男	1985/2/3	190*****788
3	2	李红	女	1962/12/16	177*****678
4	3	刘畅	女	1982/10/1	160*****432
5	4	赵甲	男	1970/11/20	120*****234
6	5	张欣欣	女	1999/6/21	110*****777
7	6	赵宏兵	男	1961/3/30	122*****456

图 12-12　遮蔽联系电话部分数字结果

	A	B	C	D	F	G
1	序号	姓名	性别	出生日期	联系电话	会员等级
2	1	王冬冬	男	1985/2/3	190*****788	普通会员
3	2	李红	女	1962/12/16	177*****678	金牌会员
4	3	刘畅	女	1982/10/1	160*****432	银牌会员
5	4	赵甲	男	0/11/20	120*****234	银牌会员
6	5	张欣欣	女	99/6/21	110*****777	普通会员
7	6	赵宏兵	男	61/3/30	122*****456	普通会员
8						

活跃客户，有新产品时及时通知！

图 12-13　添加批注

（5）添加客户生日提醒字段

客户是商务中重要的组成要素，在客户生日当天发送祝福信息可以更好地维护客户和商家的关系。操作步骤如下。

① 在 H2 单元格中输入公式“=IF(AND(MONTH(TODAY())=MONTH(D2),DAY(TODAY())=DAY(D2)),"发祝福生日信息","")”，其中，假设 TODAY()的值为“2021/11/20”，AND(MONTH(TODAY())=MONTH(D2),DAY(TODAY())=DAY(D2))的含义是 D2 单元格中的月等于当天的月（11），并且该单元格的日等于当天的日（20），则返回 TURE，IF 函数返回“发祝福生日信息”。

② 将鼠标指针置于 H2 单元格右下角，双击填充柄，系统自动将公式复制到 H 列的其他单元格。添加客户生日提醒计算结果如图 12-14 所示。第 5 行中的出生日期与 TODAY()（假设系统当前日期为 2021/11/20）中的 11 月和 20 日是一致的，则显示出“发祝福生日信息”。

H2 =IF(AND(MONTH(TODAY())=MONTH(D2),DAY(TODAY())=DAY(D2)),"发祝福生日信息","")

	A	B	C	D	F	G	H	I	J
1	序号	姓名	性别	出生日期	联系电话	会员等级	生日提醒		
2	1	王冬冬	男	1985年2月3日	190*****788	普通会员			
3	2	李红	女	1962年12月16日	177*****678	金牌会员			
4	3	刘畅	女	1982年10月1日	160*****432	银牌会员			
5	4	赵甲	男	1970年11月20日	120*****234	银牌会员	发祝福生日信息		
6	5	张欣欣	女	1999年6月21日	110*****777	普通会员			
7	6	赵宏兵	男	1961年3月30日	122*****456	普通会员			

图 12-14　添加客户生日提醒计算结果

12.1.3 客户信息输出

如果需要将客户信息保存成纸质的文档，就需要打印 Excel 表。

在"素材文件\第 12 章\客户信息表.xlsx"文件中包含"打印"工作表，表中包括"序号""姓名""性别""出生日期"和"联系电话"5 列数据。

（1）打印客户信息表

打印客户信息表，每页显示标题行，有页眉和页码。操作步骤如下。

① 在"页面布局"选项卡的"页面设置"选项组中，单击"打印标题"按钮。

② 在打开的"页面设置"对话框中的"工作表"选项卡中，设置顶端标题行。要求每页均要显示标题行，将"顶端标题行"设置为"$1:$1"，勾选"网格线"复选框，如图 12-15 所示。

③ 设置页眉/页脚。在"页眉/页脚"选项卡中，单击"自定义页眉"按钮，将打开图 12-16 所示的"页眉"对话框，在"中"区域输入文字信息"客户基本信息表"并设置适当的字体和字号、"右"区域插入日期，然后单击"确定"按钮。"页脚"采用下拉列表框中"第 1 页，共?页"的选项，如图 12-17 所示。

④ 打印预览效果如图 12-18 所示。

图 12-15 设置打印"工作表"

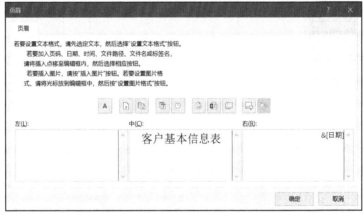

图 12-16 "页眉"对话框

图 12-17 设置"页脚"

图 12-18 打印预览效果

（2）导出 PDF 文件

当需要公开一些商务数据时，如果直接发布 Excel 文件，其中的数据可能被修改。这时，可以先将商务数据的 Excel 文件导出为 PDF 文件格式，PDF 文件能保留布局、格式字体和图像等，内容不能轻易更改，可有效地保障商务数据的可靠性和安全性。

在"素材文件\第 12 章\客户信息表.xlsx"文件中包含"导出 PDF"工作表，该表中包括"序号""姓名""性别""出生日期"和"联系电话"5 列数据。操作步骤如下。

① 选定需要导出的工作表，选择"文件"选项卡，在左侧列表中选择"导出"中的"创建 PDF/XPS 文档"选项，如图 12-19 所示。

② 设置文件保存的位置以及文件名，单击"发布"按钮，如图 12-20 所示。PDF 文件效果如图 12-21 所示。

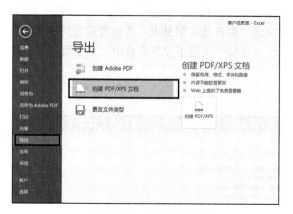

图 12-19 创建 PDF 文件

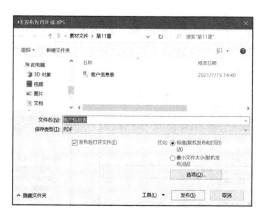

图 12-20 设置文件的保存位置和文件名

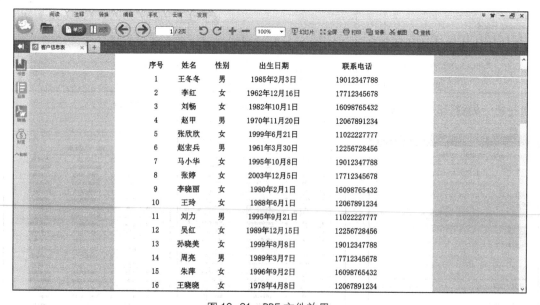

图 12-21 PDF 文件效果

12.2 客户年龄分析

客户年龄是一项重要指标，在商务数据分析中可以根据客户年龄分析客户的购买习惯，实现对客户的精准画像。

在"素材文件\第 12 章\客户年龄分析.xlsx"文件中包含"客户信息"工作表，该表中包括"序号""姓名""性别"和"出生日期"4 列数据。

（1）按照客户的出生日期计算出年龄

① 增加"年龄"列，如图 12-22 所示。

② 在 E2 单元格中输入公式"=YEAR(TODAY())−YEAR(D2)"，其中，YEAR(TODAY())求出当前日期的年份，假设当前日期是 2021 年 7 月 11 日，则返回结果是 2021；YEAR(D2)的值是 1985，公式的计算结果为 36。如果公式的结果显示为日期型格式，则需要将数字格式设置为"数值"。

12-3　按照客户的出生日期计算出年龄

③ 将鼠标指针置于 E2 单元格右下角，双击填充柄，系统自动将公式复制到 E 列的其他单元格。客户年龄计算结果如图 12-23 所示。

图 12-22　增加"年龄"列

图 12-23　客户年龄计算结果

（2）按照客户的年龄进行年龄段分类

通常将客户划分为 20 岁以下、20～29 岁、30～39 岁、40～49 岁、50～59 岁、60 岁及以上几个年龄段，可以根据已经求出的年龄值来划分年龄段。操作步骤如下。

① 在 F1 单元格中输入"年龄段"。

② 在 F2 单元格中输入公式"=IF(E2<20,"20 岁以下",IF(E2<30,"20～29 岁",IF(E2<40,"30～39 岁",IF(E2<50,"40～49 岁",IF(E2<60 岁,"50～59 岁","60 岁及以上")))))"。

③ 将鼠标指针置于 F2 单元格右下角，双击填充柄，系统自动将公式复制到 F 列的其他单元格。客户年龄段计算结果如图 12-24 所示。

图 12-24　客户年龄段计算结果

（3）按照客户的年龄段进行分类汇总

统计各个年龄段客户人数，具体操作步骤如下。

① 按年龄段升序排列。选中 F2 单元格，在"数据"选项卡的"排序与筛选"选项组中，单击"升序"按钮，完成年龄段升序排列。

② 在"数据"选项卡的"分级显示"选项组中，单击"分类汇总"按钮，打开"分类汇总"对话框，选择"分类字段"为"年龄段"、"汇总方式"为"计数"、"选定汇总项"为"姓名"，如图 12-25 所示。

12-4 按照客户的年龄段进行分类汇总

③ 单击"确定"按钮完成按年龄段的分类汇总。按年龄段分类汇总结果如图 12-26 所示。

④ 单击 2 级显示按钮，将同时显示第 1 级和第 2 级的数据，即各年龄段的人数，而第 3 级的明细数据被隐藏起来，如图 12-27 所示。

	A	B	C	D	E	F
1	序号	姓名	性别	出生日期	年龄	年龄段
2	5	张欣欣	女	1999/6/21	22	20~29岁
3	7	马小华	女	1995/10/8	26	20~29岁
4	11	刘力	男	1995/9/21	26	20~29岁
5	13	孙晓美	女	1999/8/8	22	20~29岁
6	15	朱萍	女	1996/9/2	25	20~29岁
7	18	刘晓斌	男	1993/1/23	28	20~29岁
8	20	马鹏	男	1996/10/2	25	20~29岁
9		7				20~29岁 计数
10	8	张婷	女	2003/12/5	18	20岁以下
11	23	李帅	男	2003/11/12	18	20岁以下
12		2				20岁以下 计数
13	1	王冬冬	男	1985/2/3	36	30~39岁
14	3	刘杨	女	1982/10/1	39	30~39岁
15	10	王玲	女	1988/6/1	33	30~39岁
16	12	吴红	女	1989/12/15	32	30~39岁
17	14	周亮	男	1989/3/7	32	30~39岁
18	19	魏冰	女	1988/6/9	33	30~39岁
19		6				30~39岁 计数
20	9	李晓丽	女	1980/2/1	41	40~49岁
21	16	王晓晓	女	1978/4/8	43	40~49岁
22	17	赵伟	男	1974/2/7	47	40~49岁
23	22	钱蓉	女	1979/2/9	42	40~49岁
24		4				40~49岁 计数
25	2	李红	女	1962/12/16	59	50~59岁
26	4	赵甲	男	1970/11/20	51	50~59岁
27		2				50~59岁 计数
28	6	赵宏兵	男	1961/3/30	60	60岁及以上
29	21	刘卫红	女	1958/2/20	63	60岁及以上
30		2				60岁及以上 计数
31		23				总计数

图 12-25 设置按"年龄段"对"姓名"计数　　图 12-26 按年龄段分类汇总结果

	A	B	C	D	E	F
1	序号	姓名	性别	出生日期	年龄	年龄段
9		7				20~29岁 计数
12		2				20岁以下 计数
19		6				30~39岁 计数
24		4				40~49岁 计数
27		2				50~59岁 计数
30		2				60岁及以上 计数
31		23				总计数

图 12-27 按年龄段分类汇总的 2 级显示结果

（4）将各年龄段统计人数用图表展示

利用条形图来反映不同年龄段客户的情况。操作步骤如下。

① 将分类汇总结果复制粘贴到名为"年龄段人数统计"工作表中，该表中包括"年龄段"和"人数"2 列数据，如图 12-28 所示。选中 A1:B7 单元格区域，作为数据源区域。

② 单击"插入"选项卡"图表"选项组中的"插入柱形图或条形图"按钮，在弹出的下拉列表中选择"簇状条形图"命令，系统自动创建一个条形图。

③ 将条形图移动到合适的位置，修改图表标题为"各年龄段人数"。

④ 在条形图上单击鼠标右键，在弹出的快捷菜单中选择"添加数据标签"下的"添加数据标

签"命令,将在每个条形右侧显示数值。

条形图最终效果如图 12-29 所示。从图 12-29 可以看出 20～29 岁、30～39 岁这两个年龄段的客户人数较多,商家在选择商品时要侧重考虑这两个客户群体的需求。

图 12-28 "年龄段人数统计"工作表

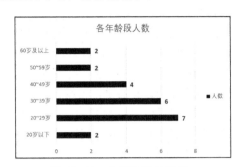

图 12-29 条形图最终效果

12.3 客户性别分析

商家可以通过分析客户的性别比例、购买行为的不同来适当调整商品的种类,以提高客户的购买率。

(1)统计不同性别的客户比例

在"素材文件\第 12 章\客户性别分析表.xlsx"文件中包含"性别分析"工作表,该表中包括"序号""姓名""性别"和"出生日期"4 列数据,如图 12-30 所示。

用函数计算出男性客户和女性客户的人数以及所占百分比。操作步骤如下。

① 在 A27、B27、C27 单元格中分别输入"性别""人数"和"比例"。

② 分别计算出"男"和"女"的人数。在 B28 单元格中输入公式"=COUNTIF(C1:C24,"男")",含义是计算 C1:C24 单元格区域中"男"性的人数。在 B29 单元格中输入公式 "=COUNTIF(C1:C24,"女")",含义是计算 C1:C24 单元格区域中"女"性的人数。在 B30 单元格中输入公式"=B28+B29",得到总人数。不同性别的人数的计算结果如图 12-31 所示。

③ 分别计算出"男"和"女"的比例。在 C28 单元格中输入公式"=B28/$B$30",用填充柄复制该公式到 C29 单元格中。设置数字格式为"百分比",保留 1 位小数。不同性别比例的计算结果如图 12-32 所示。

图 12-30 "性别分析"工作表

12-5 统计不同性别的客户比例

图 12-31 不同性别的人数的计算结果

图 12-32 不同性别比例的计算结果

（2）用图表展示客户的性别比例

饼图比较适合展示不同类别占有的份额情况。操作步骤如下。

① 按住【Ctrl】键，同时选择图表数据区域中的"性别"列和"比例"列对应的单元格区域为数据源，即 A27:A29 和 C27:C29 单元格区域。

② 单击"插入"选项卡"图表"选项组中的"插入饼图或圆环图"按钮，在弹出的下拉列表中选择"三维饼图"命令，系统自动创建一个三维饼图。

③ 将三维饼图移动到合适的位置，修改图表标题为"客户性别比例图"。

④ 在饼图扇区上单击鼠标右键，在弹出的快捷菜单中选择"添加数据标签"下的"添加数据标签"命令，将在每个扇区中显示数值。

⑤ 在"设计"选项卡的"图表布局"选项组中，单击"添加图表元素"按钮，在弹出的下拉列表中选择"图例""底部"位置，在三维饼图下方添加图例。

不同性别客户的饼图最终效果如图 12-33 所示。

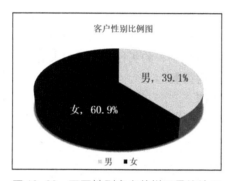

图 12-33　不同性别客户的饼图最终效果

（3）统计不同性别的客户浏览次数与购买的情况

在"素材文件\第 12 章\客户性别分析表.xlsx"文件中包含"浏览与购买"工作表，该表中包括"月份""男性浏览次数""男性购买数量""女性浏览次数"和"女性购买数量"5 列数据，如图 12-34 所示。

月份	男性浏览次数	男性购买数量	女性浏览次数	女性购买数量
客户访问和购买统计				
1月	103	25	298	38
2月	111	28	312	43
3月	95	24	293	45
4月	101	26	310	44
5月	90	23	320	42
6月	110	27	300	46

图 12-34　"浏览与购买"工作表

通过图表分析不同性别的客户浏览和购买行为的差异。操作步骤如下。

① 选中 A3: E9 单元格区域作为数据源区域。

② 单击"插入"选项卡"图表"选项组中的"插入折线图或面积图"按钮，在弹出的下拉列表中选择"折线图"命令，系统自动创建一个折线图。

③ 将折线图移动到合适的位置，修改图表标题为"不同性别客户浏览与购买图"。

不同性别客户浏览和购买折线图最终效果如图 12-35 所示。图 12-35 中从上到下依次为：第 1 条折线代表"女性浏览次数"，第 2 条折线代表"男性浏览次数"，第 3 条折线代表"女性购买数量"，第 4 条折线代表"男性购买数量"。从图 12-35 中可以看出，第 1 条折线与第 3 条折线的间距明显大于第 2 条折线与第 4 条折线的间距，说明女性客户购买前可能更多地浏览商品，会货比三家，商家可以针对女性购物的特点，从女性视角展示产品，提高从浏览到购买的转化率。

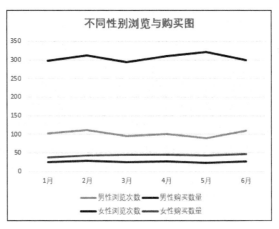

图 12-35　不同性别客户浏览和购买折线图最终效果

实　验

在实验素材的"实验 12.xlsx"文件中包含"客户信息"工作表，该表中包括"姓名""性别""出生日期""联系电话"和"会员积分"5 列数据。要求完成下列操作。

（1）增加"年龄"列和"会员等级"列。

（2）根据"出生日期"列，计算出"年龄"列。

（3）根据"会员积分"自动填写"会员等级"。规则是：会员积分小于 1000 分为"普通会员"；大于或等于 1000 分并且小于 5000 分为"银牌会员"；大于或等于 5000 并且小于 10000 分为"金牌会员"；大于或等于 10000 分为"钻石会员"。

（4）按照客户的"会员等级"进行分类汇总，统计出各个等级的人数。

（5）用饼图展示不同会员等级的比例。

样张：

姓名	性别	出生日期	联系电话	会员积分	年龄	会员等级
王冬冬	男	1985年2月3日	19012347788	2300	36	银牌会员
李红	女	1962年12月16日	17712345678	5600	59	金牌会员
刘畅	女	1982年10月1日	16098765432	900	39	普通会员
赵甲	男	1970年11月20日	12067891234	2800	51	银牌会员
张欣欣	女	1999年6月21日	11022227777	500	22	普通会员
赵宏兵	男	1961年3月30日	12256728456	3000	60	银牌会员
马小华	女	1995年10月8日	19012347788	2500	26	银牌会员
张婷	女	2003年12月5日	17712345678	200	18	普通会员
李晓丽	女	1980年2月1日	16098765432	15000	41	钻石会员

参 考 文 献

［1］刘亚男，谢文芳，李志宏. Excel 商务数据处理与分析［M］. 北京：人民邮电出版社，2019.

［2］苏林萍，谢萍. Excel 2016 数据处理与分析应用教程［M］. 北京：人民邮电出版社，2019.

［3］夏榕，高伟籍，胡娟. Excel 商务数据分析与应用［M］. 北京：人民邮电出版社，2018.

［4］周庆麟，胡子平. Excel 数据分析［M］. 北京：北京大学出版社，2019.

［5］郑小玲. Excel 数据处理与分析实例教程［M］. 2 版. 北京：人民邮电出版社，2016.

［6］ExcelHome. Excel 数据处理与分析［M］. 北京：人民邮电出版社，2017.